精要导图

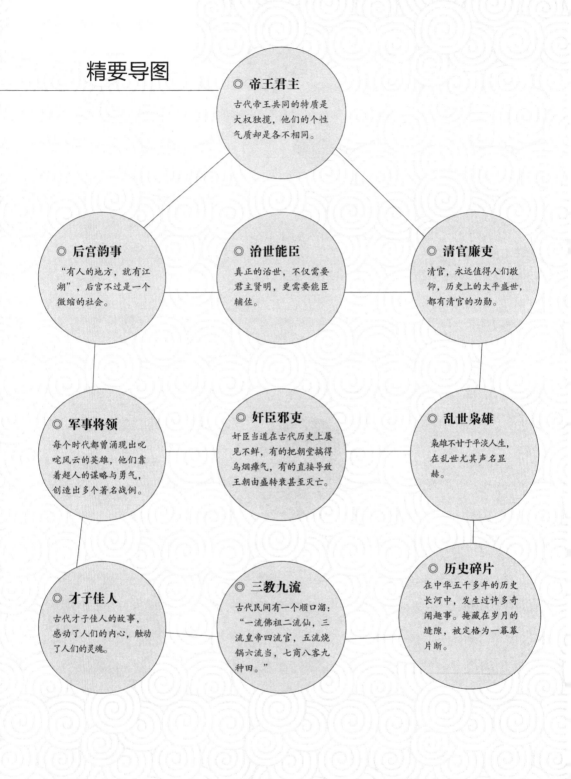

◎ **帝王君主**
古代帝王共同的特质是大权独揽，他们的个性气质却是各不相同。

◎ **后宫韵事**
"有人的地方，就有江湖"，后宫不过是一个微缩的社会。

◎ **治世能臣**
真正的治世，不仅需要君主贤明，更需要能臣辅佐。

◎ **清官廉吏**
清官，永远值得人们敬仰，历史上的太平盛世，都有清官的功勋。

◎ **军事将领**
每个时代都曾涌现出叱咤风云的英雄，他们靠着超人的谋略与勇气，创造出多个著名战例。

◎ **奸臣邪吏**
奸臣当道在古代历史上屡见不鲜，有的把朝堂搞得乌烟瘴气，有的直接导致王朝由盛转衰甚至灭亡。

◎ **乱世枭雄**
枭雄不甘于平淡人生，在乱世尤其声名显赫。

◎ **才子佳人**
古代才子佳人的故事，感动了人们的内心，触动了人们的灵魂。

◎ **三教九流**
古代民间有一个顺口溜："一流佛祖二流仙，三流皇帝四流官，五流烧锅六流当，七商八客九种田。"

◎ **历史碎片**
在中华五千多年的历史长河中，发生过许多奇闻趣事。掩藏在岁月的缝隙，被定格为一幕幕片断。

中国史

一读就入迷的

陆 锋 著

成都时代出版社
CHENGDU TIMES PRESS

图书在版编目（CIP）数据

一读就入迷的中国史/陆锋著.－－成都：成都时代出版社，2022.10（2023.7重印）

ISBN 978-7-5464-3111-6

Ⅰ.①一… Ⅱ.①陆… Ⅲ.①中国历史－古代史－通俗读物 Ⅳ.①K220.9

中国版本图书馆 CIP 数据核字（2022）第 143647 号

一读就入迷的中国史
YIDU JIU RUMI DE ZHONGGUO SHI

陆锋 著

出 品 人	达 海
责任编辑	樊思岐
责任校对	李 林
责任印制	黄 鑫 陈淑雨
装帧设计	柳育婷
出版发行	成都时代出版社
电 话	（028）86742352（编辑部）
	（028）86615250（发行部）
印 刷	天宇万达印刷有限公司
规 格	710mm×1000mm 1/16
印 张	18
字 数	230 千字
版 次	2022 年 10 月第 1 版
印 次	2023 年 7 月第 4 次印刷
印 数	180001－280000
书 号	ISBN 978-7-5464-3111-6
定 价	68.00 元

前 言

读历史有什么用？能造汽车、高铁、飞机、宇宙飞船吗？这样讲显得教条、死板、滑稽、可笑。可以说，读历史的价值可用几个字概括：鉴过往，知得失，获经验。

中国是一个拥有五千多年灿烂历史，充满生机与活力的泱泱大国。中华文明源远流长，历史曲折而厚重，其间发生了太多有趣的故事。让我们一起走进本书瞧个究竟。

《一读就入迷的中国史》将漫漫历史长卷化成一个个有趣的缩影：一场又一场文韬武略的斗争，一个又一个王朝的兴起和衰亡……本书共分为10个部分，从帝王到后宫、从贤良到奸佞、从文臣到武将、从乱世到盛世，那些奇闻轶事、辉煌成就、灿烂文化等，在你面前徐徐展现，好看、耐看！

你知道吗？一位皇帝连续三十年没有上朝；有的皇帝看似拥有天下，其实活得比平民还窝囊；有的皇帝晚上只吃一个凉烧饼……他们虽然是封建时代的统治者，君临天下，至高无上，却不是我们想象中的威严庄重，甚至也有一些奇葩的嗜好。

你知道吗？后宫的女人也不都是乖巧听话的，有人竟然让皇帝"离家出走"；独掌朝纲的第一位女性并不是武则天；历史上垂帘听政的皇太后更是不少……皇帝、皇后作为封建王朝的权力巅峰人物，他们身上又发生了多少让人啼笑皆非的故事呢。

《一读就入迷的中国史》不是枯燥乏味的说教，不是历史故事的简单堆砌，不是让你读了就忘的乏味陈词滥调。全书内容丰富，从不同角度选取了非常有趣的故事讲述历史，通俗易懂，让你觉得历史真有趣的同时探寻潜藏在历史背后的真相。

当历史变得有趣起来，那么，前人用智慧和代价换来的经验教训就能为我们所用。我们作为现代人，只有了解历史，才能感受历史启迪现实的无穷魅力，体会历史无可替代的价值。

目 录

第三章

看治世能臣的另一面

第四章

不信清风唤不回，欲持清官廉吏身

第五章

从古代军事将领中，看心理与性格色彩

第六章

奸臣下场悲惨，邪吏必有恶果

第一章
帝王君主，不可思议的奇葩事

中国的历史，相当长的一段时期处于大一统状态，而大一统的核心就是皇权，皇帝处于权力金字塔的顶端。如今有很多人羡慕古代帝王的生活，认为皇帝可以为所欲为，是世界上最好的"职业"。但真的是这样吗？历史的真相，又能揭开帝王们的哪些真面目呢？

◎ 热衷于生意经的皇帝

"普天之下，莫非王土；率土之滨，莫非王臣。"按理说，皇帝拥有天下，应该过着锦衣玉食的舒适生活，怎么也不会沦落到和平民一样做生意当起商贩来。事实上，虽然做了皇帝却热衷于经商的，历史上不乏其人。

南朝萧齐时代的皇帝萧宝卷就很喜欢做生意，为了过做生意的瘾，他下令在宫中的后苑设立市场，和宫女太监们共同做买卖，并建立了"管理机构"。他令宠妃潘氏为市场总管，自己充任潘氏手下一名抄写员，同时客串肉铺的伙计，工作之余坐在肉铺里切肉。凡是违反市场规矩的，包括皇帝，都会遭到兼任市场主管的潘贵妃杖责。

同样是南朝，刘宋时代的皇帝刘义符也在皇家园林"华林园"中设置了一条商业街，街两侧商铺林立，他本人亲自担任店掌柜，和"买家"讨价还价，不亦乐乎。

不仅是皇帝，历史上曾"下海"做生意的还有皇帝的继任者——太子。西晋时就有这么一位太子，名叫司马遹，是晋武帝司马炎的孙子，也就是以弱智昏庸著称的晋惠帝的儿子。司马遹的经商天赋说来有些渊源，他的母亲谢玖的娘家是屠户，他可能承袭了做生意的"遗传基因"。在等待皇位的日子里，司马遹对卖肉一行情有独钟，甚至可以说练出了绝活。他在宫中设立肉市，买主要多少，他手起刀落，分量竟然丝毫不差，交易所得利润，悉数归为己有。

皇帝皇子们生活在深宫，与世隔绝，对外界事物充满好奇，闲来无事，模仿世人开店做生意，娱乐一下也就罢了。偏偏有这么一位，觉得玩这样的小游戏太不过瘾了，要做就要把生意做大。他就是汉灵帝刘宏，中国最爱做生意的皇帝非他莫属。

刘宏本是一个亭侯的儿子，属于落魄的皇族，家境贫困。汉代到了后期，这些皇室后裔的家境与普通百姓没什么两样，有的皇室后裔比普通百姓还要贫困，当年的刘宏是这样，后来的刘备也是这样。

汉桓帝刘志无子，刘宏是桓帝的堂侄，年轻的窦皇后及其父亲窦武为了控制朝廷大权，选了只有 12 岁的刘宏做皇位继承人。

刘宏即位后，称为汉灵帝，由于年纪小，仍由窦太后执政，论功策勋，封窦武为闻喜侯，窦氏一家权倾朝野。当时，宦官与外戚争权夺势，12 岁的刘宏自然难以应对，干脆"撂了挑子"，政事不问，做起生意来了。

皇帝号称天下之主，富有四海，但在刘宏眼里，这些都太虚了，觉得钱要攥在自己手里才行。他常常叹息前任桓帝没有经营头脑，没有私钱。于是，他大肆聚敛钱财，作为自己的私人积蓄。他在自己的后宫修建了许多商业店铺，让宫女们经商贩卖。他穿上商人的服装，与经商的宫女一起饮酒作乐。每次各郡、国向朝廷进贡，都要先精选出一部分珍品，送交管理皇帝私人财物的中署，叫作"导行费"。

后来，汉灵帝渐渐发现自己手中掌握着一种独一无二的热销"商品"——官位。自以为具有商业头脑的汉灵帝马上下诏，在上林苑设置了卖官的机构，公开卖官。

东汉的卖官始于邓太后，当时只是偶尔为之，以比较温和的方式征富人之钱来"佐国之急用"而已，并没有将此作为生财的常规工具。汉灵帝时情况就有所不同，他可是把这个当作天字第一号买卖来做的，自然不满足于前代的那种小打小闹，而要"正规经营"，想把生意做大。于是就对各项官职明码标价，列出一张价目表来。规定中央三公九卿、地方守令等省部级官职的价格，如三公售价一千万钱，关内侯五百万。没钱可以先赊欠，到任后再还。即使是国家选拔的特殊人才，也要交一半或三分之一的费用。如果是肥缺或者重要职位，就得另外加钱。当然，这么直接地说拿钱买官毕竟有点不太好听，于是对卖官所得的钱，起了一个专门的名字"礼钱"——只是赤胆忠心的官员给朝廷送的礼。于是买方卖方，就都没有什么不好意思了。

汉灵帝这么有"经济头脑"，那些官员们也不是傻子。大部分人一当上官就拼命捞钱，争取在最短的时间里把买官的钱挣回来。如此自然要加大对百姓的盘剥，弄得民不聊生，哀鸿遍野，东汉王朝的基业也变得岌岌可危。

综观中国历史舞台上的皇帝们，虽然个个头上顶着真命天子的光环，但并非都拥有汉武帝、唐太宗那样的文治武功、雄才大略。有些碌碌无为、昏聩无能之辈，则热衷于这一场场宫苑闹剧。萧宝卷最终身首异处成为亡国之君；刘义符当了两年皇帝，就被群臣废黜；太子司马遹没能等到即位的那一天，在"八王之乱"中被野心家谋杀；汉灵帝虽然没遭"现世报"，得了个善终，但他的继任者刘辩、刘协，接过汉灵帝留下的烂摊子，再也无法让东汉王朝恢复元气，之后群雄割据，继而发生混战，三国时代的大幕就此拉开。

◎ 父因子贵，幸登皇位

中国古代君位相传，主要依据嫡长子继承制度，也有因个人喜好而打破这种制度、主观决定继承人的例外。此外还有这样一种特殊情况：因为君王喜欢他的某个孙子，就想把皇位传给他，比如朱元璋就把皇位传给了孙子朱允炆，但这种做法毕竟不合古制，于是就有了间接的办法——先将皇位传给这个孙子的父亲，以便保证这个"好圣孙"能够在将来继承大位。而这个父亲也就"父因子贵"而出任君王。这样的情况在历史上出现过四例。

第一例是西周王朝先祖季历。

"周"原为商朝的一个藩属国，后来实力渐长，成为反对商朝残暴统治的主要力量。周朝建立以前，先君太王（古公亶父）一共生有三个儿子，长子泰伯、次子仲雍和幼子季历。季历有一个儿子名叫姬昌（后来的周文王）。周太王非常喜欢孙子姬昌，因此逐渐萌生出了一个想法——隔过泰伯和仲雍，将王位传给幼子季历，将来季历再传位给姬昌。据司马光《稽古录》记载："（姬）昌有盛德……古公（亶父）知其必兴周家，欲立季历以传昌。泰伯、仲雍知其指，自窜于句吴以让季历。泰伯犹服端委，仲雍遂从夷俗，断发文身，以示不可用。古公薨，季历立，是为王季……王季薨，昌立，是为文王。"

古代宗法社会，有长兄在，传位给小儿子是不可以的。泰伯、仲雍知道了父亲的意思以后，为了不成为三弟季历登基的绊脚石，宁愿去蛮荒之地，过蛮荒的生活。至于泰伯、仲雍他们二人到底去了哪里，目前尚没有定论，有人说是去了北方，并建立了虞国；有的则说二人是到南方，定居于梅里（今江苏无锡梅村）。后来泰伯在这里开疆拓土，被土著居民拥立为当地的君主，建立了吴国，并被认为是吴文化的鼻祖。无论哪一种说法，二人为了不妨碍三弟季历登基，主动远离了故土是不争的事实。

这样古公亶父顺利传位给季历，季历死后传位给周文王。周文王励精图治，奠定了西周的基业。到了周武王的时候，殷商终被推翻。

第二例是痴儿晋惠帝司马衷。

晋武帝司马炎即位后，用了十五年的时间重新统一了全国。晋武帝高兴之余，觉得应该选继承人了。司马衷既是武帝的长子，又是嫡子，太子之位看起来非他莫属。不过司马衷是一个智障青年，好多大臣都曾劝他更易太子，但武帝一直没有易储。

其实武帝也不是不知道司马衷的脑子不好，只是爱子心切，不愿承认事情的真相，他总以为太子只是人比较"憨厚老实"而已。另外，有三个要素摆在武帝的面前，一个比一个有说服力：第一，杨皇后病逝前，曾经让武帝发誓保住司马衷的太子之位，武帝在病床前"流涕许之"。第二，杨皇后为司马衷娶了功臣贾充的女儿，把位高权重的贾家捆绑在太子的战车上，使武帝投鼠忌器。第三，司马衷的儿子司马遹自幼聪明伶俐，据说和当年的司马懿很相似，武帝对他另眼相看，甚至评价他说："此儿当兴我家。"这样一来，武帝为了使司马遹日后登上皇位，也就只能让司马衷坐稳皇太子之位了。

然而，这一切最终成了晋武帝的一厢情愿。司马衷登位后，聪明的小司马遹被立为太子，但他因非皇后贾南风所生且渐生恶习，最终被其毒死，至死也没有坐上皇位。而他的父亲司马衷留给后世一个又一个灰色笑话。

有一年发生饥荒，百姓没有粮食吃，只能挖草根，吃树皮，许多百姓因此被活活饿死。消息被迅速报到皇宫，司马衷坐在高高的皇座上听完大臣的奏报，大为不解。"善良"的晋惠帝想为他的灾民做点事情，经过冥思苦想后终于想出了一个"解决方案"，他说："百姓无粟米充饥，何不食肉糜？"

由此可以看出司马衷的思维能力，听闻"天下饥荒，百姓饿死"，能够说出"食肉糜"的话，说明他知道"食物""饥荒""死亡"三者之间的对应关系，具备最基础的逻辑思维能力。只是，以司马衷的智力水平，难以妥善处理军政大事。

"何不食肉糜"在《晋书》的渲染下，就成为晋惠帝执政时期的历史笑料。

第三例是瘸腿皇帝明仁宗朱高炽。

朱高炽是朱棣的长子，他生性端重沉静，言行适度，喜好读书。不过由于朱高炽喜静厌动，体态肥胖，行动不便，总要两个内侍搀扶才能行动，而且总是跌跌撞撞。一生嗜武的明成祖朱棣并不喜欢这个儿子，他更喜欢朱高炽的二弟朱高煦。于是，朱棣陷入深深的矛盾之中。

正值朱棣左右为难之际，大臣解缙的一个词，终于使明成祖坚定了立朱高炽为太子的决心，这个词便是"好圣孙"。朱棣非常喜欢朱高炽的儿子朱瞻基，据《明史·谢缙传》载："先是，储位未定，淇国公丘福言汉王（朱高煦）有功，宜立。帝密问缙。缙称：'皇长子仁孝，天下归心。'

帝不应。缙又顿首曰：'好圣孙。'谓宣宗也。帝颔之。太子遂定。"

1411年，朱瞻基被朱棣册封为皇太孙。朱棣亲自挑选当时著名文臣担任朱瞻基的老师，并多次指示，皇孙是个可造之才，你们一定要尽心竭力。同时朱棣也不忘亲自教导皇孙，明朝永乐中期以后的明军远征漠北，朱棣总是将朱瞻基带在身边，让他了解如何带兵打仗。每次远征归来经过农家，朱棣都要带朱瞻基去看看，让皇孙了解农家的艰辛，希望他以后做一位爱民的好皇帝。朱棣对朱瞻基的精心教导对朱瞻基以后成为著名的守成之君，有着极其重要的意义。

可见，瘸腿皇帝朱高炽确实沾了儿子的光。

第四例是清世宗雍正帝胤禛。

康熙子嗣众多，为了能够继承皇位，相互之间争得你死我活，然而第四子胤禛最终得以脱颖而出，除了他的才华和手腕之外，"父凭子贵"也起到了重要作用。

与其他皇子比较，胤禛其实并没有多大优势，也不是康熙喜欢的类型。然而他有一个让康熙喜欢的儿子，也就是后来的乾隆帝弘历。弘历很得康熙喜欢，人长得也是仪表堂堂，《清史稿》中说他"隆准颀身"，身材修长，天庭饱满，长相不俗，用现代流行的话说就是帅呆了。再加上弘历谈吐不凡，敏而好学，"过目成诵"，康熙自然"见而钟爱"，喜欢得不得了。于是雍正也就"父因子贵"，当了皇帝。

民间流传康熙的遗诏写的是"传位十四子"，被篡改成"传位于四子"，实际上所谓的篡改遗诏是不太可能发生的。第一，照惯例，诸皇子应称皇第几子，如皇十四子，绝不会只写"十四子"，"传位于皇第十四子"无法改成"传位于皇第四子"，且当时的"于"字应是繁写。第二，清朝时重要文件都是满汉双语，即使汉语的诏书改得了，满文的诏书如何改？

而且，康熙确实非常喜欢孙子弘历。弘历出生于康熙五十年，从小聪明伶俐，深得祖父宠爱，每次围猎，康熙都要带上这位孙儿。康熙六十一年，康熙帝见到弘历的生母，连连称她是"有福之人"。因此，为了传位给心爱的孙子，而选择孩子的父亲为皇位继承人，顺理成章。乾隆对自己的祖父也非常尊敬，在位六十年退位，就是不想超过康熙。

乾隆下葬的裕陵，立有一块《神功圣德碑》，上面除记录了乾隆一生的文治武功外，对皇位继承问题，也给出了答案。上面说弘历十二岁时，随父亲（雍正）初侍圣祖（康熙），宴于牡丹台，（康熙）一见异之曰"是福过于予"，倍加喜爱，后来便"灼然有太王贻孙之鉴"。"太王贻孙"就是指前面的第一例，周太王喜欢孙子姬昌而传位给季历。这里引用"太王贻孙"的典故，正是道出了康熙欲立弘历为隔代接班人的思想。

雍正在位只有短短的十四年，一方面继承了康熙开创的基业并发扬光大，另一方面也为乾隆的统治打下了基础，史称"康乾盛世"。

◎ 虔心崇佛，不迷皇位迷佛门

佛教是古代和道教齐名的宗教之一，对古代中国的政治和社会影响非常大。"南朝四百八十寺，多少楼台烟雨中。"杜牧的这首诗写出了南朝时期佛教广传的盛况。

梁武帝萧衍大概是历史上第一位主动出家的皇帝。

这位皇帝能征善战，博学多才。不单文章写得好，书法也了得，而且还是围棋高手，更离奇的是连占卜之道也很精通。史书称赞萧衍："六艺备闲，棋登逸品，阴阳纬候，卜筮占决，并悉称善……草隶尺牍，骑射弓马，莫不奇妙。"可见萧衍是中国史上为数不多的全才皇帝。

在梁武帝的治理下，梁朝国力迅速复苏，百姓的生活日益富足，尤其是文化领域的发展，达到了魏晋以来的繁荣高峰。如果一直这样持续下去，梁武帝在历史上留下的名声未必不如秦皇汉武，然而，这时的他偏偏开始信佛了。

其实，梁武帝并非一开始就崇尚佛教。天监三年（504年）前，梁武帝事实上是尊崇道教的。《隋书·经籍志》载："武帝弱年好事，先受道法，及即位，犹自上章，朝士受道者众。"天监二年（503年），他"置大小道正。平昌孟景翼，字道辅，时为大正，屡为国讲说"。梁武帝的这些举动无疑极大提升了道教在政治层面的存在感，也是他本人尊崇道教的直接证据。

诡异的是，天监三年（504年），梁武帝突然开始尊崇佛教。《广弘明集》载："维天监三年四月八日，梁国皇帝兰陵萧衍稽首和南……弟子经迟迷荒，耽事老子，历叶相承，染此邪法。习因善发，弃迷知返，今舍旧医，归凭正觉。愿使未来世中，童男出家，广弘经教，化度含识，同共成佛。宁在正法之中长沦恶道，不乐依老子教暂得生天。"

原本一个皇帝信佛，也没什么大不了的。自古以来，信佛信道的皇帝多的是，但大部分都是徒有其表。但这位皇帝本来就天资聪颖，对于任何学问都上手极快，很快便读遍佛门经典，掌握了诸多佛教要义。根据《南史·梁武帝纪》记载，只是其注解的经书就达到数百卷。而且，他还经常为僧人们讲经。如果他不是一位皇帝，必然会成为一代高僧。

当梁武帝把时间精力都交予心中狂热的信仰，懈怠朝政，自然导致朝纲松弛，奸臣乱政，国力迅速衰退。

一国之君沉迷佛教这件事，给当时的王朝埋下了灾难的祸根。

起初佛门并没有吃素的戒条，佛家所言禁止吃"荤"是后世的误解。《梵网经》中记载，佛门弟子不应食五辛，也就是葱、蒜、韭、薤、兴渠五种食物。因为佛家讲究静心宁神，这样更利于修行。有刺激性的食物不但让自己情绪不稳定，还会影响其他信众。且佛教有三净肉、五净肉和九净肉的说法，并没有禁止佛家弟子吃肉的戒条，只是说明了某些肉不能吃。但到了梁武帝这儿，为了践行"戒杀生"的戒条，他立下誓言，决定以后断酒断肉，断绝杀生，否则甘愿下阿鼻地狱（十八层地狱）。

梁武帝不仅身体力行，并在全国推行实施，当时严禁僧人吃肉。自此之后，不吃肉渐渐成为佛门的戒律之一。

这还不算，梁武帝还斥巨资大肆兴建寺庙。到了大通元年（527 年），梁武帝去寺庙礼佛时甚至决定要出家，吓得同行的大臣们都懵了，一个个痛哭流涕，才把皇帝劝了回去。但梁武帝出家之心不死，最终还是毅然决然出家了。而大臣们为了让他继续回来当皇帝，不得不抽调国库中的银子将他"赎"回。

虽然梁武帝数次出家，表现得坚定又虔诚，但仔细推敲的话，梁武帝恐怕不仅仅是为了自己的信仰。当时在他看来，道教的仙丹等仙术仅能让他"暂得生天"而已，对于他所真正追求的"长生不老"还差得很远，所以他改投到佛教门下，希望能有更大收获，实现自己"长生不老"的愿望。

不管梁武帝到底怎么想的，他的任性导致本就并不真正富裕的王朝雪上加霜。据记载，大臣们数次赎回他耗费的钱财达 4 亿钱。尽管梁武帝前期攒下了不少家底，但这个风雨飘摇的王朝二十年后还是覆灭了。

◎ 中国历史上"学历最高"的皇帝

中国是世界上历史最悠久的国家之一，曾经一度是世界上教育发达的国家，拥有 3000 多年的太学史。

太学是中国古代的教育行政机构和最高学府，相当于如今的大学。在中国众多的帝王中，从太学毕业的皇帝只有一位，他就是东汉光武帝刘秀。他曾就读于太学府，琴棋书画样样精通，诗文歌赋无一不能。他学识广博，让朝中名儒甘拜下风。刘秀相貌英俊、风流倜傥，他身陷逆境时，屡有豪门闺秀暗中相助。可以说，刘秀作为帝王是极有作为的，作为男人亦是成功的，令人钦佩。

刘秀是西汉皇族后裔，汉高祖刘邦的九世孙。他虽名为皇族后裔，但刘秀这一支属远支旁庶的一脉。到了西汉后期，刘氏皇族的子孙遍布天下，《汉书·平帝纪》载"宗室子，汉元至今，十有余万人"。可见，到了西汉末年，刘氏宗族后裔的数量是何等庞大。刘秀这一支族人生活在南阳，地位是一代不如一代，到了刘秀这一代，父亲仅是个小县令，且在刘秀六岁时病故。二十岁时，长兄刘縯挖出父辈留下的金子，供刘秀去京城长安读太学。公元 14 年至公元 19 年期间，刘秀一直在太学就读，拜中大夫许子威为老师，后来因身边钱快花完了才返乡。在长安，与他同学的有邓禹（字仲华）和严光（字子陵）。

刘秀起事后，几乎完全靠着自己的才能打下江山，既非承袭祖业，又非篡夺帝位，而且几乎连像样的谋士也没有（因为他自己就是高级儒生），著名的云台28将都是武将，没有文臣。他善待功臣、部属、文人、同学、百姓、乡人甚至匈奴胡人，重情仁爱，广施仁政、德政，创造了"光武中兴"的治世，而且难得的是从青年到老年只爱阴丽华一个女人。这应该与刘秀受过严格系统全面的儒家教育有关，无论在打江山时，还是成为皇帝后治国中，他都对儒家典籍手不释卷。

刘秀不愧为读书人出身的皇帝，对士人的微妙心态和深层次意愿洞若观火，体察入微。他即位后不仅重开太学，搜集图书，延聘博士课徒授业，舍得花费大钱投资不能立即显现经济效益的文化教育事业，而且身体力行，投戈讲艺，息马论道。他十分重视士人，敬贤尊才，达到了"求之若不及，相望于岩中"的地步。他刚刚坐上龙庭，就把当时年已七十有余的通儒硕学卓茂礼请到朝廷，亲自接见，嘘寒问暖，任为太傅，封褒德侯，赐予食邑二千户。不久卓茂老死，刘秀又素服车驾，亲自为卓茂送葬。刘秀用高规格礼遇优待这样一位学者，目的是希望通过此事向天下传达自己重视士人的信息，为百废待兴的建设事业奠定基础。事实证明，刘秀的这个姿态产生了重大影响，当时不少著名的宿学大儒，如宣秉、杜林、张湛、王良、范升、陈元、郑兴、卫宏等，纷纷汇集到刘秀的旗帜之下，成为东汉文化复兴中的重要角色。

当然，并非每一位士人都热衷于出仕以博取功名，历朝历代都有一些士人乐意隐逸山林，这在东汉初年也不例外。对于这一类不愿为五斗米折腰，对朝廷有意保持一定距离，甚至持不合作态度的士人，明太祖朱元璋的做法是砍掉他们的脑袋，理由是有才华而不肯为朝廷所用，等同于抗拒皇命，与犯上作乱无异；刘秀则不同，他理解这种"义不与帝王为友"的士人的志趣，宽待容忍他们，来者不拒，去者不究。太学生出身的周党，学问渊博，名重一时，刘秀称帝后慕名辟征他出仕为官，谁知周党并未应允。朝廷大臣中有人见周党如此不识抬举，大为不满，建议刘秀以"大不敬"之罪惩治他。刘秀坚决不同意，下诏说："从古以来，即使明王圣主出世，也会有不宾之士……人各有志，何必强求。"于是赏赐周党绢帛四十四，让他带着家眷回老家隐居。对不肯为官的老同学严光，刘秀同样听凭他离开洛阳回富春江畔垂钓，潇洒自在了却余生。刘秀的作为，完全进入了"江海之所以能为百谷王者，以其善下之，故能为百谷王"的境界。

如果说，对读书人的宽容大度还不算太困难的事情，那么对功臣宿将的信任和优待则是为君之道所面临的考验。读书人的牢骚、怪话或故作清高、拒不合作，虽然让人不舒坦，但毕竟未对自己的皇位构成直接的威胁，所谓"秀才造反，十年不成"。然而，功臣宿将就不同了，他们手握重兵，威望素孚，倘若真的萌生异志，很可能会江山改姓、社稷易主。所以说，抚慰读书人，至多不过是个面子问题，而优容功臣宿将，这才是一个实实在在的谋略问题。

刘秀在这方面同样做得十分出色。他不但不杀戮功臣，而且找到了两全其美的办法：优容功臣，但"不任以吏事"、"退功臣而进文吏"。前者是对功臣的保护，后者则是对功臣的限制，这两者相互结合，互为弥补，既加强了中央集权、君主专制，又使得功臣宿将满意安心，"保其福禄，终无诛遣者"，开创了妥善安置开国功臣的先例，找到了正确解决皇权与将权矛盾的途径。刘秀在对待功臣问题上的确呈现出智慧和气度。

刘秀在治国安邦上挥洒自如、举重若轻，很大程度上是因为他受过高等教育。在中国历史上的诸多封建帝王中，工于心计、善于用人、御权有术的不胜枚举，善于用兵、爱书好学的也层出不穷，但集多种才能于一身的皇帝，当首推汉光武帝刘秀。王夫之评价他"自三代而下，唯光武允冠百王矣"，以刘秀的行为方式及其效果来衡量，可谓当之无愧。有权威人士说他是中国历史上"学历最高"的皇帝、最会用人的皇帝、最会打仗的皇帝。历数古往今来的英雄人物，有几人能获得这个评价？

◎ 虽有天子之名，却窝囊一辈子

历史上的窝囊皇帝为数不少，他们多被权臣控制。如：被吕后控制的汉惠帝，被王莽控制的汉平帝，被董卓、曹操控制的汉献帝，被贾后和八王控制的晋惠帝，被桓玄、刘裕控制的晋安帝。这些皇帝中，活得最窝囊的要数汉献帝刘协了，他活得连平民都不如。

其实刘协一开始并不窝囊，相反还很有威仪。

东汉后期，少帝登基，太后临朝，外戚执掌朝政似乎已成惯例。灵帝时执掌朝政的何皇后之兄何进，为消灭强大的宦官势力，密召凉州军阀董卓入朝，不料宦官首先动手，杀死大将军何进，裹挟陈留王刘协与少帝刘辩夜出洛阳城北门外。当时任廷尉的大士族豪强袁绍，起兵诛杀宦官，杀了两千多人，宫中一些没长胡须的人也被当作宦臣杀掉。

在洛阳北门之外，刘辩、刘协一行人遇到了带兵前来"勤王"的董卓，少帝刘辩在骄横的董卓面前面如土色，9岁的陈留王刘协却对董卓厉声呵斥："既然你前来勤王救驾，见了皇帝为何不跪？"

陈留王刘协的下马威打掉了董卓的威风，令董卓颇生好感。董卓入洛阳城后做的第一件事，就是将懦弱的汉少帝"踢"下台，把皇袍披到了陈留王刘协身上，理由是：有威仪，聪敏好学。

登基仪式热热闹闹，然而，还没等到刘协从兴奋中冷静下来感谢董卓，一切就改观了。董卓控制了朝廷，也控制了这个新皇帝。刘协成为有名无实的天子，无权、无势、无力，不要说重整祖业，就连起码的尊严也不能保障。董卓为了避开朝野组成的反董联盟的锋芒，下令烧毁洛阳宫殿，把刘协带到了长安，并准备取而代之，改朝换代。

公元192年，王允设计打破了董卓的春秋大梦。虽然董卓被除掉了，但汉献帝并没有走出泥沼。

董卓死后，王允、吕布二人把持朝政，汉献帝仍是傀偶。不久，董卓的部将李傕、郭汜带兵攻破长安，吕布逃走，王允被杀，李、郭二将把持朝政，汉献帝又成了孤家寡人被丢在长安。后来李、郭二人相互猜疑，引兵相攻，李傕扣留汉献帝，郭汜扣押群臣，演出了一幕幕丑剧。

兴平二年冬，乘李、郭二人忽战忽和之机，一些大臣拥着汉献帝乘夜逃出长安，被李傕一路追杀，汉献帝身边的人马被打败，在陕县弃车渡河而走，宫人大臣都得步行。后来终于摆脱了李傕的追兵，由陕西辗转逃到了河南安邑。在那里刘协衣服破了没有换的，肚子饿了没粮吃，只靠大枣栗子一类食物充饥。逃至洛阳，照旧衣食无着，只得挖野菜充饥，途中饿死了不少人。直到被曹操将汉献帝迎往许都，刘协才算安定下来。

然而，曹操需要的是"天子"这个招牌，并不需要有头脑、有能力的皇帝，因此刘协的境遇每况愈下。从此，汉献帝成为曹操"挟天子以令诸侯"的一张王牌。

但汉献帝并不甘心做傀儡。建安四年，车骑将军董承受汉献帝密诏，与刘备一起密谋诛杀曹操。只是事情败露，董承等均被处斩，灭三族；刘备先前借故出走，得免于难。这是汉献帝跟曹操一次近乎公开的抗争，事后曹操加强了对汉献帝的控制，朝廷的高官大多调为支持曹操的官员，左右侍卫全是曹操安排的人。曹操深知汉献帝的价值，对汉献帝本人始终不予加害，但汉献帝的日子过得越发艰难了。

曹操诛杀董承后，提出将董承之女董贵人一起杀掉。当时董贵人已有孕在身，汉献帝多次请求免其一死，曹操不答应。伏皇后对此既恐惧又不满，密书向其父伏完诉说曹操逼汉献帝杀董贵人之事，曹操知道后大怒，代汉献帝起草了一道废掉皇后的诏令，逼汉献帝废后；并派心腹御史大夫郗虑、尚书令华歆两人，持令率兵入宫，宣诏废后，捉人囚禁。伏皇后吓得藏到宫中的间壁墙内，身为尚书令的华歆竟然亲自把伏皇后拉扯出来，牵往宫外。当时汉献帝正在外殿与郗虑对坐。伏皇后披头散发连鞋都被拖掉了，光着脚从汉献帝身边走过，哭着对汉献帝说："你就不能救我一命吗？"汉献帝说："我自己都不知道命丧何时。"想来，路人有难亦当援手相救，更何况是自己的妻子？汉献帝又无力地对郗虑说道："郗公，天下还有这样的事吗？"也许汉献帝还存有一线希望，毕竟他是皇帝，可是郗虑根本不理他。伏皇后被禁闭在冷宫，四面门窗都被封闭上，活活被闷饿而死。曹操又派人把伏皇后所生的两个皇子毒死以绝后患。伏皇后的兄弟、族人，被诛杀者一百余人。皇后的母亲是桓帝的公主，被流放到长城脚下的涿郡了事。

曹操死后，他的儿子曹丕逼着汉献帝下诏让位，若不是汉献帝的曹皇后（曹操的女儿）解围，只怕汉献帝早已成为刀下亡魂。后来曹丕称帝，改国为魏，封逊帝刘协为山阳公，结束了四百多年的两汉王朝。之后的汉献帝一直过着隐居不问世事的生活，直到54岁去世结束了他傀儡的一生。

想来，汉献帝一生虽有天子之名，但做了三十几年皇帝，没主过一天政，相反却吃尽了苦头，受尽了侮辱。先遇董卓，再有李傕、郭汜，然后就是曹操、曹丕父子。尤其是在曹操这个绝世奸雄手中，不仅一点自由和尊严都没有，甚至连自己的妻儿都保不住，就是平民也绝不能忍此辱。刘协此生实有失男子汉气概，帝王之威则不用说了，皇帝当到这个份上也实在够窝囊了。

◎ 刘禅真是个扶不起的昏君吗

在世人的心目中，刘备的儿子刘禅（小名阿斗）是平庸昏聩之君，不管是罗贯中所著的《三国演义》中，还是市井的平民百姓心中，刘禅的形象始终是碌碌无为的庸主，更有甚者称他为"亡国之昏君，丧邦之庸人"。所以，现今我们说某人懦弱无能、有负厚望，常用"扶不起的阿斗"来形容。

阿斗真的扶不起吗？他真的是个昏庸、愚钝甚至弱智的君主吗？当然，我们不存在替历史人物翻案的想法，但站在客观公正的立场上，用历史唯物主义的观点来看，那些刻板的印象或约定俗成的说法，就站不住脚了。

纵观三国历史，刘禅在位 41 年，是三国时期所有国君中在位时间最长的一位。其中，诸葛亮辅佐刘禅 11 年，在诸葛亮去世后，刘禅又做了 30 年的蜀汉皇帝。在那个群雄割据的动乱时代，刘禅能执政这么久，应该有其过人之处。

看看他的亲人、大臣以及史学家是怎么评价刘禅的：刘备生前，诸葛亮曾感叹刘禅非常聪明，超过人们的期望。刘备也谦虚地说："审能如此，吾复何忧！"诸葛亮在《与杜微书》中评价刘禅说："朝廷年方十八，天资仁敏，爱德下士。"《晋书·李密传》载，李密认为刘禅作为国君，可与春秋首霸齐桓公相比，齐桓公得管仲而成霸业，刘禅得诸葛亮而与强魏抗衡。《三国志》作者陈寿在评价刘禅时说："后主任贤相则为循理之君。"南朝史学家裴松之评价刘禅"后主之贤，于是乎不可及"。

上述这些人中，诸葛亮不是一个阿谀奉承的大臣，刘备也不是徒好虚名的君主。陈寿、裴松之更是史学大家，这些人是不会把一个平庸的人硬说成"智量甚大""循理之君"的。这些都可以说明阿斗并非愚蠢之人。

表面上看，刘禅有诸葛亮辅佐，却没有什么作为，确实是扶不起的。事实上，刘禅做了皇帝后，因为父亲刘备有遗嘱："汝与丞相从事，事之如父。"加上诸葛亮在当时的崇高威望，所以，军政大事必须"咸决于亮"。诸葛孔明当政期间，正值阿斗青春年少。按照常理，丞相必须让"见习"皇帝迅速转正。可他偏偏"政事无巨细"，这对阿斗来说，不仅被剥夺了政权，而且连成长权和锻炼权也被剥夺了。

谁说阿斗扶不起？你扶过人家吗？

诸葛亮的理由也很简单，因为刘禅没有工作经验，所以才总揽全局。这让人不禁要问，你不给他实践的机会，他哪儿来的经验？如此，他不是永远没经验吗？

诸葛亮带兵出外征战，对已年满 22 岁的刘禅依旧不放心，特派心腹董允为侍中，统宿卫亲兵，"监管"刘禅。在诸葛亮的《前出师表》中，诸葛亮对刘禅的口气和语感，简直犹如一个严峻的父亲在冷酷地调教不懂事、不听话的孩子。

面对这种情况，刘禅只好从大局考虑，做个配角，"团结与支持"，如果不这样，势必会打击诸葛亮的积极性，甚至引起蜀汉政权的内讧。

诸葛亮急于北伐，刘禅不便直接反对，只能规劝诸葛亮说："相父南征，远涉艰难；方始回都，坐未安席；今又欲北征，恐劳神思。"诸葛亮执意北伐，刘禅还是全力支持。诸葛亮死后，立刻停止了空耗国力、劳民伤财的北伐，反对为其立庙。但在众人的一再要求下，也没有固执己见。

尽管如此，刘禅还是没有丢掉诸葛亮这面旗帜。如此行事，既得人心，也顺民意，从而保证了政局的长期稳定。刘禅深知"君臣不和，必有内变"的道理，要是自己一时不清醒，野蛮的路线斗争也就不可避免。刘禅对此能从长远着眼，如此得体地处理权臣问题，也可谓亘古未有。如此贤德的领导，在专制制度的历史长河中，也是奇迹。所以，南朝史学家裴松之说："后主之贤，于是乎不可及。"

在人事任免上，刘禅也表现出过人的一面。鉴于诸葛亮生前权力太重，刘禅废除了丞相制。设立尚书令、大将军和大司马三职互相制衡，军政事务分开；后来"乃自摄国事"，提出"须吴举动，东西掎角，以乘其衅"，由蒋琬、费祎、董允等人主政，休养生息，积蓄力量后从长计议再北伐的政策，亲自处理除了对外战争领域之外的国内军政事务，充分展示了他的政治才干。

公元 263 年，刘禅主动降魏，结束了自己的帝王生涯。对于刘禅不战而降，王隐在《蜀记》中讲：刘禅之所以宁背骂名而不作辩解，乃"全国为上之策"。曹魏兵围成都，客观地说，要是抵抗，士兵的伤亡一定会很大，而且很有可能招致曹魏屠城，让百姓遭殃。刘禅开门投降，虽然背了一个卖国的骂名，却保全了百姓的性命财产，无论从当时老百姓来看，还是从当代历史学的角度来看，都应该是一件好事。他没有为一己私利，而不断地鼓动老百姓为自己卖命。这在中国帝王中并不多见。

亡国之后，作为亡国之君，不仅刘禅自家生命，甚至包括蜀地百姓的幸福都掌握在人家手里。所以，刘禅必须装憨卖傻，处处隐藏自己的才能，才能瞒天过海，养晦自保。他主演了一幕著名戏剧"乐不思蜀"。乍一看，刘禅的确是一副无可救药的样子。可细细一想，刘禅又能如何？司马昭的阴险毒辣是出了名的，不光专权夺势，且欲谋篡帝位，就连魏帝曹髦都说："司马昭之心，路人皆知。"司马昭若想杀刘禅，可谓易如反掌。身为阶下囚的刘禅，不可能不明白这一点，想要保全性命，就必须让司马昭觉得他懦弱无能、不足为虑，而"此间乐，不思蜀"正是刘禅所释放的一个烟幕弹，给司马昭留下了他无志无能的印象，在当时的环境中这是最为明智的选择。

越王勾践兵败，沦为阶下囚，为获自由，挖空心思，曲意逢迎。吴王夫差生病不愈，勾践为夫差尝粪察病，引得吴王龙颜大悦，对勾践信任有加。有后人赞勾践曰：苦心人，天不负，卧薪尝胆，三千越甲可吞吴。为何越王勾践食粪逢迎成为忍辱负重的典型，而后主刘禅一句"此间乐，不思蜀"却成为历史的笑柄呢？如果勾践没有成功离吴并战胜吴国，那么人们又会怎样评价他呢？

在"成者王侯，败者寇"的意识里，很多人不愿意接受失败的英雄。

在三国史上，刘备去世后，刘禅领导的蜀国一直处于弱势，然而在41年里，刘禅知人善任，政权稳固，使百姓免受生灵涂炭，如果刘禅真的是个扶不起的昏君，又怎能做到这些呢？

◎ 你相信皇帝贿赂大臣的事吗

中国五千多年的历史无奇不有，集天下权力和财富于一身的皇帝竟然向臣子行贿，这种做法在历史上还真出现过几回。

始作俑者是宋真宗赵恒。

赵恒是宋太宗第三子，登基前曾被封为韩王、襄王和寿王，997年继位。但还没过几年安稳日子，辽国南侵。最后，辽宋议和，宋朝每年输银10万两、绢20万匹，史称"澶渊之盟"。此后，宋真宗赵恒听信资政殿学士王钦若的谗言，罢免了曾力主抗辽的宰相寇准，任大臣王旦为宰相。

赵恒问王钦若如何才能洗刷输币求和的耻辱，王钦若建议说："唯有封禅泰山，可以镇服四海，夸示外国。"但自古以来，需天降祥瑞，才可行封禅大礼，这个道理，赵恒也很明白。王钦若早有主意，于是又说，可以假造天瑞，只要皇上自己相信并崇敬它，而后诏告天下，便与真天瑞没什么不同。赵恒觉得王钦若这个办法简便易行，便点头同意。但他又怕宰相王旦阻挠，便请王旦入宫赴宴。散席之后，赵恒送给王旦一个坛子，说："此酒极佳，你拿回去和老婆孩子共享吧。"

王旦回家打开坛子一看，竟是一坛价值连城的珍珠。这位在朝中混了几十年的老臣，明白皇帝可能有求于他。于是后来赵恒与王钦若假造天书，并做出封禅的决定时，他便成了没嘴的葫芦。

封禅不是好事情，这是人人都知道的。道理很简单，上有所好，下必甚焉。祥瑞这种东西说有就有，说没有就没有，关键看人是不是需要。现在既然需要，就算没有，造几个出来也不是什么难事。由于赵恒带头，一听说有"天瑞"出现，不管真假，都要大举庆贺，对官员大加封赏。朝臣与地方官尝到了甜头，不断假造符瑞：或报黄河水变清，或报遇见赵家始祖并赐给宝剑一把，或报天象出现"五星连珠"奇观，或献白鹿，或献灵芝……于是，一系列闹剧在大宋朝上演。宋真宗后期的十多年，几乎把他前期和宋太祖、宋太宗两朝近五十年攒下来的钱都花完了。这期间，当然还有别的宰相，可是别的宰相比如王钦若、丁谓等，后世批评得其实并不多，最主要的就是批评王旦。因为只有王旦能阻止宋真宗，可他却选择了受贿闭嘴。这个口子一开，后面的人也就没什么好说的了。

王旦受宋真宗的贿赂是空前的，但是却没有绝后，明朝和清朝又出现了皇帝贿赂大臣的事情。

明代宗景皇帝朱祁钰想废掉明英宗的太子——后来的宪宗，另立自己的儿子。但是大臣都强烈表示反对。朱祁钰召集内阁成员开会，共六人，分别是首辅陈循、次辅高穀、阁员商辂、江渊、王一宁、萧镃，他们当时是文官集团的头目。但朱祁钰只是跟他们随便拉了一些家常，谈了一些无关紧要的公事。六位大臣毕竟是在官场中久经考验的人物，个个老奸巨猾，知道皇帝肯定有事要说，于是脸上都挂着笑容，心里却在紧张地盘算着如何应对。朱祁钰说完套话，竟然宣布散会，搞得他们一头雾水，半天摸不着头脑。散会后，兴安太监分别找到了他们，一一奉上白花花的银子。而后又分别给王直和胡淡升官，堵他们的嘴。这事在《明史·列传五十七》中记载得很清楚。景泰三年（1452年）五月，皇太子朱见深被废为沂王，朱祁钰之子朱见济继任太子。可惜翻过年来，朱见济竟然死了。随后明英宗复辟，朱祁钰被废为亲王，软禁于宫内，不久气死于永安宫。

清德宗光绪也行过贿。给谁行贿？太监！根据清人王无生的《述庵秘录》记载："（光绪）皇帝每（向太后）问安一次，内监必索贿五十金（五十两银子，合一万多人民币）。"这难道仅仅因为他是个傀儡？不！当年想去见慈禧的人都得给太监银子，就连慈禧安插在光绪身边的眼线，她非常信任的亲侄女、光绪的皇后隆裕有时也不例外。至于王公大臣、封疆大吏，要见老佛爷同样也得给太监"宫门费"。光绪初年，左宗棠因收复新疆立下大功，返京后，一身荣耀。在进宫去见慈禧、慈安两宫太后时，还被太监们挡在崇文门外索要过路费，左宗棠生性耿直不愿行贿，受阻后颇费几番周折，据说还是李鸿章出来解围给付的。

◎ 万历皇帝为何连续三十年不上朝

历史上因各种原因不上朝理政的皇帝很多，但长达30年不上朝的皇帝，实为罕见，这个皇帝就是明万历皇帝——明神宗朱翊钧。

朱翊钧生于1563年，卒于1620年。他即位时年仅10岁，由文渊阁大学士高拱、张居正、高仪辅政。张居正接任首辅后，在李太后的支持下，于万历元年（1573年）进行政治经济改革，使得处于统治危机之中的朱明王朝出现了短暂的复苏和繁荣。可惜好景不长，万历十年（1582

年）张居正死后，朱翊钧下诏追夺张居正的封号和谥号，还查抄张家。改革被废止，朝廷又一天天地走向没落。朱翊钧是一个尽情享乐的皇帝。他成年亲政后，却不常视朝，深居内宫。不仅在世时要享受，还想到死后的安乐，早早筹划自己的陵寝，建造定陵耗时达 6 年之久。由于他不理朝政，大臣的奏章、他的谕旨，全靠内侍传达。册立太子的大事久拖不决，导致官僚集团各派之间互相火并，党争也愈演愈烈。东林党人与邪党的斗争持续了很久，明王朝到了崩溃的边缘。万历四十八年（1620 年），朱翊钧在内外交困、风雨飘摇中死去，终年 58 岁，葬于定陵，庙号为神宗。

从万历十七年（1589）开始直到死去约三十年，万历帝不上朝听政和处理政务，官员们很难看到皇帝，甚至连最高级的大学士也很长时间看不到他。

不论是当时还是后来，这都是最为人诟病的事情。到底是什么原因使万历帝那么久不上朝呢？

1958 年，定陵被挖掘后，科学家对万历皇帝的尸体进行化验，发现他的骨头中含有吗啡成分，这是万历皇帝食用鸦片的铁证，也为我们揭开了他 30 年不上朝的谜团。

鸦片在中国古代原本是一种药，从唐朝开始，四川就种植罂粟，产鸦片，叫作"阿芙蓉"。当时的人已经知道服用过量会中毒，到明朝时期它仍然是一种贵重的药品。但是国产鸦片极少，难以满足皇室的需要。因此，明朝的鸦片，是通过朝贡关系，从当时一些藩属国的进贡渠道取得的。郑和当年率领船队浩浩荡荡下西洋，采购了大量的高级奢侈品，其中就包括药材。

《大明会典》记载了当初亚洲藩属国给明皇室进贡鸦片的事。暹罗、爪哇、孟加拉，他们的国王定期向中国派出朝贡使团，拿着黄金镶边的国书，向明朝进贡当地出产的各种宝物，以取悦宗主国，贡品中就有鸦片，不过《大明会典》把它叫作"乌香"。暹罗每次给皇帝进贡二百斤、皇后一百斤，其他两个国家进贡的数量史无明文。但是这个数量并不能满足皇室的需要，皇帝还要派出太监到处寻觅采购鸦片，而当时的鸦片价格与同等重量的黄金同价。当然，明朝皇室有的是钱，这个钱是花得起也舍得花的。

明朝皇帝得到鸦片这样的药，当然是乐不可支。万历皇帝还沉迷于长生不老的幻想中，常年待在宫中试验、服食丹药，他服食的丹药中就含有鸦片。他给鸦片取了个名字，叫作"福寿膏"，此后成了鸦片的代名词。万历皇帝不上朝的借口是头晕、眼花，其实主要原因是纵欲过度，再加上鸦片的毒瘾所致。

万历皇帝最初亲政的几年，还是很积极的，这一点是必须肯定的。实际上，万历一朝的大事，比如"万历三大征"，三次军事行动，都是在万历皇帝的布置下进行的。每一次军事行动，万历皇帝似乎都能充分认识到该行动的重要性，而且在战争过程中，他对前线将领是充分了解的，一旦他发现将领指挥失误，就会果断地撤换。从这些记载来看，万历皇帝是很有胆略的，而且是有治国能力的。

从客观条件来说，明朝的官僚机构、朝廷管理体系在古代社会里面是比较完善的。换而言之，就算没有皇帝这个最大的"老板"拍板，只要内阁大臣照章办事即可维持王朝的平稳。到了明朝中后期，内阁权力达到巅峰，和司礼监太监一同把持朝政，内阁管政务，司礼监管批红和内务，皇帝不用事必躬亲。所以，虽然万历皇帝那么多年没上朝，但明王朝也并未因此倾倒。

不过，万历皇帝不上朝的时间实在是太久了，最终还是产生了严重的后果。万历后期，官员结成党派以致形成的党争非常激烈。万历皇帝不上朝，官员们的争吵缺乏一个最终仲裁者，所以党争越来越厉害，而且越来越混乱无序。另外，高级官员空缺的现象也很严重，当时的朝廷运作基本处于一种疲软的状态。后来梁启超说，明末的党争就好像两个东宫先生打架，打到明朝亡了才拉倒。其实这样的恶果未尝不是由万历皇帝的荒诞造成的。

所以，《明史》对明神宗的盖棺定论是这样表述的："明之亡，实亡于万历。"我们知道，在万历皇帝之后明朝还有三个皇帝，这句话就是说，到万历皇帝时，已经是明朝灭亡的序曲了。

◎ 在宫廷里长大的"文盲皇帝"

中国历史上有不少文化程度较低的皇帝，他们大多是开国之君，比如汉高祖刘邦、宋太祖赵匡胤、明太祖朱元璋。这些人毕竟都是成长于民间，有了条件之后也都积极学习，治理国家自然不成问题；而在宫廷里长大的文盲当了皇帝，国家恐怕就要出乱子。明熹宗朱由校就属于后者。

明熹宗的父亲明光宗在做皇子的时候，一直不受自己父亲神宗皇帝的喜爱。明神宗因为不想立他做太子，竟然很久都不让他出阁念书，使得这个未来的皇帝差点成了文盲。而明光宗处于忧惧之中，也无暇关心自己儿子朱由校的学业，所以朱由校竟然是个文盲。

明光宗即位，大臣们劝他赶紧给太子找个老师教读书，他却说不着急，过段时间再说吧。结果，登基一个月他就撒手西去。这时朱由校已经16岁，但一天正规的学也没上过。他像一个木偶般被养母李选侍和一帮大臣抢来抢去，之后成了一个泱泱大国的君主——天启皇帝。

由于没有文化，天启帝发布命令指示，往往只能靠听别人的拟稿来决断。他又不愿意全听别人摆布，为了显得自己很有主见，往往不懂装懂。一纸草诏、半张上谕，经多次涂改，往往弄得文理不通。颁发出去，令朝野人士啼笑皆非。

有一次，江西抚军剿平寇乱后上章报捷，奏章中有"追奔逐北"一句，原意是说他们为平息叛乱，四处奔走，很是辛苦。皇帝身边的一个叫何费的太监念奏章时，把"追奔逐北"读成"逐奔追比"，解释时把"逐奔"说成是"追赶逃走"，把"追比"说成是"追求赃物"。天启帝听了大发雷霆，江西抚军不但未得到奖赏，反而受到"贬俸"的处罚。

还有一次，扶余、琉球、暹罗三国派使臣来进贡，扶余进贡的是紫金芙蓉冠、翡翠金丝裙；琉球进贡的是温玉椅、海马、多罗木醒酒松；暹罗进贡的是五色水晶围屏、三眼鎏金乌枪。邦国进贡，而且进的是贵重礼物，天启帝原本应隆重接待。在金殿上，尽管使臣递上的是用汉文写的奏章，宦官魏忠贤接了，由于也是目不识丁，忙转手递给天启帝。他装模作样地看了半晌，把进贡的奏章当成交涉什么问题的奏疏，不由得大怒，将奏章往地下一掷，说："外邦小国好没道理！"说罢拂袖退朝。三国使臣丈二和尚摸不着头脑，其中琉球使臣多了个心眼，经多方打听，才知道大明皇帝竟然不识字，使臣们听说后几乎笑掉了大牙。第二天，天启帝弄清情况后再次召见使臣，这些使臣们已没有了昨日的恭敬。从这年起，外邦藩国大都停止了进贡。

朱由校继位初期，政治还算清明，与前朝郑贵妃关系密切的方从哲等人逐渐被排挤出去，护驾有功的杨涟、左光斗等东林党人成为文臣的中坚力量，武臣中有后来鼎鼎大名的袁崇焕驻守蓟辽，成功遏制了后金的强大攻势。他还为张居正平反，录用方孝孺遗嗣，优恤元勋，给予祭葬及谥号，与葡萄牙在澳门问题上态度强硬，还与荷兰殖民者两次在澎湖交战，并且获胜。

然而，不久以后，朱由校就对政治失去兴趣，将大权委托给自己的乳母客氏和太监魏忠贤，整天游戏于声色犬马、草木鱼虫之间，尤其是对木匠活有着浓厚的兴趣，整天与斧子、锯子、刨子打交道，只知道制作木器，盖小宫殿，将国家大事抛在脑后。

朱由校不仅贪玩，而且还玩得很有"水平"，他的刀锯斧凿油漆技巧娴熟，连一般的能工巧匠都望尘莫及。据说，凡是他所看过的木器用具、亭台楼榭，他都能够做出来。凡刀锯斧凿、丹青揉漆之类的木匠活，他都要亲自操作，乐此不疲，甚至废寝忘食。他制造的漆器、床、梳匣等，均装饰五彩、精巧绝伦。据《先拨志》载："斧斤之属，皆躬自操之。虽巧匠，不能过焉。"文献载其"朝夕营造""每营造得意，即膳饮可忘，寒暑罔觉"。

在天启帝专心致志地造着他的"宫殿"时，奸佞们却在悄悄地挖他的墙脚，魏忠贤与朝堂上的一些文臣如崔呈秀之流相勾结，排挤东林党人，逐渐掌握了内阁和六部。魏忠贤常常趁天启帝专心制作木器时启奏，这时天启帝总是厌烦地说："朕知道了，你去照章办理就是了。"魏忠贤据此滥行赐赏，大施刑罚，造成空前的宦官专政，天启五六年间，屡兴大狱，诬杀东林党人杨涟、左光斗、魏大中等，并毁天下东林书院。凡正直的大臣，都因东林党的罪名而惨遭横祸，东林党人被贬、被杀不计其数，其中最著名的当属以杨涟、左光斗为首的"东林六君子"。

天启六年（1626年）八月，朱由校在客氏、魏忠贤的陪同下到宫中西苑乘船游玩时，在桥北浅水处大船上饮酒。后又与王体干、魏忠贤及两名亲信小太监去深水处泛小舟荡漾，却被一阵狂风刮翻了小船，跌入水中，差点被淹死。虽被人救起，经过这次惊吓，却落下了病根，多方医治无效，身体每况愈下。后来尚书霍维华进献一种"仙药"，名叫"灵露饮"，说服后能立竿见影、健身长寿。天启帝依言饮用，果然清甜可口，便日日服用。饮用几个月后，竟得了臌胀病，逐渐浑身水肿，卧床不起。到了天启七年夏，天启帝朱由校的病更重了。八月十一日，他预感到自己来日不多，便召弟弟朱由检入卧房，说："来，吾弟当为尧舜。"

乙卯日，在位七年的文盲皇帝朱由校驾崩于乾清宫，终年23岁，谥号熹宗。谥法"有功安人曰熹"，但人们更多想到的是"业精于勤，荒于嬉"的"嬉"，因为这个文盲皇帝虽然精通木工技术，但也没留下半件作品，只不过是"嬉"而已。明熹宗葬于德陵，这是明朝营建的最后一座皇陵，因为大明朝十七年后就灭亡了。

◎ 历史上最"节俭"的皇帝

中国历史上，皇帝坐拥天下，绝大多数过着奢华生活，但也有几位节俭的帝王，比如汉文帝刘恒、宋仁宗赵祯、宋孝宗赵昚、明太祖朱元璋、清宣宗道光等。这些皇帝当中，道光帝可以说在节俭上是首屈一指的。他不仅把节俭看成是人生的乐趣和目标，并以此作为衡量大臣能力和品德的标准。

道光帝的节俭，在他还是皇子的时候就已经表现出来了。那是嘉庆二十三年（1818年）的九月，爱新觉罗·旻宁随父亲嘉庆皇帝前往盛京祭奠先祖。晚上就住在沈阳故宫里，虽说是宫廷，但实际上相当局促简陋，不要说无法与北京的紫禁城相比，就是山西晋商的王家大院也比沈阳故宫阔气。

嘉庆皇帝特意把爱新觉罗·旻宁领到了清宁宫东暖阁，又叫人从仓库里拿来了太祖努尔哈赤、太宗皇太极用过的遗物。看着那些简陋的物品，旻宁听着父皇的讲解，回想着祖先创业的艰难，旻宁立志要节俭律己。

回京后，旻宁与妻子立即找人搬走了房间里除了床铺桌椅以外的家具陈设。此后，每日下午四点前后打发太监出宫买烧饼。来回路远，太监怀里揣着烧饼，一路小跑，烧饼仍不免冰凉坚硬。夫妻二人毫无怨言，沏上一壶热茶，啃完烧饼，立即上床睡觉，这样，连灯都不用点了。

爱新觉罗·旻宁登上皇位之后，称为道光帝，他立即倡导节俭之风，并推而广之。道光元年（1821年），道光帝发表了一篇题为《御制声色货利谕》的节俭宣言书，表达其崇尚节俭的理想和倡导节俭的目标，颁布全国。宣言书中引用古人的话说："百姓不足，君孰与足？"就是说，百姓不富，我这个皇帝能富吗？怎样才能使百姓富起来呢？他说，我给你们省。

他身体力行，带头过紧日子，使用普通笔、砚；每餐不过四菜；穿的衣服一个月才换一套，并且除了龙袍，其他衣服破了就打上补丁再穿。同时削减宫廷用度，减少开支，规定除了太后、皇帝、皇后外，非节庆不得食肉；嫔妃平时不得使用化妆品，不得穿锦绣衣服；给皇后过生日，请群臣吃饭，是每人一碗打卤面。其他方方面面也都节俭异常，能省的省，不能省的也省，可谓不遗余力。

他不光用榜样来带动人，还采取手段整治奢侈之风。他一看到官员衣着光鲜，就露不悦之色。道光十年（公元1830年），有人举报盛京将军经常在家里演戏宴乐，道光帝立即革了他的职。道光十四年（1834年）冬，他检阅京城御林军，看到官兵都穿着朴素的衣服，一改过去的恶习，崇实务本，不失满洲旧风，遂将几位主管官员各提升一级官职。

道光帝如此下大力气治俭，倒也取得了一定的效果。官员们上朝都穿上打补丁的衣服。北京城里的旧货铺子把库存的破衣烂衫都卖了好价钱，品相稍好的旧衣服比新衣服还贵。有些穷京官买不起品相稍好的旧衣服，就只好自己把新袍子弄脏弄破，加上补丁。

道光皇帝除节俭过日子外，还倡导节俭治国，节俭治军。他不但平时俭以律己，俭以律臣，就是赏赐有功之臣吃顿饭，也"节俭"到家。

大学士长龄平定了新疆张格尔叛乱，把逆首张格尔槛送京师。道光帝亲御午门受俘后，开庆功筵宴，当时请的客人除长龄外，还有 15 位老臣。这些人挤了两桌，桌上摆着几样菜，大臣们却不敢举箸，只怕一动筷，便要吃光。道光帝坐在上面，不吃菜，也不喝酒，只和大臣们谈些前朝的武功。后来又谈到作诗，君臣即席联起句来，作成一首 80 句的七言古诗记录当时君臣之乐，在席上足足谈论了两个时辰，菜还不曾吃便散席了。

后来，在探讨新疆设防方案时，将军们提出的方案始终无法通过。经过几年的争执，据《清史稿》记载，最后决定"各省绿营兵额内裁百分之二，岁省三十余万，以为回疆兵饷"，方案才得以通过。此后，在鸦片战争中，道光帝急于妥协，与其节俭的意识不无关系。在讨论诸如海防、边务、黄河治理等政务时，只要大臣提到拨款，道光皇帝立即面露不悦。

道光帝处处节省，他眼皮底下的北京城虽然受到了他的影响，但是离开北京城，官场生活依然声色犬马、穷奢极侈。这是道光帝想都想不到的。根据道光年间在西北任职的张集馨回忆：来往于西藏、新疆以及甘肃、四川的官员皆经过西安，西安官员均竭力招待，"每次皆戏两班，上席五桌，中席十四桌。上席必燕窝烧烤，中席亦鱼翅海参。西安活鱼难得，每大鱼一尾，值钱四五千文，上席五桌断不能少。其他如白鳝、鹿尾，皆贵重难得之物，亦必设法购求……大宴则无月无之，小应酬则无日无之……终日送往迎来，听戏宴会"。至于吃喝玩乐的争奇斗巧，更是层出不穷。

可见，道光皇帝的"节俭"对官场奢靡的风气并没有多大影响。那么，其"节俭"影响了他的后继者吗？咸丰帝纵情于声色，慈禧太后大兴土木，这对道光帝的节俭是辛辣的讽刺！

尽管道光皇帝为朝廷节省了一些经费，却无助于经济危机的解决，财政状况也未见彻底好转，反而每况愈下。有的大臣发出了这样的质问：为什么乾隆皇帝朝挥金如土而国库充盈，如今日日节俭却民生罕裕，"岂愈奢则愈丰，愈俭则愈吝耶"？这个疑问何尝不同样困扰着道光帝呢。

其实，清朝到了嘉庆、道光年间，已呈疲沓之势，社会风气以惯性的作用正在一步步地下滑，大部分官员已经离心离德，应有的责任感已消失殆尽。在这种情况下，道光帝没有从根本的体制上和制度上进行变革，使之跟上社会的发展，而是妄图用率先垂范的方式来扭转社会风气，澄清吏治，难免势单力薄，孤掌难鸣。

"国家之败，由官邪也。"清朝就这样不可阻挡地走向没落。终于，在道光二十年（1840 年），鸦片战争打响，西方列强用坚船利炮打开了中国的大门，中国从此走向半殖民地半封建社会，中国人民陷入了更深、更黑暗的苦难深渊。

第二章
脂粉浓香，后宫韵事

说起后宫，许多人脑海里浮现的是那些火遍大江南北的宫斗剧，还是三千佳丽？但像皇帝一样坐拥后宫真的是件美好的事吗？这可不见得。"有人的地方，就有江湖"，其实后宫也不过是一个微缩的社会。

◎ 古代后妃中不全是佳丽，也有丑女

在人们的印象中，古代后宫历来是美女云集的场所。一名女性要想进入后宫并成为妃子甚至皇后，除了性格、素养等条件符合礼法外，还须拥有漂亮出众的长相。一般情况下，长相丑陋、相貌平平的女性，若没有特殊原因和背景，进入后宫的概率几乎为零。让人们想不到的是，在几乎所有帝王都贪恋美女时，居然也有一些相貌很丑的女子，不但从众多的美女中胜出，而且还登上了高位。

第一，黄帝二妃：嫘祖、嫫母。

《史记》提到黄帝娶西陵氏之女嫘祖为妻，她发明了养蚕，后世称为"嫘祖始蚕"。但她的手艺只传给丈夫。嫘祖个子矮、皮肤黑、嘴唇厚，相貌不敢恭维。可是她有真本事，人又很勤奋，黄帝为了向她学习养蚕技术，决定娶她。结婚后，嫘祖负责教百姓养蚕织锦，使人们脱下树皮兽衣，换上了美丽的丝织衣服。黄帝封嫘祖为元妃，嫘祖生有玄嚣和昌意两个儿子。昌意的儿子高阳就是颛顼帝。

黄帝的另一位妻子嫫母，也是有名的丑女。相传，嫫母形同夜叉，丑陋无比。当时部落之间抢婚屡次发生，黄帝担心抢婚会使矛盾激化，很可能导致部落之间分裂，因嫫母丑陋，所以特意娶她为妻，从而制止了部落中的抢婚现象。嫫母虽然相貌丑陋，但是她为人贤德，智慧非比寻常。黄

帝对她信任有加，把管理后宫的责任交给她。嫫母不负黄帝厚望，除了对部落中的女人实施德化教育，又协助黄帝击败了炎帝，杀死了蚩尤。黄帝还授嫫母以"方相氏"的官位，利用她的相貌来驱邪，这就是现在所说的"驱傩"。

第二，战国齐宣王王后：钟无盐。

钟无盐其实姓钟离，叫钟离无盐，又名钟离春。因为是无盐人氏，所以后世又称她为钟无盐。她究竟丑到何种地步？刘向在《新序》中很详细地说到：她额头、双眼均下凹，上下比例失调，肚皮长大，鼻孔向上翻翘，脖子上长着一个比男人还要大的喉结，头颅硕大，又没有几根头发，皮肤黑得像漆。钟离春虽然长着一副让人吃惊的模样，但她志向远大。当时执政的齐宣王，政治腐败，国事昏暗，而且性情暴躁，谁要是说了他的坏话，就会有灾祸降到头上。钟离春为拯救国民，冒着杀头的危险，赶到国都，齐宣王见到了钟离春，还以为是怪物来临。钟离春一条一条地陈述了齐宣王的劣迹，并指出如果再不悬崖勒马，将会城破国亡。齐宣王大为感动，把钟离春看成是自己的一面宝镜。这个身边美女如云的国王，竟然把钟离春立为王后。

第三，晋武帝妃：左芬。

左芬，字兰芝，芬一作棻，是晋武帝的妃嫔。她从小就好学，很有文采，是中国最早的女诗人，著名的作品有《啄木诗》《离思赋》《感离诗》等。晋武帝司马炎闻听诗人左思的妹妹左芬才情过人，即纳入后宫，泰始八年（272年）拜为修仪，后为贵嫔，世称左嫔妃，又称九嫔。其实司马炎只是沽名钓誉，就像有的人附庸风雅，购得名画古玩放在家中，其实什么也不懂，根本不知道如何赏鉴，最多就懂得"值钱"两字而已。而且据说左芬长得不漂亮，《晋书》中称左芬"姿陋体羸，常居薄室"。也就是说左芬长得丑陋身体又病弱，所以根本得不到皇帝的宠幸。由于特别受宠或有地位的妃子才有资格扩建宫舍，或者住好一点的房子，左芬既然得不到皇帝的宠幸，所以她住的房子自然是"薄室"了。

第四，晋惠帝皇后：贾南风。

贾南风是中国历史上著名的丑女皇后。她长得究竟有多丑？晋武帝司马炎在给白痴儿子选立太子妃时，形容贾南风是"丑而短、黑"。贾南风秽乱后宫时找的一个小吏，形容她"短形青黑色，眉后有疵"（《晋书》），则进一步验证了她的相貌确实让人不敢恭维。至于到底丑到什么程度，是不是青面獠牙、口眼歪斜、佝偻身子罗圈腿，那就不得而知了。

晋惠帝黯弱无能，这位丑皇后凭借一连串的机遇及阴险狠毒的手段，终于视晋惠帝如不见，独揽朝纲，最终惹起"八王之乱"。她使得司马氏辛辛苦苦建立的王朝走向没落，刚刚统一的中华大地再一次陷入200多年的南北分裂局面。这一切，都是因为贾南风这个女人而起，而她最终也落得个自尽而亡，也算罪有应得了。

第五，晋简文帝妃：李陵容。

李陵容早年在会稽王宫织坊中做苦工。因肤色黯黑，曾有一个绰号"昆仑"，也有人称她为"昆仑奴"。穆帝升平年间（357—361年），会稽王司马昱因没有儿子，十分着急，唯恐无后。后来，司马昱请到一个相面先生，请出王宫爱姬让他一一相视，相面先生皆摇首不语。司马昱一气之下，让宫中所有宫女都让相者一一验看。看到李陵容时，相面先生说："就是此人。"司马昱当即召入寝宫侍寝，果然李陵容为他生下二子一女。371年，司马昱当了简文帝，李陵容被封为淑妃。因为简文帝怀念去世的原配，所以在位时没有立皇后。其子司马曜在简文帝死后继位为孝武帝，加封生母为皇太妃，享受皇太后待遇。东晋安帝即位，李陵容被尊为太皇太后，隆安四年（400 年），李陵容病死，葬修平陵，谥号"文太后"。

第六，辽圣宗皇后：萧耨斤。

萧耨斤是一名宫女，长相"黝面，狠视"（《辽史》卷 71）。这样一位皮肤黝黑、眼睛还有毛病的女子，因为生下儿子后成了耶律隆绪后妃。儿子继位后，萧耨斤遂以太后身份摄政。

第七，南宋理宗赵昀的皇后：谢道清。

谢道清是著名的南宋女政治家。皮肤比较粗黑，一只眼睛有疾病。"后生而鳌黑，瞖一目"（《宋史》卷 243）。谢道清 17 岁入宫，被封为通义郡夫人。1227 年（理宗赵昀，宝庆三年）被册封为皇后。后来又当了 8 年的太后，8 年的太皇太后，并随恭宗垂帘听政，在中国后妃史上占据举足轻重的地位。

第八，清光绪皇后：叶赫纳拉·静芬。

静芬是慈禧太后的内侄女，含胸驼背，脸长秃额，身体单薄。因为取得地位是靠慈禧太后撑腰，她和光绪帝的关系很不好。光绪帝死后，静芬被尊为隆裕皇太后。她喜欢写草书，写得还很不错。自古女人学草书的不多，更何况是皇后，这在书法史上较为罕见。

后来有人把隆裕说成是一个大奸大恶的人。实际上，在慈禧太后和光绪皇帝之间，静芬只不过是一个牺牲品。她的一生都是悲剧：年轻的时候没有得到爱情，被光绪皇帝冷落；年纪大了以后，竟然成为亲手签订"退位诏书"的人。因为这件事情，她一直郁郁寡欢，痛恨大清江山葬送在自己手中，在郁闷中走完了一生。

◎ 羊献容：被五废六立的两国皇后

一个女人做了皇后，就登上了富贵荣华的顶峰。历史上享尽荣华的皇后很多，而从顶峰上跌下来，成为悲剧人物的皇后也不少。有这样一个女人，二十年间从皇后被废为庶人，又从庶人被立为皇后，立而又废，废而又立，大起大落达六次之多，而且其中四次起落集中在六年之内，如此富于戏剧性的命运，在众多皇后中也算是独一无二的。她就是羊献容——晋惠帝司马衷的第二个皇后。

羊献容出身于世家大族，她的父亲和祖父都曾在朝中任高官。她容貌出众，聪明有才，在当时很有名气。但她生不逢时，赶上了西晋末年的"八王之乱"，身不由己，被命运摆布。

据载，赵王司马伦拥兵进入洛阳，绞杀了作恶多端的皇后贾南风，晋惠帝司马衷的皇后出现空缺。赵王趁机安插有利于自己的女人占据这个重要位置。而羊献容的四个舅父都是赵王手下的得力干将。就这样，羊献容被安排进宫当了皇后。她的父亲羊玄元被封为兴晋侯，成为朝中重臣。

永兴元年（304年）二月，赵王伦被成都王司马颖所杀，司马颖宣布废羊皇后为庶人。这是羊献容第一次被废。

同年七月，左卫将军陈眕讨伐成都王，进入洛阳掌握了政权。他认为皇后的废立是朝廷大事，成都王没有权力废黜皇后。因此，陈将军恢复了羊献容的皇后地位。这是二立皇后。

仅仅过了一个月，陈将军又被拥护成都王的大将张方击败。张方拥兵进入洛阳后，又宣布废羊皇后为庶人。这是二废皇后。又过了半年多，到了永兴二年（305年）四月，洛阳留守荀藩、刘暾二人控制了朝廷大权，又恢复了羊献容的皇后地位，这是三立皇后。

这次复位不及一月，大将张方又攻进洛阳，再次废黜羊皇后。这是三废皇后。

同年十一月，立节将军周权控制了朝中大权，自称平西将军，他为了显示自己控制大权的合法性，恢复了羊献容的皇后地位。这是四立皇后。

这次复位也不到一个月，周权就被洛阳令何乔攻杀。何乔和朝中大臣为了宣布周权掌权非法，又废黜羊皇后。这是四废皇后。

到了第二年，晋朝的光熙元年（306年）六月，东海王司马越拥兵进入洛阳，为了掩盖自己的野心，复立羊献容为皇后。

羊献容第五次被立皇后的当年十一月，饱受惊吓的晋惠帝被东海王司马越毒死。羊皇后经过四废五立、皇帝驾崩的坎坷后，刚刚二十多岁。年轻守寡的羊皇后，实际上又处于被废的地位，至此，羊皇后已五立五废。

羊献容一生的真正转机，发生在第六次被立。

"八王之乱"骨肉相残，使得西晋实力大为削弱。匈奴贵族刘渊称帝，建都平阳，国号为"汉"。西晋永嘉四年（310年），刘渊死后，四子刘聪杀掉哥哥自立为帝。永嘉五年，征东大将军王弥、刘渊的侄子龙骧大将军刘曜和石勒合兵攻破洛阳，焚烧宫殿仓库，发掘坟墓，纵兵抢劫杀戮，杀死了晋朝王公大臣和老百姓三万余人，俘虏了皇帝、大臣以及整个后宫。

洛阳这个文明古都，继东汉末年的军阀混战后，再次成为屠场坟场，这一事件历史上称为"永嘉之乱"。

刘曜看到羊献容雍容典雅、风华绝代，喜上眉梢，于是把她带到平阳，并立为中山王妃。

史料记载，刘曜从小便胆大镇定，8岁时闻迅雷而不变色，成年后高大英武，相貌奇异，而且性情拓落豪迈，能文擅武，工于琴书，尤擅草书隶书，一箭能洞穿一寸厚的铁板，有"神射"之称。

看来，这位刘曜无论外貌还是内在，都比羊献容的前夫晋惠帝强。刘曜对羊献容宠爱有加，其妻室从此被抛在一边，他把羊献容作为正妻。刘曜即位后，羊献容当了皇后，多次参与政治决策。这样，经过晋朝的颠沛流离、曲折屈辱等苦难之后，羊献容苦尽甘来。她和刘曜生有三子，死后葬于显平陵，谥号献文皇后。

羊献容五废六立，做过两个王朝的皇后，虽然其中有很多原因，但她肯定具有超强的生命力、意志力以及在夹缝之中求生存的智慧，才使她顶住一次又一次曲辱打击，逃脱一次又一次明刀暗箭的袭击，终于找到了属于自己的一份幸福。虽然后世无数人鄙视、嘲讽，但以人性的观点来看，作为一个正常的青年女子，她历经千辛万苦，终于遇到一个真心爱她的强势男子，成为一个被宠爱到无以复加的女人，还是令人欣慰的。

◎ 中国第一位女史家：明德马皇后

在中国漫长的封建社会里，皇后的数量要超过皇帝的数量。然而真正能够称得上贤德的屈指可数。《后汉书》记载着一位贤德皇后，她13岁时以罪臣之女的身份进入太子宫，10年之后却成为母仪天下的皇后；她没有生育皇子，却成为皇帝尊重的皇后；她知书达理，贤惠有德，深明大义，在成为太后以后，明令皇帝抑制外戚干政。先帝驾崩以后，她亲自编撰先帝起居注，开创了"起居注"这一史书体例之先河，被称为中国第一位女史家。她虽然才德俱佳，却因史佚其名，在史书上只留下"明德马皇后讳某"的记载，成为历史上少有的名字不详的皇后。她就是汉明帝的明德马皇后，其编撰的《显宗起居注》一书，是历史上最早的专门记录皇帝日常言行的著作，她也是中国历史上第一位著书立说的皇后。

10岁那年，她的父亲马援在南征五溪蛮叛乱时病逝。因为梁松的陷害，刘秀听信谗言而震怒，搞得马家惶恐不安，马援的尸骨也不敢运回老家祖坟安葬，马家顷刻衰败，马援的子女也从"功臣之后"变成了"罪臣之后"。马援的四个儿子在惊惧之中有两个夭亡，马夫人也因为悲伤和恐惧而一病不起。10岁的马氏当家做主处理日常事务，驱治奴仆，不管是家庭内部事务还是与外界的关系都处理得井井有条，如同成人。起先没有人知晓内情，后来知道料理马家事务的是一个 10 岁女孩子所为，无不刮目相看。

马氏原本许配了人家，随着马家失势，马援未来的亲家见风使舵，甚至伙同别人一起欺负马家老小。后来两家取消了婚约。马援有个叫马严的侄子，很耿介，非常同情叔叔一家人。于是他屡次上书光武帝，请求从马家三个女儿中选拔后妃，让才貌上乘的妹妹成为太子或诸王的姬妾，光耀门庭。

这是一个近乎荒唐的想法，在父亲被朝廷免去职务、撤销爵位后，却要把他的女儿送进皇宫。然而，这个看似疯狂的想法却成为现实。

光武帝已经意识到马援一案是冤案，便把马家最小的女儿马氏选入太子宫。这一年是公元 52 年，马氏还只是一个 13 岁的孩子。

太子刘庄是皇后阴丽华的儿子，从此马氏便与阴皇后经常相处了。阴丽华是个厚道善良之人，很同情马家的遭遇；马氏又十分懂事，与周围人相处得非常融洽，所以深得阴皇后的喜爱。

遗憾的是她始终没有生育，为此她特意找年轻的侍女侍奉太子的起居。她从不嫉妒，反而对那些女子嘘寒问暖，照顾备至。

公元 57 年，光武帝刘秀去世，太子刘庄继位，史称汉明帝，18 岁的马氏受封贵人。3 年后，大臣们联名上奏，请立皇后。明帝刘庄去问亲娘阴丽华，这位皇太后的一句话决定了马氏的一生："马贵人德冠后宫，即其人也。"（《后汉书·马皇后纪》）

当时马氏尽管品德出众，但她有一个成为皇后的致命弱点：没有子嗣。在那个时代，不要说是皇族，就是普通家庭，一个女人如果不能生孩子也是难以弥补的缺憾。很多皇帝登基后并不急于封后，往往就是为考察哪个女人生的儿子更好。更何况，当年阴丽华不敢当皇后，也是因为她自己还没来得及生子。阴丽华却没有在乎儿媳的这个缺陷，不能不让人敬佩她的远见。因为根据以往的经验，由于年龄、政务、征战、纵欲等各方面原因，皇帝一般都"熬"不过皇后。皇上活着时，皇后的作用有限，皇帝一死，皇后的权力就大了。所以，给皇帝配皇后，事关皇家两代以上的兴替，品德就显得极为重要。阴丽华显然深谙此道。

明帝刘庄可能是受了母亲阴丽华的影响，对马氏没有子嗣也不太在意。当时马氏的一个同父异母的姐姐也在后宫做嫔妃，生有一子，于是刘庄就让抱给马氏抚养。这个孩子，就是后来的章帝刘炟，他与养母马氏的关系一直很好，情同亲生母子。

由于阴太后的支持，马氏顺利被立为皇后。做了皇后之后，她极其低调，生活非常俭朴，穿的是粗布衣裙。平时很少出去游玩，没事时便读《易》《春秋》《楚辞》等书，尤其喜欢《周官》《董仲舒书》。

马皇后性情娴静，待人宽和，通达明礼，又爱好读书，明帝与之相处，觉得有共同语言。明帝深知她的品性和政治才能，经常与她论及大臣们议而不决的朝廷政事，每逢这时，她都会皱眉考虑片刻，然后一一分析，明帝听后常频频颔首表示赞许。但她"议政不参政"，从不插手政事。

公元 75 年，刘庄去世，由马皇后抚养成人的刘炟继位称帝，是为汉章帝，尊马皇后为皇太后。汉章帝即位后，就要提拔马太后的兄弟们，给他们加官封爵，太后不同意他这样做。第二年夏天，大旱无雨，饥荒严重，一些趋炎附势的大臣纷纷上书，说这是因为没有加封外戚，遭到了上天的责罚，请求汉章帝按朝廷惯例尽快加封外戚。马太后知道后，颁布诏书，指出那些要求给马家兄弟封爵者是谄媚自己，妄图从中得到好处，劝导汉章帝严格遵守"无军功，不封侯"的规矩，牢记历史上外戚弄权而使政权灭亡的教训。史书记载，章帝读了太后的诏令不胜感叹。

不仅如此，在马氏编撰的《显宗起居注》中，专门删除她哥哥马防参与御医为皇帝诊病供药诸事。汉章帝说："舅父日夜为父皇服务达一年之久，既没有褒扬突出，又不把他的勤劳记录下来，未免太过意不去吧！"马太后却说："我不想让后世知道先帝曾经屡屡亲近皇后的家属，所以不予著录。"

《显宗起居注》是什么呢？也就是显宗的言行录。它是历史上最早的专门记录皇帝日常言行的著作，自此后世便有专人从事该编撰工作。隋唐时分别有"起居舍人""起居郎"等官职，唐宋时凡朝廷命令赦宥、礼乐法度、赏罚除授、群臣进对、祭祀宴享、临幸引见、四时气候、户口增减、州县废置等事，皆按日记载。

平日的时候，马氏一心编著《显宗起居注》，以此怀念自己的丈夫，也为后世开创了"起居注"这一新的史书体例。马氏开始写史比班固的妹妹班昭补写《汉书》早了二十多年，因此被称为中国第一位女史家。

公元 79 年，马皇后病重去世，和丈夫汉明帝合葬于显节陵（位于今河南省洛阳市邙山之南）。

马皇后以其谦逊朴实、知书识礼、明理达义的美德为后世所称颂，曹植曾赞曰："昔明德马后美于色，厚于德。"蔡东藩在《后汉演义》也称马皇后为"古今以来一位贤后"。历史总有惊人的相似。时代的车轮在转动了 600 多年以后，大唐也出现了一位颇具贤德的长孙皇后，她收集封建社会中妇女典型人物的故事，编写成书名为《女则》。

◎ 吕雉：大一统时代第一个独掌朝纲的女性

提到独掌朝纲的女性，很多人首先想到武则天，根据史料记载及历史学家的研究证明，中国历史上第一位掌握朝廷大权的女性应该是汉朝开国皇帝刘邦的元配——吕后。

她是怎样在朝廷中求得生存，又是怎样一步步登上权力顶峰的呢？

吕后名雉，生年不详，卒于公元前 180 年，单父县（今山东单县）人。她嫁给刘邦的时候，刘邦出任沛县泗水亭长。结婚以后的吕雉，还是比较贤惠的。刘邦不常在家，很少从事生产，吕雉则一人挑起家庭重担，下田劳作、烧饭洗衣，没有任何怨言。数年之后，吕雉生了一女一子，即日后的鲁元公主和汉惠帝刘盈。

秦末天下大乱，刘邦率众进入沛县被拥立为沛公，吕雉被尊称为吕夫人，同时，吕氏宗族几乎全部参加了刘邦的起义队伍，共同反秦打天下。经过数年南北征战，刘邦于公元前 206 年攻入咸阳，被西楚霸王项羽立为汉王。吕雉又晋级成了王妃。

吕后并没有因此过上舒适的日子，在楚汉战争中，刘邦的家人包括吕后成了项羽的俘虏，甚至在项羽把他们押到两军阵前，以将其烹杀威胁刘邦时，刘邦居然笑嘻嘻地说：你爱杀就杀，悉听尊便。当时的吕后一定是心寒如冰。在四年的楚汉战争中，吕后一直被囚在楚军中当人质，受尽了折磨和凌辱，挣扎在生死边缘，其心理和精神受到了严重打击，也造成了日后多疑与缺乏安全感的后遗症，变得心胸狭隘、阴狠毒辣，养成了凡事先下手为强的性情和行事风格。至楚汉罢兵言和，以鸿沟为界平分天下，项羽才将吕后归还刘邦。

后来刘邦毁约，重挑衅端，最终在垓下之战打败项羽，建立西汉王朝，刘邦当上皇帝，吕后顺理成章地成为皇后。

吕后在政治上的发迹始于诛杀异姓王，从此一步步攫取了西汉王朝的最高权力，成为真正的无冕女皇。

早在刘邦与项羽争夺天下时，刘邦为了笼络部下，先后封了7个异姓王。楚汉战争结束后，这些占据大量地盘、拥兵自重的异姓王，成为刘氏天下的重大威胁。为了巩固自己的统治，刘邦开始杀戮功臣。在诛杀异姓王的过程中，吕雉比刘邦更手辣心狠，成为急先锋。从此她开始参与朝政。

对韩信、彭越等异姓王的处置，使朝中的大臣不免对吕后畏惧三分。此时的她已远非当年主持家计、织布耕田的乡野村妇了，追随刘邦的多年征战，在诸多艰辛、险恶经历的岁月中，她早已磨炼出干练的才能和果敢刚毅的性格。与此同时，她也显露出残酷无情、心狠手毒的扭曲心理。而这种可怖的心理在刘邦死后终于得到了疯狂的发泄。

公元前195年四月，汉高祖刘邦驾崩，17岁的刘盈即位，尊吕后为皇太后。汉高祖的葬礼刚完，吕后便利用皇太后的权力，报复以前刘邦的宠姬戚夫人及其子刘如意。她先将戚夫人囚于永巷，并剪去她的头发，给她带上脚镣手铐，罚她做苦工舂米。为了不留下后患，吕后先后四次遣使者，召赵王刘如意来长安，最终把他毒死。吕后还砍断戚夫人的四肢，将她眼珠挖去，又用一种药熏耳致其聋，给她饮以哑药使其哑不能言，称之为"人彘"。吕后得意地让同情戚夫人的惠帝刘盈前往观赏，刘盈见了这惨不忍睹的场景，顿时号啕大哭，回到宫中便卧病在床。从此以后，刘盈再也不过问朝廷之事，整日整夜饮酒，企图以此解除心头的恐惧和郁闷。

自此，权力欲和复仇欲使吕后决心除掉一切拦在她权力之路上的障碍。她一方面用血淋淋的手段对付刘氏子孙，一方面加快培植吕氏集团势力，并使吕氏昆仲位居要职，同时搞"政治婚姻"，将吕氏族女大肆嫁给各刘氏国亲。其中最为荒唐的是将自己的外孙女嫁给自己的儿子惠帝，并立为皇后。足见当时的吕后为了篡取刘氏江山的良苦用心。

汉惠帝与皇后没有孩子，为了不让帝位落入高祖其他儿子的手中，吕后下令将惠帝另一姬妾所生儿子交由皇后抚养，然后杀掉孩子的生母。年仅24岁的惠帝死后，吕后就立这个养子为帝，吕后以太皇太后之尊临朝听政。之后，吕雉又罢免了一些忠言直谏和与她政见相左的大臣，在扫清这些障碍后，她牢牢地掌握了朝政大权。随后，她杀掉了几个对她有威胁的刘姓诸侯王，并肆无忌惮地分封诸吕为王。

少帝逐渐长大，知道了自己的身世和母亲的遭遇，不谙宫廷险恶的他气愤地说："太皇太后怎么可以杀死我的母亲呢？将来我长大了，一定替她报仇！"吕雉闻知这件事后，立即将他幽禁在永苍宫，不久就杀了他，另立恒山王刘义为帝。

4 年以后，吕雉患了重病，她生怕吕氏天下不保，命赵王吕禄、梁王吕产分别掌管都城南北的禁卫部队，任吕产为相国，将吕禄的女儿指配给小皇帝刘弘（即刘义）做皇后。吕雉做好最后的安排，一命呜呼。

刘邦有个孙子叫刘章，联合哥哥齐哀王刘襄，出兵攻打诸吕。吕产派大将军灌婴率军抵御。灌婴到了荥阳便按兵不动，暗中联络刘襄一起铲除诸吕。京城里的太尉周勃联合陈平等人，斩下吕产的首级，犹如秋风扫落叶一般，一下子将诸吕铲除。随后，大臣们立刘邦的儿子刘恒即位，他就是汉文帝。汉家天下得以恢复。

吕后掌权达 16 年，是中国历史上大一统以后第一个独掌朝纲的女性。纵观吕后的一生，虽让人感到一片血污，但其中也不乏闪光点。她执政期间，相继重用萧何、曹参、王陵、陈平、周勃等开国功臣，继续推行汉高祖开创的休养生息政策，奖励农耕，在政治上从民所欲，不轻易劳民；在经济上，实行轻赋税，对工商实行自由政策。在吕后统治的时期，不论政治、法制、经济还是思想文化领域，均为"文景之治"奠定了坚实的基础。

◎ 把皇帝挤兑得离家出走的女人

封建社会是一个男权社会，女人只有"三从"的份儿：从父、从夫、从子。不过中国人又素有"柔弱胜刚强"的哲学观念，不知是不是因此，怕老婆的历史是源远流长。据清代袁枚（此人惧内）考证，"惧内"始于春秋时期的专诸。他引《越绝书》称："专诸与人斗，有万夫莫当之气，闻妻一呼，即还，岂非惧内之滥觞乎？"

男人怕老婆，以隋唐为最。不但普通人怕，连皇帝也怕。最著名的"母狮子"恐怕要算独孤皇后，她竟然把隋文帝杨坚挤兑得离家出走。

独孤皇后生于公元 553 年，真实姓名不可考。有资料说她名"伽罗"，但在史籍中找不到佐证，故后人常称之为独孤氏。她的父亲独孤信是北周名将，官拜上柱国大都督，封河内公。他共有七个女儿，其中长女是北周明帝的皇后，可谓名门望族。独孤氏是他最小的女儿，深得其父的宠爱，被视为掌上明珠。

独孤氏 14 岁时，出落成为身材修长、亭亭玉立、面如满月、凤眼杏腮的美丽姑娘，引得众士家大族子弟慕名前去求聘。环顾满朝青年才俊，这位千金小姐选中了杨坚。

独孤氏不遗余力地支持杨坚的事业，内外政事都加以过问，提出许多见解和观点。可以说，隋朝的建立，一方面得益于杨坚自身的才能，另一方面，也离不开独孤氏的帮助。二者若缺其一，历史上恐怕也就没有"隋"这个朝代了。所以，杨坚赋予独孤皇后相当大的权力，朝中不少人称呼他们为"二圣"。说起二圣，有人也许会想起唐高宗和武则天，但这"专利权"却应该是杨坚和独孤皇后的。她比武则天要温柔一些：杨坚每次上朝，她总是同辇而进，不过她并不与皇帝共同听政，而是待在后阁里，派宦官在一旁监督，一旦认为皇帝有什么失当，马上递条子。退朝后，再一起返回寝宫。

不过她这样做，除了要做"贤内助"，还有一个原因是看着皇帝，不让他乱来。独孤皇后嫉妒心强，虽然说没有多少妃子不妒忌其他妃子的，但是别人都是把这份心思放到心里，独孤皇后却明文约定杨坚不得和其他女人在一起，以致"后宫莫敢进御"。

独孤皇后非常有远见。她结婚时就要求杨坚不乱爱、不"异生"，即使杨坚贵为帝王时，也不能破坏这个誓约。当时的杨坚还没有称帝，独孤氏别具慧眼，认为杨坚日后定会有较大作为，所以预先立下誓约，以备将来。

虽然杨坚对独孤皇后敬爱有加，可是爱美之心，人皆有之，何况杨坚正值壮年，精力旺盛，回到宫里见到从全国各地挑选来的美女，怎么能不动心？

这天独孤皇后受了些风寒，在宫中调养。杨坚悄悄地带了两名内侍，偷偷"幸"了美色尉迟贞。早上起床后感慨："今天才知道做天子的好处。"

偷了回腥的杨坚上朝去了，他在朝上还老惦记着尉迟贞，一下朝就赶紧往回赶。

可是当他回到宫里的时候，等待他的却是一具冰冷的尸体。原来独孤皇后听说后，趁杨坚上朝就立即把尉迟贞处死了。

《隋书》对这件事的记载很生动。独孤氏把那个宫女杀了，杨坚知道后一下子血往上涌，愤怒到了极点，这愤怒里更多的是一种憋屈，是面子问题，这不明摆着让皇帝难堪吗？满朝文武嘴上不敢说，心里会怎么想？

杨坚怒是怒了，但这火愣没敢向独孤氏发，他气急败坏地拽过一匹马骑着出了宫，漫无目的地狂奔二十多里。大臣高颎和杨素好不容易才赶上去，拉着杨坚的马向他苦谏。杨坚悲哀地道：“吾贵为天子，而不得自由。”高颎连忙安慰他道：“皇上怎么能为一个妇人而看轻天下呢？”其实都是宽慰人的话，杨坚当然不会不懂这些大道理，只是觉得天子的颜面扫地。

好说歹说，闹到半夜，总算把皇帝劝了回来。独孤皇后也知道这回闹大了，痛哭流涕地认错，隋文帝的面子找回来了，高颎、杨素在一边“和稀泥”，大家还热热闹闹地喝了一顿酒，史载“极欢”，那个可怜的尉迟贞美人就算是白死了。

仁寿二年（602年），独孤皇后病重，于同年八月撒手西归，走完了她不平凡的50年人生之旅。

独孤皇后作为独孤豪门最小的女儿，自幼被奉为掌上明珠，处处受尊崇时时享爱宠。加之她见到父亲独孤信妻妾众多，嫡庶之子常起纷争，自然不能容忍自己的丈夫和儿子也做出此举，处处防范、步步为营。并且由内及外，渐渐涉及大臣的身上。或许她的信条是，只有严于治理男人，才会让他们心无旁骛、一心理政。独孤皇后辞世之后，隋文帝便无人约束，纵情酒色，直至身衰体弱，一病不起。直到这时，他才发出感叹："假若皇后还在，我必不致如此。"

◎ 嫁人生子后，仍能从大批美女中脱颖而出

在通常情况下，皇帝可以不是皇后的原配，但皇后应该是皇帝的原配。1936 年，英国国王爱德华八世因为要娶离过婚的辛普森夫人，被迫放弃王位，成就了一段爱美人不爱江山的佳话。不过凡事皆有例外，赫赫有名的汉武帝的母亲——王娡，就是其一。她在嫁给汉景帝刘启之前，不仅嫁过人，还生过孩子。

王娡出身贫寒，虽然其母臧儿是汉初大将、燕王臧荼的孙女，但因祖父叛变被杀而沦落至贫贱之列。臧儿先嫁王仲，生子王信，生女王娡和王儿姁。王仲死后她改嫁长安郊外长陵的田家，又为后夫生下两个儿子田蚡、田胜。

因为家境贫寒，作为长女，王娡很早就嫁给金王孙，并为金家生下了一个女儿，名叫金俗。这个时候，太子刘启开始在全国选美。臧儿觉得他们臧家翻身的机会来了。因为她的小女儿王儿姁颇有几分姿色，而且没有嫁人，于是她请了星象家姚翁来给小女儿相面。恰好这天王娡回了娘家。姚翁一见到王娡目瞪口呆，对臧儿说："你这个大女儿才是真正的贵人，将来会生天子、做皇后。"这句话就像迷魂汤灌得这母女俩晕乎乎的，一心做着飞上枝头变凤凰的美梦。

于是，臧儿出面去找女婿金王孙，要求他把老婆休了。史书说："臧儿卜筮之，曰两女皆当贵。因欲奇两女，乃夺金氏。金氏怒，不肯予决，乃内之太子宫。"就是说这母女俩也不管金王孙愿意不愿意了，一不做二不休，先去选美再说。

王娡的确是个倾国倾城的大美人，一个已婚妇女，孩子都生了，按说身材容貌也走样了，但她还是进入了最后的"决赛"。当然，为了能令曾经嫁人生子的王娡通过严格的体检，估计臧儿又花了极大的心思和代价。皇天不负有心人，王娡果然从大批美女中脱颖而出，成为太子刘启的侍姬之一。

刘启对王娡很是宠爱，封她为王美人。王美人共生下三个女儿一个儿子。三个女儿分别是平阳公主、南宫公主、隆虑公主。在怀刘彻的时候，王美人告诉太子说，她梦见太阳投入她的怀中。刘启听后说："此贵征也。"孩子还没降生时汉文帝就去世了，太子刘启即位，史称汉景帝。

公元前 156 年，王娡为景帝生下了皇十子刘彻。

景帝即位后，原本立的是太子妃薄氏为皇后。薄皇后没有生子，也不受宠爱。按照礼制，皇后毫无争议地被废黜。

公元前 153 年，在后位虚悬、东宫不可一日无主的情况下，汉景帝立栗姬生的庶长子刘荣为太子，却迟迟不肯立太子生母栗姬为皇后。与此同时，虚岁 4 岁的刘彻被封为胶东王。

这时，景帝的姐姐馆陶长公主刘嫖，屡次向皇帝弟弟进献美人，又打起了太子的主意，于是为女儿阿娇向栗姬请求联姻。栗姬对长公主一而再、再而三地进献美人本就不满，也清楚刘嫖见风使舵的贪婪本性，于是断然拒绝。刘嫖十分恼火，便跑到后宫最"贤惠"的王娡那里倾倒一肚子火气，精明的王娡抓住了这个千载良机，不动声色地将馆陶长公主的注意力转移到自己的小儿子刘彻身上，使刘嫖转而将阿娇许配给了刘彻；在哄得刘嫖心花怒放后，她又趁机对栗姬将来成为皇后乃至太后的景象形容了一番，使馆陶长公主刘嫖下定决心，要扶自己的小女婿刘彻成为太子，杜绝栗太后出现的可能。

之后，刘嫖不时在景帝面前说栗姬的坏话，而栗姬的愚蠢和嫉妒也确实留下了太多的把柄，景帝对她日渐冷淡；尤其在一次生病时，景帝嘱托栗姬将来照顾好自己的其他儿女，结果却换来栗姬的拒绝和咒骂，这就更使景帝对她寒透了心。

懂得适时而动的王夫人知道景帝恼怒栗姬，但要废掉太子，还需要加一把火，这把火必须时机合适、火候得当才能达到最佳效果。她暗中派人催促大臣奏请立栗姬为皇后。一次朝会上有官员奏道，"子以母贵，母以子贵"，请封太子母亲栗姬为皇后。景帝认为这位大臣是受栗姬指派而上书，暗想："我还没死，就开始拉拢权臣，一旦我死了，这朝廷后宫岂有不乱之理。"气愤的景帝下令将上书的大臣斩首，又废掉太子，把栗姬打入冷宫。不久，太子被陷害而亡。在王夫人的运作之下，栗姬自此完全失宠，幽居冷宫，不久忧愤而死。

于是得宠的王夫人顺理成章被立为皇后，她的儿子刘彻被立为太子。

景帝后元三年（前141年）正月，早已病弱不堪的景帝刘启与皇后王娡为还不足十六周岁的皇太子刘彻举行了冠礼，几天后，正月甲子日，汉景帝刘启驾崩于未央宫，后葬于阳陵。

同月，刘彻即皇帝位，尊祖母窦绮房为太皇太后，母亲王娡为皇太后。

六年后，窦太皇太后去世，皇后陈阿娇和大长公主刘嫖也就此失势。精明干练的王太后也彻底摆脱了束缚，效法她的婆婆窦氏干预朝政，扶持其弟田蚡坐拥丞相之位，权倾朝野。如果不是刘彻的强硬，当年吕氏的危害只怕早已出现。但王娡在世之日，刘彻也拿自己的母家亲戚们没有太多办法，而且为了宽慰母亲，还将民间的同母长姐金俗找入宫中，与母亲共享天伦之乐。元朔三年（前126年）王太后寿终正寝，与汉景帝合葬于阳陵。

◎ 历嫁多任可汗的公主

和亲，是两个不同民族或同一种族的两个不同政权的首领之间出于"为我所用"的目的所进行的联姻，尽管和亲双方的最初动机不完全一致，但总的来看，都是为了避战言和，保持一段时间和好。和亲的媒介，就是帝王家的公主们。这样，就发生了无数血和泪的故事。

史籍中，关于汉族公主历嫁两辈、数任外番国王或可汗的例子，不胜枚举。如，西汉的细君公主和解忧公主，前者历嫁昆莫、岑陬（昆莫之孙）两任乌孙国王，后者历嫁岑陬、翁归靡（岑陬之堂弟）、泥靡（岑陬之子）三任乌孙国王。隋朝的义成公主，历嫁启民、始毕、处罗、颉利（后三者，均是启民之子）四任突厥可汗，但毕竟是一姓；相比之下，唐朝的咸安公主先后嫁给了四任回鹘可汗，前三任丈夫是亲祖孙三代，而最后一任是以前的臣属。这份离奇的婚姻经历，在中国和亲史上可以说是绝无仅有的。

咸安公主是唐德宗李适的第八女，后被封为燕国襄穆公主。这位公主天生丽质，聪慧有加；自小就在宫中学习琴棋书画、习武练箭，也是一位深明大义的女子。

"安史之乱"后，唐朝元气大伤，国力衰弱，边境不宁，北有傲慢不逊的回纥（后改名回鹘），西有不断劫掠的吐蕃，大唐帝国一度陷入困境。其间，回纥可汗"屡求和亲，且请婚，上未之许"（《资治通鉴·唐纪》）。九月，回纥趁乱再次请求和亲。

当时回纥武义成功可汗即位不久，便派遣使者献地方特产向唐朝请求和亲。唐德宗李适原来不想答应，宰相李泌劝解说：回纥与唐朝的交往对双方都是有利的。一方面回纥依赖唐朝供应丝绢、茶、粮种、金银、钢铁及手工业品等生产生活资料；另一方面，由于经过多年的战乱，唐朝军用、民用的马匹都很缺乏，唐朝也要从回纥牧区不断补充马匹。

李泌对回纥的继续和亲提出几项条件：回纥向唐朝称臣、限制来唐使臣的随从人数、绢马贸易维持一定的限额数量等，回纥表示愿意遵守。于是，唐德宗答应将自己第八个女儿咸安公主嫁给回纥可汗。

武义成功可汗得知，喜出望外，派宰相等率众千余人抵达长安送上厚礼迎亲，又派妹妹亲自率领由50多位大酋长妻子们组成的队伍迎接咸安公主。咸安公主本来满含悲戚，见到如此盛大的欢迎仪式和一张张热情的笑脸，心中豁然开朗了。

回纥武义成功可汗上书唐德宗说，"昔为兄弟，今婿，半子也。陛下若患西戎，子请以兵除之。又请易回纥曰回鹘，言捷鸷犹鹘然"（《新唐书》），"又骂辱吐蕃使……聘马三千匹。敕令朔州及太原分留回纥七百余人"（《唐会要》卷九十八）。

唐德宗喜悦之余，册封武义成功可汗为长寿天亲可汗，封咸安公主为智慧端正长寿孝顺可敦。

贞元四年（788年）十一月，唐德宗任命殿中监、嗣滕王湛然为咸安公主婚礼使，关播检校右仆射、送咸安公主及册回纥可汗使。咸安公主与回鹘长寿天亲可汗和亲。

然而，咸安公主的不幸却接踵而至。

一年后，即贞元五年（789年）十二月，长寿天亲可汗病逝，其子忠贞可汗继立。按照回鹘奇异的"收继婚"制度，即"父兄伯叔死，子弟及侄等妻其后母"（《通典》）的北方少数民族风俗，咸安公主又和忠贞可汗结为夫妻。

三个月后，即贞元六年（790年）三月，忠贞可汗被毒死，其子奉诚可汗继立。按照当地风俗，奉诚可汗又娶咸安公主为妻。

五年后，即贞元十一年（795年），奉诚可汗去世，无子，宰相骨咄禄被大唐册立为怀信可汗，咸安公主再一次换了丈夫。

唐咸安公主在回鹘生活了21年，她先后按回鹘的收继婚制嫁给长寿天亲可汗、忠贞可汗、奉诚可汗及怀信叮汗，创下了汉族公主历嫁两姓、三辈、四任可汗的"收继婚"历史记录。其中的酸楚和尴尬，不是常人所能承受的。

为了解父之忧，为了边境安宁，为了臣民安居，咸安公主不惜牺牲自己的青春和爱情，这种深明大义、委曲求全的精神，着实让人敬佩。事实上，咸安公主也确实不辱使命。此次和亲，使唐朝争取到了回鹘这个剽悍善战的"亲密战友"，从战略实效上来看，咸安公主无疑是唐朝功劳最大的和亲公主。

此外，咸安公主对于维护双方的等价绢马贸易，同样功不可没。唐代诗人白居易为此曾写了《阴山道》的诗来咏赞她："咸安公主号可敦，远为可汗频奏论。元和二年下新敕，内出金帛酬马直。仍诏江淮马价缣，从此不令疏短织。合罗将军呼万岁，捧授金银与缣采。"

元和三年（808 年）二月，咸安公主去世。她把自己的一切献给了唐朝与回鹘的和亲友好事业。咸安公主去世后，唐宪宗"废朝三日"，并册赠其为燕国大长公主，谥襄穆，也称燕国襄穆公主。白居易再次用"礼从出降，义重和亲。承渥泽于三朝，播芳猷于九姓。远修好信，既申洽比之姻；殊俗保和，实赖肃雍之德"（《祭咸安公主文》）的诔文，对其和亲回鹘的历史功绩给予高度颂扬。咸安公主死后葬于回鹘，是唐朝唯一一位没有叶落归根的正牌公主。

◎ 三次垂帘听政的皇后

"垂帘听政"指的是封建时代由女后辅佐幼主临朝听政，在殿上宝座前用帘子遮隔，处理国家大事。

在古代，男女有别，内外有别。太后临朝听政时，不可避免和群臣见面，要遵守内外有别的原则，只好"垂帘"，避免和群臣相见，宣谕、奏事都在隔帘情况下进行。这个内外有别的原则，不仅仅皇家如此，从前社会上也有这样的习惯。例如住宅有内外院之分，妇女在家除和家里人以及至近亲戚（男）在内院相见之外，也不和男的来宾相见，家中男仆人到上房向女主人谈事，要请女仆代言。如果女主人有所询问，也是在室内说，男仆在室外回答。这都是以前生活中常态。

"垂帘听政"的说法出自《旧唐书·高宗纪下》，"时帝风疹不能听朝，政事皆决于天后。自诛上官仪后，上每视朝，天后垂帘于御座后，政事大小皆预闻之，内外称为二圣。"

"垂帘听政"的做法，在中国历史上最早可以追溯到战国时期。战国时，如果君王去世后，嗣君年幼，则可由小君王的母亲辅政，帮助处理国家大事，被称为"女主临朝称制"。历史上最早"临朝称制"的女主应是战国时期秦国秦惠文王的姬妾芈八子，即后来的宣太后。

皇太后"垂帘听政"的事，在中国历史上屡见不鲜。然而作为一国皇太后，一生中伴历六位皇帝，三次出来垂帘听政，每次还扮演不同的角色：母亲、婶母、堂嫂；三次册立帝位，国中大事均以"皇太后诏令"的形式颁布施行；三次临朝听政，又三次退隐归政，不但与民为恤，还与权臣周旋，有着令人信服的胆识谋略，又有难能可贵的霁月胸怀。这在中国的历史上是绝无仅有的。东晋康帝司马岳的元配妻、皇后褚蒜子是唯一的一位。

褚蒜子祖籍河南禹县，生于东晋太宁元年（323 年）。褚家世代位居高官，是自东汉以来的名门望族之一。她的曾祖父在西晋武帝时担任安东将军，她的祖父曾任武昌太守，她的父亲褚裒，更是一代名人。

由于褚裒声名远播，门第高贵，褚蒜子从小聪明伶俐，气质见识都不同于常人，因此当晋成帝为弟弟琅琊王司马岳选妃的时候，褚蒜子被琅琊王司马岳选作王妃，《晋书》记载："聪明有器识，少以名家入为琅琊王妃。"

咸康七年（341年）三月，二十一岁的晋成帝皇后杜陵阳早逝，咸康八年（342年）六月，二十二岁的晋成帝司马衍病重不起。他的周贵人为他生下了两个儿子司马丕、司马奕。此时这两个娃娃才只有几岁。成帝的舅舅庾冰以国危子弱的名义，力劝成帝立长君。成帝遂留下遗诏，命胞弟琅琊王司马岳继承皇位。同月甲午日，司马岳登基称帝，史称晋康帝。褚蒜子就这样意外地当上了晋王朝的皇后，时年十九岁。

夫家的短命基因虽然让她登上皇后宝座，但也使得她很快就穿上了丧服。两年后的建元二年九月，康帝司马岳病重不起，在临终前三天下诏，立儿子司马聃为太子。九月戊戌，年仅二十三岁的司马岳病逝。第二天，司马聃即位，是为晋穆帝。

二十刚出头的褚蒜子抱着年仅两岁的幼子司马聃，成了晋王朝的又一对孤儿寡母。

早在丈夫康帝司马岳在世的时候，褚蒜子屡次参与朝政的决断，她的见识判断令朝臣佩服，因此，当她成为皇太后以后，以司徒蔡谟为首的群臣联名上奏，请求她临朝听政，代婴儿皇帝掌管国家。褚蒜子审时度势，于是"敬从所奏"，抱着儿子开始她的第一次垂帘听政。《晋书》记载：

"皇太后（褚蒜子）设白纱帷于太极殿，抱帝临轩。"在她的治理下，东晋逐渐出现一个全新的局面，军事实力不断增强。期间大将桓温灭掉西南的成汉政权，尽收蜀地，又领兵三次北伐，使东晋军威大振。桓温开始位极人臣，日渐骄横起来，给褚蒜子以后的执政制造了祸端。

公元 357 年司马聃 15 岁时，褚太后归政其子，下诏群臣以国家社稷为重，全力辅佐幼帝。从中可以看出褚蒜子博大的胸怀，也可看出她敏锐的政治头脑。

公元 361 年，年仅 19 岁的司马聃暴病而死。此时成帝司马衍的儿子司马丕已长大成人，于是褚蒜子便将皇位归于正统，立司马丕为帝。谁知司马丕对政事不感兴趣，迷信方士，成天不吃饭，只吃金石药饵，年纪轻轻便病倒在床。大臣们只好上表请司马丕的婶母褚太后第二次临朝执政。

褚蒜子再次垂帘不到一年，司马丕"登仙"而去。褚蒜子于是又颁布一道册帝的太后诏书，立司马丕的弟弟司马奕为帝。

此时桓温功高盖主，已有篡位之心，他想通过战功扬名立威，达到篡夺皇位的目的。然而事与愿违，公元 369 年，桓温北伐前燕，在枋头（今河南汲县东北）被慕容垂打败。桓温也因此威望人减，于是便想用废立的办法重新树立他的威权。

太和六年（371 年）十一月，桓温认为时机成熟，急不可待地从镇所直奔建康，并上奏皇太后，请废黜当今皇帝司马奕，另立会稽王司马昱为新君，把早已按褚蒜子口吻写好的诏书一并呈上。

当时，褚太后正在佛堂拜佛，见人送上大司马桓温"急奏"，连忙起身，倚着佛堂门随便看了几眼，对来人表示："我本来就怀疑有此事。"这位太后深知晋室不兴，权臣势重，面对此情此景无可奈何，权衡利弊，褚蒜子太后提笔在诏书上写下数字：未亡人（褚蒜子自称）不幸，又遭此忧患，感念存没，心如刀割。社稷大计，岂可儿戏，当此情景，怎可心软！桓温所奏，宜即敕准。临纸悲塞，如何可言。意即表示赞同废立之举。褚蒜子随后再次移居崇德宫，被尊称为崇德太后。

司马昱是桓温的傀儡，皇帝当得没尊严，还整日担惊受怕，在位仅八个月便一命归西。司马昱窝囊了一辈子，死前却做了一件自己做主的事，也算是斗胆和桓温较了把劲。他遗诏自己 11 岁的儿子司马曜继任，没有遵循桓温的意愿禅让帝位给他。身在外地的桓温得知后连气带病而死。于是群臣再次上表，请求退隐崇德宫的褚蒜子第三次出山。已经 50 岁的褚蒜子，作为堂嫂第三次垂帘听政。

这也是褚蒜子的最后一次临朝听政。褚太后和谢安等众臣成功地将桓温六子的权力官职都予以削减，局面已经平定。褚蒜子仁行天下，她曾下诏抚恤受灾的百姓，"水旱并臻，百姓失业，夙夜惟忧，不能忘怀，宜时拯恤，救其雕困。三吴义兴、晋陵及会稽遭水之县尤甚者，全除一年租布，其次听除半年"（《晋书》）。这些政令清明、与民生息的政治举措，也让社会经济得到长足发展。

公元 376 年，褚太后再次下诏，归政于孝武帝司马曜。褚太后垂帘听政的政治生涯正式结束，从此深居内宫显阳殿，总算过上了平静的日子。太元九年（384 年）六月癸丑朔，六十一岁的褚蒜子病逝，与晋康帝合葬于崇平陵。

　　作为一个女人，褚蒜子是不幸的，然而她作为后妃却非常幸运，就连她所在晋王朝也是幸运的。她有政治头脑，力求平衡朝中的政治势力，使晋王朝有足够力量对付北方敌人。可惜的是她身为女子，只能几度垂帘听政而不能连续地亲自执政。

第二章　脂粉浓香，后宫韵事

第三章 看治世能臣的另一面

历史总有起起落落，长达两千多年的中央集权式封建帝国历史中，有乱世，也有盛世。"兴，百姓苦；亡，百姓苦"，任何时期，百姓想要的无非是一个没有战乱发生的太平日子。真正的治世，不仅需要君主贤明，更需要能臣辅佐。这一章，我们简单聊一聊历史上那些著名的治世能臣。

◎ 秦相李斯，被腰斩前的调侃

"吾欲与若复牵黄犬，俱出上蔡东门逐狡兔，岂可得乎！"这是秦相李斯在腰斩前，对一起奔赴黄泉的儿子所说的一句话。他说：儿子，记得老家上蔡吗？我还想跟你一起牵上老家的那条黄狗，出上蔡城东门去追捉兔子，你看还有机会吗？

死到临头，能有心思这样调侃，真是令人佩服。这种对于死亡的不动声色，说是视死如归，可以；说是将生死置之度外，也可以；说是大彻大悟、黑色幽默，都未尝不可。然而，他以这种调侃的方式，说出这番话语，更是对其终身追逐名利思想的一次全盘否定。

李斯早年是一个看守粮仓的小文书，每天负责仓内存粮的登记。尽管生活安稳，李斯却并不满足现有的一切。他看到各国诸侯为了谋取本国利益纷纷招贤纳士、改革政治，希望自己将来有一天也成为让人仰视的大官。

虽然李斯把业余时间都用在苦读诗书上，但几年过去了，他仍然还是个看守粮仓的小文书。一天，李斯感到肚子有些不舒服，感到内急跑进了茅厕，惊散了粪坑旁的一群老鼠。这群小耗子，只只瘦小枯干，探头缩爪，且毛色灰暗，身上多少都黏带着屎尿，正拼命地从草席底下往外逃逸。其中一只小耗子因为过于慌恐，怎么也爬不上粪坑边沿，挣扎了几下，终于掉进粪池，弄得一身稠黄，尿汤淋漓。

李斯望着这些可怜的老鼠，想起粮仓里的那些老鼠。那些家伙，一个个吃得脑满肠肥，皮毛油亮，吃仓里陈粮时，都从容大方，见人来了亦不动弹一下，反而瞪着一双双小而聚光的鼠眼，一动不动地凝视着来人，然后旁若无人似的"嘎吱嘎吱"继续吃东西。吃饱了之后，还会在粮仓中嬉戏打闹，好像粮仓是它们的乐园。

"人生如鼠呵！不在仓就在厕。"李斯想到，它们同为鼠类，命运却不同，不禁长叹了一声，"人或贤达富贵，或贫贱不肖犹如鼠矣，在所自处尔。"意思是说，人就像老鼠一样，一辈子有无出息，全看为自己找一个什么位置罢了。比起楚国的都城郢都、齐国的都城临淄、赵国的都城邯郸、秦国的都城咸阳，自己现在居住的上蔡这个地方，只能算是一个"茅厕"。而自己呢，不过是这"茅厕"里的一只小耗子而已。

李斯觉着自己如果继续在这个文书的位置上待下去，只会一辈子没有出息。于是，他辞去公职，拦车拜荀子为师，与当时已名满天下的韩非一起用心学习帝王之术。

学成之后，李斯拜别师父，到秦国谋求发展。他从当时权倾朝野的大秦丞相吕不韦的门客做起，暗中观察当时的政治局势，隐忍待发，冒着杀头的风险面谏秦王，引得秦王注意。从此，他竭力施展自己的才华，劝说秦王嬴政灭诸侯、成帝业，秦王采纳其计谋，派遣谋士持金玉游说关东六国，离间各国君臣，李斯被任命为长史、客卿。秦王政十年（前237年），秦王下令驱逐六国客卿，李斯上《谏逐客书》阻止，为秦王政所采纳，不久官为廷尉。

李斯受到秦王政的重用后，以卓越的政治才能和远见，辅助秦王完成了统一六国的大业。秦朝建立以后，李斯升任丞相。他继续辅佐秦始皇，在巩固秦朝政权、维护国家统一、促进经济和文化的发展等方面做出了卓越贡献。他建议秦始皇废除分封制，实行郡县制，又提出了统一文字的建议，之后又在统一法律、货币、度量衡和车轨等方面付出了巨大努力。这些措施极大地推动了秦朝经济社会的发展。秦始皇的千古功绩，有一半得算到李斯头上。

但是，李斯的名利心实在太重了，不仅有陷害韩非的嫌疑，还涉嫌建议焚书坑儒。同样是名利心的作用，使他在秦始皇巡视途中突然病逝后，协助赵高伪造遗诏，迫令秦始皇长子扶苏自杀，立胡亥为二世皇帝，最终让他走上了不归路，被赵高陷害，腰斩于市，还灭了三族。

到临死时李斯才明白，自己拼命追逐功名利禄需要付出多少代价。至少，好几百条性命受其株连、遭到屠灭。此时此刻，李斯"牵犬东门"的调侃背后，其内心深处多么怀念那一去不复返的、牵着嘶叫的猎狗出上蔡东门，在秋日衰草丛中，追逐成群狡兔的无忧岁月啊！那是他曾经不屑的低等之事，却有真实的快乐。

◎ 萧何作为第一功臣的无奈

西汉时的萧何，是江苏沛县人。他最早随同刘邦起兵，在反秦灭楚兴汉的事业中，招贤才、荐韩信，统筹后方，修法令、安民心，功勋卓著。刘邦称帝后，以萧何功劳最高，位居第一，食邑八千户，其父母兄弟十余人皆食邑，并享受可以佩剑穿履从容入宫觐见的特殊待遇。

汉高帝十年（前195年）九月，陈豨起兵反叛，自称代王，攻打劫掠赵、代二国，刘邦亲自率领军队往东讨伐。到第二年冬天时，韩信部署家臣伪造诏书，赦免官府里的役工以及奴仆，想把他们发动起来，乘刘邦出征在外之机袭击吕后和太子，中途被一舍人告发。萧何为吕后设计除掉了韩信，解除了刘邦的心头第一大患。

刘邦很是高兴，拜萧何为相国，封地再增加五千户，还给了五百名士卒作为他的护卫。萧何却让出封赏不肯接受，并将自己的家产拿出来资助前方的军队。

又过了一年，英布谋反，刘邦又一次率军出征，萧何在后方却不像以前那样安抚百姓，筹备粮草，输送前线，而且到处压价买田，高利放债，致使民间怨声载道。朝廷内外纷纷议论，说："这萧相国是怎么了？以前皇上出兵在外，他在后方总是积极配合，如今他却压价买田，放高利贷，对安抚百姓不闻不问，这样的相国民众会支持吗？真是老糊涂了。皇上在外征战，他不但不出力配合，反而把后方搅得乱七八糟，皇上回来后不怪罪才怪呢！"

待刘邦班师回朝时，百姓纷纷拦路上书，状告萧何，刘邦看过之后，开始也假装生气，但就是不治萧何的罪。过了一段时间，刘邦反而将百姓上书的状纸交给萧何，笑着对他说："你自己处理吧！"

有人不解，就问萧何是怎么回事，为什么皇上不治他的罪？萧何说："我如今位为相国，功列第一，官不可升，功不可再加。以前皇上出征在外，我在后方安抚百姓，筹备粮草，积极配合，在关中十几年来已经深入民心，名声已经不小了。如果我在皇上即位后还像以前那样做，就会使我的名气压过皇上，对他构成威胁，那样我就会有灭族的大祸。我若自毁民意，皇上自会高兴。"

有人又问："您设计除掉韩信功劳不小，皇上给您的封地和护卫，您为什么不但不要反而还将自己的家产拿出来资助前方军队呢？"萧何说：

"皇上领兵在外风餐露宿、东征西战，非常辛苦，而我坐镇京师锦衣玉食，虽有谋功而无战功，我若接受封赏，将会影响军心。皇上之所以给我增加封地，设置卫队，是由于韩信刚刚谋反，对我也放心不下，才加以此'赏'，并非是对我的宠信。"

萧何是刘邦的贫贱之交，还被封为第一功臣，为什么刘邦对他还信不过呢？当年项羽、刘邦共同对付秦朝，秦朝灭亡了，项羽、刘邦这一对盟友翻了脸，打了起来；项羽被消灭了，刘邦集团内部又发生了裂变，中途入伙的韩信、英布又被视为异己的力量；韩信、英布垮台了，刘邦的核心集团又该找出新的打击对象了。萧何树大招风，自然首当其冲。萧何不断地自毁名声，虽然并未彻底消除刘邦的猜疑，但也能保住性命。

封建社会的帝王，都希望臣子绝对忠于自己。有时他们并不希望得力的大臣是完美无瑕的人，在他们眼里，臣子如果没有缺点，那就可能是其怀有更大的企图，甚至会对自己产生不利。所以，在统治者的眼里，你盘剥、结怨于民，那是不足挂齿的小事一桩，他不但不会管，还会加以纵容；你要真正想替百姓办一两件好事，说一两句公道话，而影响了他的权威和名声，他便非要整治你不可了。

西汉时的开国功臣大都被刘邦剪除，萧何却平安无事。高祖死后，他又辅佐了汉惠帝，不能不说是个有大智慧的人，但也显示了封建时代功臣为了自保如履薄冰的无奈。

◎ 高颎"劝架"，一言不慎成祸根

高颎（541—607年），字昭玄，渤海蓚（今河北景县东）人，是一位杰出的政治家和军事家，对隋代的统一和发展做出了极其重要的贡献。唐初史家在所修《隋书》中评论他："当朝执政将二十年，朝野推服，物无异议。治致升平，颎之力也。论者以为真宰相。及其被诛，天下莫不伤惜，至今称冤不已。所有奇策密谋及损益时政，颎皆削稿，世无知者。"（《隋书·高颎列传》）杜佑纵观历代名相，作了这样的评论："历观制作之旨，固非易遇其人。周之兴也得太公，齐之霸也得管仲，魏之富也得李悝，秦之强也得商鞅，后周有苏绰，隋氏有高颎，此六贤者，上以成王业，兴霸图，次以富国强兵，立事可法。"（《通典》卷十二《食货·总论》）又说："隋氏资储遍于天下，人俗康阜，颎之力焉。功规萧、葛，道亚伊、吕，近代以来未之有也。"（《通典》卷七《食货七·丁中》）可见，高颎的业绩对后世留下了深远的影响，堪称隋朝第一名臣。

就是这样一位名臣，却因为一次"劝架"而失宠被黜。

本书前文曾经讲过隋文帝杨坚被独孤皇后气得离家出走的事。当时，高颎和杨素追上隋文帝"劝架"，在劝解的过程中，高颎说了一句"陛下岂以一妇人而轻天下"，结果安慰了皇帝，却伤害了自视甚高的皇后的尊严，她是不能容忍被人轻蔑地称为"一妇人"的。那句劝架的话成了高颎的祸根。

不久，高颎的夫人病亡，独孤皇后对文帝说："高仆射年岁已高，死掉了夫人，皇上应该帮他再娶一位。"皇帝将皇后的话转告高颎，高颎表示，自己年老力衰，又心念爱妻，不想续弦，婉言谢绝。可是后来，高颎的一个爱妾生了男孩，消息传到宫内，文帝很是高兴，独孤皇后却对文帝说："高颎还值得陛下信任吗？您要为他娶妻，他却心存爱妾，当面欺骗陛下。现在他的欺诈已经败露，怎么还能够信任他呢！"从此文帝对高颎就开始疏远了。

开皇十八年（598年），隋文帝欲出兵辽东。高颎坚决不同意，文帝坚持己见，并派高颎为主帅，高颎只好服从。因为疾疫流行，士兵十之八九都病死了，出兵辽东无功而返。独孤皇后在文帝面前中伤高颎，说："高颎根本就不愿意去，陛下强迫他去了，我就知道准是无功而返。"她的意思是说，高颎阳奉阴违，消极抗命。隋文帝又让汉王杨谅当元帅，考虑到杨谅年少，文帝还是派高颎跟着，给他军权。结果赶上大雨，又引发瘟疫，狼狈不堪地回来了。独孤皇后就说高颎故意不尽心办事。汉王也忌恨他总摆老资格不听话，哭着说自己差点被高颎杀了。杨坚十分恼火，觉得高颎仗着恩宠忘了臣子的身份，对高颎更加不满。

不久，凉州总管王世积有个亲信犯了法，王世积不敢收留，结果被捕受罚。这个亲信怀恨在心，反诬王世积谋反，王世积被朝廷处决。在审理此案时，涉及一些宫禁秘事。据说，这些事是从高颎那里传出来的。事情越闹越大。当朝大臣上柱国贺若弼、吴州总管宇文弥、刑部尚书薛胄、民部尚书斛律孝卿、兵部尚书柳述等人证明高颎无罪，隋文帝更加恼怒，把他们统统拘留起来，高颎也被免去官职。

不过这时他们还有情分在，杨坚夫妻在儿子秦王家吃饭还叫了高颎，大家流着泪说了些掏心话儿。没过多久有人说高颎坏话，杨坚就势把高颎抓了，差点杀了他。杨广即位后，高颖终于到了大限，只因说了句"近来朝廷殊无纲纪"，被人告发遭到杀害，丢掉了性命。

俗话说："病从口入，祸从口出。"这句话确实有一定道理。很多的灾祸是自己言谈不慎招来的，高颖的结局就证明了这一点。

◎ 从"醋坛子里走出来"的贞观贤相

被后人称为"贞观贤相"的房玄龄，是李世民最信任的大臣之一，不但辅佐李世民统一天下，而且还辅佐李世民开创了赫赫有名的"贞观之治"。李世民当上皇帝后，论功行赏，房玄龄功居第一，被李世民比作当时的"萧何"。

然而又有谁能想到这么一座大山、这么一位伟人、这么一位英雄竟然是"从醋坛子里走出来"的，而且和"吃醋"这个词汇有着密切关系。

房玄龄是中国古代好男人的代表，虽然身居高位，却是"娶"鸡随鸡，"娶"狗随狗，从一而终，从来没有花花肠子。

《隋唐嘉话》中记载，唐朝初年，唐太宗李世民感念房玄龄辅佐，对房玄龄说："玄龄呀！这么多年了你一直任劳任怨，尽心尽力地辅佐我，大唐能有今天，你功不可没呀，我多少也要给你一点赏赐吧。赐给你点钱吧，你又把它用来救济贫苦的百姓；赐给你布帛吧，你又不舍得做件像样的衣服。正好侯君集从高昌给我带来了几个美女，其中有两个可谓国色天香，就在刚才，长孙无忌的叔叔长孙顺德还一再向我要呢，我没舍得给他，要不就赐给你吧？"李世民本以为房玄龄会满口答应，美女嘛，谁不爱呢！谁知房玄龄说："自隋文帝杨坚开创了一夫一妻制以来已有几十年，虽然深受大家尤其是妇女的支持，但是大家都是嘴上支持，心中却都在打着自己的小九九，我愿意做一名名副其实的支持者……"随后，房玄龄陈述了一夫一妻制的好处，这样一来倒让李世民觉得好没意思。

退朝后李世民从长孙无忌口中得知，原来是房玄龄怕老婆。李世民听了哈哈大笑说："房玄龄老婆再凶，也不敢把朕赐的美人怎么样吧？"于是，派人连夜把那两个美女送到了房玄龄的府上。

不料，房玄龄的老婆却不管皇上不皇上，她大发雷霆，指着房玄龄大吵大骂，并对房玄龄大打出手，要将两个美人赶出府。房玄龄见不对头，只好将美人送出府。

很快，李世民知道了此事，他立即召宰相房玄龄和夫人问罪。房玄龄夫人也知此祸不小，勉勉强强地跟随房玄龄来见唐太宗。唐太宗见他们到来，指着两位美女和一坛酒说："我也不追究你们违旨之罪，这里有两条路任由你们选择，一条是领回二位美女，和和美美过日子；另一条是喝了这坛毒酒，省得妒忌旁人。"

房玄龄知夫人性烈，怕夫人喝毒酒，急跪地求情。李世民怒道："汝身为当朝宰相，违旨抗命，还敢多言！"房夫人见事已至此，看了看二位美女容颜，知自己年老色衰，一旦这二位美女进府，自己迟早要走违旨抗命这条路，与其受气而死，不如喝了这坛毒酒痛快。未待唐太宗再催，房夫人举起坛子，"咕咚咕咚"地已将一坛酒喝光。房玄龄急得老泪纵横，抱着夫人抽泣。

唐太宗看到这一幕，也不由得惊呆了。但房玄龄老婆没有死，因为坛子里装的是醋。唐太宗见房玄龄老婆宁死不从，只得长叹一声作罢。从此，"吃醋"就成了房夫人的品牌，世人也将男女之间产生嫉妒情绪喻为

"吃醋"了。

然而，就是这样一位看起来有些"窝囊"的男人，却有着大海一样宽阔的胸怀。房玄龄对同僚温和谦让，与同僚争辩的时候，他和蔼可亲；吵架的时候，他豁达大度。他总是笑眯眯地洞明世事，又总是不吭声地隐忍委屈。皇亲李神通攻击过他，重臣萧瑀攻击过他，第一宠将尉迟敬德也攻击过他，眼看快要变成朝里的"出气筒"了，他还是和没事一样。他简直天生是给李世民做宰相的。

有一次房玄龄得了重病，一个言语轻佻的小官吏开玩笑道："宰相小病去探访有好处，如果病得快要死了，去探访也就没什么用了。"有人将这话传到房玄龄那里，房玄龄对此的反应是——见到那个随众来探访自己的小官吏时，笑着调侃一句："你都肯来看我，那我一时半会儿还死不了啊……"

急躁任性的唐太宗李世民，也和大臣们一样，经常拿房玄龄当"出气筒"，越用越顺手。房玄龄照例不争辩、不顶撞，逆来顺受，道歉了事。有人因此讥讽老房"没骨气"，尤其是将他与傲骨铮铮的魏征作对比。其实房玄龄心里很明白，唐太宗是个多么骄傲的人，成天被魏征骂来骂去又不能还嘴，难免心理不舒服。皇帝把气撒在我身上，总比他攒多了委屈以致决策失误要好。

于是就出现了一次又一次心照不宣的表演：唐太宗因为鸡毛蒜皮的小事大发雷霆并痛骂宰相，剥官削爵叫他回家待罪。房玄龄也就乖乖回家，平静地告诉家人："把房子打扫干净，待会儿皇帝要过来接我回去。"随后，李世民果真就来接了，两人携手上车回宫，谁都不多说什么，好像发脾气那一幕从来没发生过。

皇帝和同僚的脾气，终于在胸怀宽阔、通达睿智的房玄龄手里，被揉捏成方向一致、和衷共济的"合力"了。

贞观二十二年，房玄龄走到古来稀的 71 岁。高龄带来的疾病难以克服，房玄龄的身体越来越差。此时，比房玄龄年轻许多的唐太宗也已重病缠身。重病中的李世民，让人把房玄龄抬到殿中，在御座之侧放下，君臣对坐流泪，竟是相视无言。回首他们在渭北秋风之中的初遇，时光已经流逝了三十二年。

之后房玄龄被留在玉华宫养病，终究不治辞世。十个月后，李世民亦病逝于翠微宫含风殿。

◎ 众人皆笑他独哭的姚崇

姚崇，陕州硖石（今河南三门峡）人，原名元崇。他一生历任武后、睿宗、玄宗三朝宰相，这在中国古代朝廷残酷的政治斗争中实属罕见。姚崇最大的功绩在于奠定了"开元盛世"的基础，他在唐玄宗即位之初就提出了著名的十条建议，扫除了政治积弊，社会风气为之一变，被誉为"救时宰相"。

姚崇出生于一个官僚家庭。他少年时倜傥风流、重气节，而且十分好学，经科举入仕，初为濮物司仓参军，后晋升为夏官郎中，成为兵部要员。当时武则天独掌大权，重视人才，在狄仁杰的推荐下，武则天重用了姚崇。那时，正值契丹率兵骚扰河北，姚崇分析准确、对策得当。武则天十分赏识，破格提升他为兵部侍郎。圣历元年（698 年），武则天提升姚崇为夏官郎，同凤阁鸾台平章事（宰相）。

姚崇为官正直，不畏权势。当时，武则天的内宠张易之、张昌宗兄弟，依仗武则天的宠爱，飞扬跋扈。长安四年（704年），张易之要把京城的10个和尚派到河北定州自己修建的佛寺。这件事并不大，姚崇为了遏制张易之的气焰，就是不同意这些和尚去定州。张易之怀恨在心，在武则天面前说姚崇的坏话。武则天无奈，就借突厥犯边之际，把姚崇调任灵武道行军大总管，后又改任灵武道安抚大使。姚崇此时虽是凤阁鸾台三品，但已无宰相实权。赴任前，武则天让姚崇荐举相才，姚崇推荐了张柬之。武则天便于长安四年（704年）任命张柬之为秋官侍郎，同凤阁鸾台平章事，做了宰相。

张柬之为相后，对张易之、张昌宗兄弟在朝中横行不法、包藏祸心深感不安。朝臣们多次上书，要求惩治"二张"，因为武则天袒护，"二张"在宫中逍遥法外。

神龙元年（705年）正月，武则天病重，张柬之认为时机已到，谋划诛杀"二张"。正好姚崇从驻地灵武回京，张柬之等十分高兴，因为姚崇一来，大功即可告成。

经过姚崇与张柬之等人密谋，率羽林兵，直接进入武门，杀死了这两个淫夫恶棍。随后，他们又对武则天施加压力，迫使武则天将帝位让给太子李显。

"二张"被诛后，洛州长史薛季昶对张柬之、敬晖说："二凶虽除，产、禄（汉代吕产、吕禄）犹在，去草不去根，终当复生。"朝邑尉刘幽求亦说："武三思尚存，公辈终无葬地。"而张柬之等则对此认识不足，说："大事已定，所诛已多，不可复益也。"

李显复位后，以姚崇、张柬之为宰相，因姚崇有功，加封他为梁县侯，食邑二百户。武则天迁居上阳宫，中宗李显率百官问候起居。五王

（张柬之、桓彦范、崔玄暐、袁恕已、敬珲因推翻武周政权有功赐封郡公，又称五王）相互庆贺，唯独姚崇不停流泪。

张柬之等人对姚崇说："我们政变成功了，武则天也将帝位让给皇上了，现在皇上正是高兴的时候，你怎么在这里痛哭流涕，皇上会很不高兴的。恐怕你会惹上杀身之祸啊。"

姚崇说："我想起以前曾长期侍奉武则天，如今却对她施加压力迫使她退位，这是违背旧主的不义之举啊。我作为人臣，没有保持始终如一的忠操，不能不为此而痛哭流泪啊。我和各位一起讨伐叛逆之辈，是为了公职之责，算不上什么功劳，就算是因为痛哭而获罪，我也心甘情愿。"

唐中宗李显听到姚崇的这些话后，很不高兴，姚崇名望很大，唐中宗也不便动他，就将姚崇调离了京城。

唐中宗复位后，依赖皇后韦氏。每一次临朝，韦后都垂帘听政，恃宠专横，一批趋炎附势的官僚逐渐为韦后所用，权力越来越倾斜。

当时，唐中宗之女安乐公主嫁给狡诈恃权的武则天的侄子武三思之子武崇训为妻，武三思又与上官婉儿私通。唐中宗即位后，上官婉儿被益加重用，拜为婕妤，用事于禁中。于是，上官婉儿荐武三思于韦后，韦后引入禁中。他们相互勾结，以图恢复武氏政权。

武三思入禁中与唐中宗议政，他还与韦后私通。因此，宰相张柬之反受制于武三思。张柬之多次劝唐中宗诛杀诸武，唐中宗不但不听，反而向武三思泄密。因此，武三思之党对其恨之入骨。

武三思与韦后日夜谮毁张柬之等人，说他们："恃功专权，将不利于社稷。"唐中宗觉得有道理。武三思又为之策划："不若封晖等为王，罢其政事，外不失尊宠功臣，内则夺之实权。"唐中宗采纳了他的意见。于是，武三思尽复武则天之政，不附武氏者斥之。大权尽归于武三思。张柬之等五人被贬出朝廷，后来也被武三思杀了。

韦后和武三思专权期间，姚崇在宋州、常州等地当刺史，远离京城，没有参与朝廷内部的斗争，"五王"都被害，只有姚崇幸免于难。

后来，唐玄宗李隆基即位，姚崇得到其充分信任，第三次出任宰相，一展才能。

一次，唐玄宗问及当年姚崇独哭武后之事。姚崇说："当时我看出了中宗昏庸，韦后和武三思未除，将逐渐专权，随着宫廷争斗的升级，"五王"被诛是早晚的事。所以臣就独哭武后，远离京城，以求自保。"唐玄宗及众臣听后，十分佩服姚崇对人情世故的把握，称赞他超群的政治思想和斗争智慧。

有些人在取得一些胜利的时候就陶醉，不用心观察和思考隐藏在身边的祸患。放任对手崛起并专权，结果使自己落个身败名裂的下场。真正的智者，总能居安思危，面对胜利而虑灾祸，细心观察身边的人与事，准确预测出未来可能出现的不利局面，做到进退自如。

◎ 拗相公王安石，性格是把双刃剑

从1069年到1085年的十六年间，王安石在神宗皇帝的大力支持下，倡导变法，革除积习，这便是历史上著名的"熙宁变法"。可惜这次变法前后跌宕起伏，致使朝臣相互倾轧，以失败告终。这次变法的失败原因很多，如：变法本身存在弊端，被贪官污吏利用；用人不当；失去民心；普通知识分子敌视；北宋的精英分子反对；损害了官僚阶级的利益遭到反对；在变法期间遇到了两次极为严重的自然灾难，等等。除此之外，王安石性格上的缺陷也是这次变法失败的一个不容忽视的原因。

王安石是个天才，天才都有个共同的特点：自负。放在王安石这里，还得加个"更"字。前人对经典古籍的注解，王安石没一个瞧得上的，所以干脆自己写了一本。书名为《三经新义》的疏解，都是他对古籍思想和政治观念的理解。在王安石当权时期，这本书取代了过去的名家疏解，成为科举考生的首选书目。如果考生的意见与王安石的见解不一致，就一定考不中。

王安石把个人观点作为科举考试的专用教材，并与考生的前途挂钩，这种做法让很多读书人十分反感。王安石却认为，自己的观点绝对是经典，别人不理解也没关系。看看他写的诗："万绿丛中一点红，动人春色不须多。""墙角数枝梅，凌寒独自开。"王安石说得多明白，他就是万绿丛中的那一点红；就是独自开的那枝寒梅。孤芳自赏的心境溢于言表。

到了宋神宗掌权的时候，对王安石才干仰慕已久的年轻皇帝，指望任用王安石实现富国强兵。然而王安石如同一把寒光闪闪的利剑，一出鞘就咄咄逼人。在宋神宗第一次召见他时，面对皇帝询问"治国之道"，王安石侃侃而谈，连唐太宗都没放在眼里。贞观之治算什么，他的目标是实现传说中的"尧舜之治"。而他自己已经不是向诸葛亮、魏征看齐，而是以传说中可以为帝王师的皋、稷等圣人式的贤相自居。

王安石曾经说过一句名言："天变不足畏，祖宗不足法，人言不足恤。"天变固然不足畏，但也应顺天行事；祖宗即使不足法，也应取其精华；人言不足恤，总也得区分何人言，言何事吧！这种绝对化的、狂妄的思维必定造成其处事过于主观狭隘，不懂宽容。

对于自己的变法措施，王安石极度自信，别说反对意见，哪怕别人提出合理化建议，都被王安石视为保守派的迂腐，一概不予采纳。不采纳也就罢了，王安石还施以无情打击。在新法开始的一个月内，王安石就罢免了十四个御史，把与他意见不一致的人排挤出权力中心。这当中有人原来是他的靠山，如韩维、吕公著等人；有人原来是他的荐主，如文彦博、欧阳修等人；有人原来是他的上司，如富弼、韩琦等人；也有人原来是他的朋友，如范缜、司马光等人。这些人都是当时的俊杰，朝廷的重臣。特别是和王安石交情不错的司马光，曾三次写信给王安石，劝他调整自己的治国方略。可惜王安石执迷不悟，看一条驳一条，导致司马光最后与他分道扬镳，终身不再往来，直到公元1086年二人同年去世为止。

王安石的这种做法让他失去了所有能帮他的人。有一个故友见他孤立，劝他说："成大事需要人助，你再正确，如果无人相扶，也会失败的。反对你的人再多，你能一一加以惩罚吗？这样做也失去人心，不如宽恕他们，感化他们。"

王安石坚定地说："实行新法，很多人都在骂我，好在皇上站在我的一边，他们骂也无用。这些人顽固自私，和他们交好只会影响我的清誉，使变法夭折，这是不可能的。"

王安石极力打击政敌，许多和他交好的朋友都和他疏远了。王安石不以为然，反而安慰自己说："成大事的人都是孤独的，这并不是我的损失啊。"

王安石不仅不能容忍有异议的朝中大臣，竟然还和小卫兵较真，其心胸之窄让人吃惊。

一天，王安石跟随神宗骑马进宣德门，卫兵拦住了他，鞭打了他的马。王安石又气又怒，请求宋神宗严办卫兵。有人劝王安石道："大人身为宰相，不该和一个卫兵如此动气。此事传扬出去，人们会说宰相器量不足，有损大人声望。"

王安石发怒说："对宰相不敬，便是大罪，我宁肯不要声望，也要惩戒卫兵。不是我有心要治卫兵的罪，而是他太无礼了。"

宋神宗迫于王安石的一再请求，只好把卫兵杖责。御史蔡确当众指责王安石过于霸道，他激愤道："卫兵把守宫门，是在尽职尽责，宰相没有在该下马的地方下马，违反了宫中规矩，难道不该禁止吗？宰相连一个卫兵都要施以威权，就不怕人们指责吗？"

王安石无法对答，只是冷笑。

由于王安石性格偏执、心胸狭窄、独断专行，不善团结各方面力量，不但陷自己于不利的境地，也累及神宗皇帝不能充分调动各方面力量完成"熙宁变法"的大业。渐渐地，王安石失去了宋神宗的信任。反对他的人天天告状不止，王安石用尽方法也阻挡不住。后来，宋神宗罢免了他的宰相之职。王安石死后，宋钦宗又削夺了他的封号。

王安石死后不久，他就被写入宋代的短篇小说，被贬义地称为"拗相公"。可见，他的固执是出了名的。

王安石无疑是一个杰出的思想家，但却不是一个合格的政治家。欲改变社会，必先改变自己。一个性格"执拗"、心胸狭窄的人，是无法引领社会进步的；一个不能从善如流、团结别人的人，也是难以做成大事的。

◎ 宰相张居正的夺情风波

张居正是明万历年间首辅。他从秀才、举人、进士，官至内阁大学士。从平民中崛起，在万历初年做了十年首辅，协助幼小的皇帝，制定考成法和"一条鞭法"，推行改革，把衰败、混乱的明王朝治理得国富民安。人们赞扬他是"起衰振隳"的"救时宰相"。

张居正的祖先是安徽定远人，原是朱元璋部下的兵士。张居正的父亲张文明曾先后七次参加乡试，结果均落第。

嘉靖四年（1525年）五月初三，张居正降生。5岁入学，7岁能通六经大义，12岁考中了秀才，成为名震荆州的小秀才。次年八月，他又参加了三年一度的举人考试。湖光总督顾璘怕张居正太早中举会骄傲自满。在他的授意下，尽管张居正此次考试成绩名列前茅，却在他13岁这年的科举考试中未能如愿以偿。三年后，16岁的张居正又参加了乡试，顺利中举。嘉靖二十六年（1547年），张居正23岁时又考中二甲进士，授庶吉士，从此进入官场，开始登上政治舞台。隆庆元年（1567年），张居正任吏部左侍郎兼东阁大学士，隆庆时与高拱并为宰辅，为吏部尚书、建极殿大学士。万历初年，张居正代高拱为首辅，执掌内阁多年，取得了一系列的改革成就。

与此同时，张文明也沾了儿子的光，摇身一变成了首辅的父亲。生活自然是不用愁了，有时甚至会有很多好处。可是，不管张居正的面子有多大，他也不能让时间止步。张文明转眼之间，就是七十多岁的老人了，而且由于喝酒太多、生活没规律，身体状况一直不好，终于在万历五年生了重病，连走路都非常困难。

消息传到了北京，张居正自然忧心如焚。按理说，这时的张居正应该请假回家探亲。可是，一个让他觉得为难的事情摆在了面前——万历皇帝要结婚了。作为首辅的张居正自然要起重要的调度和组织作用。无可奈何之下，张居正选择留下来。或许他的心中在想："没事，只要父亲还在世，我就有孝敬的机会。况且他只是生病了，家里不会缺医少药。可是皇上的大婚一辈子只有一次，还是这个要紧！"然而，就是由于张居正的这个选择，他再也没有机会和在世的父亲见了！

就在万历五年（1577 年）的九月十三日，张文明这个七十四岁的老人去世了。当时通信极为不发达，在张文明死后十二天，报丧的人才到达北京。张居正得知噩耗，悲痛万分，几日茶饭不思，为自己没有为父亲送终感到遗憾和内疚。

按明朝礼制规定，在职官员自闻父母丧日起，要辞官守孝三年。如有特殊情况，经皇帝特批，可以继续留任，称之为"夺情"。明朝是重孝的王朝，在明中叶就已多次申令，不准夺情。按惯例，张居正也要遵守。当时朝中主事只有他一人，户部侍郎李幼孜等人就顺势提出，让朝廷"夺情"。朝廷因为别无他人可以主政，也就批准了他们的请求。只让张居正的儿子回家为自己的祖父守孝办丧事，而且只批准张居正三个月的假期。

张居正不愿为自己的父亲守孝三年，遭到了很多人的反对，一些人纷纷前去劝他不能太寡情。张居正不听劝，后来觉得烦，就闭门不见客。这件事成了他后来失败的一大原因。

张居正不为自己的父亲守制，是由于他贪功，也是他不信任万历皇帝和其他朝臣的表现。张居正本可按儒教的教义为自己的父亲守制，把推行新政的工作交给万历皇帝，并且推荐一个得力学生或同仁作内阁的辅臣。王锡爵、吴中行等都可作内阁的辅臣，他在万历皇帝和李太后信任之下，可以在幕后筹划和遥控新政。这样，新政并不会夭折，因为皇帝不会否定自己的工作。张居正坚持亲自主持新政，功劳就全部归张居正，皇帝不能从推行新政中得到荣耀，这是万历皇帝推翻新政的一个动机。

张居正在许多儒教大臣的激烈反对下，拒绝为自己的父亲丁忧守制，理所当然地会被儒教信徒反对。许多朝廷重臣都因"反夺情"受到张居正打击而离开了权力中心，同时也使支持自己的政治势力分裂，那些新政的反对派和见风使舵的小人随之得势了。万历皇帝是一个没有主见的人，他没有决心反击反对派的进攻，也没有强大的动机坚持新政，因为新政不是他搞的。

当然，"夺情风波"只是加剧了张居正身后的罹难。过分依赖自己的才能、迷信权势、倚靠权势，才是他最终失败的原因。

万历十年六月二十日（1582 年 7 月 9 日）张居正病逝。反对他的人开始反攻了。反对派把矛头对准了张居正的"一条鞭法"，万历皇帝此时已是二十多岁的小伙子，他早已对张居正的震主之威耿耿于怀，现在他要自己"乾纲独断"，于是下令取消"一条鞭法"。反对派们更加活跃了，被张居正排挤走的大臣们为自己申冤，辽王妃王氏也上来奏疏，说张居正诬陷辽王，霸占王府（张居正在老家江陵城住的是获罪辽王的王府），神宗终于给张居正加上了"诬蔑亲藩，钳制言官，蔽塞朕聪……专权乱政，罔上负恩，谋国不忠"等罪，下诏抄了张居正家，并削尽其官秩，追夺生前所赐玺书、四代诰命，以罪状示天下。张居正的家属饿死的饿死，流放的流放，一代能相之家落得如此可悲的下场。

第四章 不信清风唤不回，欲持清官廉吏身

自古以来，为官手中有权，为商手中有钱，官商勾结的事例数不胜数，为了一己私利，贪赃枉法的大有人在。但在历史上，仍然有清廉的官员，百姓把这些两袖清风的好官称为"清官"。在中国古代的历史进程中，清官是值得人们永远敬仰的。中国古代历史上出现的太平盛世，铭记着清官的功勋。

◎ 西汉名臣赵广汉的治与被治

清官廉洁奉公、公正执法，深受人们的爱戴。但人非圣贤，孰能无过？清官也有犯错甚至犯罪的时候。清官犯了罪会得到什么结果？三国争霸，诸葛亮错用马谡失了街亭，因此自贬三级。包青天错断了狄龙案，因审察不明而险杀朝廷守边大将狄龙——北宋名将狄青之子，戏文中唱道："理事几十年，人称我廉明公正包青天，朱笔下勾销过多少罪犯，钢铡下诛灭过多少赃官，如今我断错了狄龙一案，险些儿害忠良危及江山。"包公痛心疾首，深刻自责，要自己的儿子——时任开封府尹的包贵将自己处以极刑——送上虎头铡！当然包公最后得到了原谅。

这些毕竟是民间的杜撰。在历史上，一旦清官犯罪，往往会死得很惨，汉宣帝时著名的清官赵广汉被"腰斩"一案就是如此。

赵广汉，字子都，西汉涿郡蠡吾县（今保定博野县）人，是中国古代十大清官之一，与包拯、狄仁杰、海瑞等并列。《汉书》中说："广汉为人强力，天性慧于孝职。"他为官廉洁清明，威制豪强权贵，在果断而严厉的治理同时，善于思考，非常讲究策略和方法，他的一些办案和惩恶计策独到而有效，深得百姓赞颂。

赵广汉年轻时做过郡吏、州从事，担任过管理物价的平准令，后被察廉为阳翟县令，因政绩突出，迁升为京辅都尉，不久擢升为守京兆尹（代理京兆尹），之后调任为颍川都的郡守，约两年后调回长安任京兆尹。

据《后汉书》记载："又教吏为缿筒，及得投书……吏民相告讦，汉得以为耳目。"他发现土豪劣绅结党营私、独霸一方、欺压百姓，对治政造成极大的阻碍，民众敢怒不敢言。为了有效地抑强惩恶，为民除害，赵广汉受"存钱罐"的启发，令手下人制成瓦质的"缿筒"，奖赏告密。"缿筒"形状如瓶，有小孔，口很小，投放简牍，可入而不可出，谓之"受吏民投书"，这种"缿筒"，可以说是中国最早的举报箱。有了这种举报箱，官吏、民众相互揭发，赵广汉扩大了视听，社会上各种消息都能很快地传到他的耳朵里。他根据得到的线索，组织力量及时查处，极大地稳定了社会治安。

赵广汉担任京兆尹时，表现出高度的责任心，处理各项公务往往通宵达旦。在其治理期间，京兆地区政治清明，官属和百姓无不交口称赞。京城的长官是不好做的，文武百官、权贵显要、豪门大富大多聚集在此。赵广汉因为惩腐治恶得罪了不少皇亲国戚和当朝显贵。

而且，清官毕竟也是个凡人，不可能所有事都是大公无私的。赵广汉是个有血有肉的人，也有私欲。

赵广汉对自己的人非常好，有时候到了不要原则而一味袒护的地步。赵广汉有个门客，在长安大街上私自卖酒，被魏相的人知道，查封了门头。门客去找赵广汉，说可能是被一个叫苏贤的人举报。赵广汉觉得为自己的人出气义不容辞，就逮捕了苏贤，并通过情报网的消息来源，给苏贤安了一个可以判死刑的罪名，交由赵广汉手下的一个级别较低的尉史提出起诉。

没想到的是，苏贤的父亲向皇帝告了御状，说这是诬告。汉宣帝批示将此案打回重审。最后判尉史诬告苏贤，认定为反坐，于是叛处死刑。

反坐就是一旦确定是诬告，诬告别人什么罪名，诬告者就定什么罪名。

这个尉史够义气，认了罪。但在临死时忽然翻供，说是赵广汉让他诬告的。于是廷尉署来人逮捕了赵广汉，大群市民前来围观抗议，场面一度混乱不堪。赵广汉认罪了，毕竟确实是他指使尉史状告苏贤。以教唆罪和诬告罪并罚，赵广汉要被判死刑。

但是还没来得及正式宣判，廷尉署又不得不勾销赵广汉的死刑，只是给他降低了级别。这不是因为来自市民的压力，而是来自上边——皇帝大赦天下。

可叹的是，经此一难，英名一世的赵广汉非但不知错就改，反而越挫越勇，他坚持认为案子搞砸了是因为他做得不够周密。赵广汉再次启动他的情报网，查一查为什么尉史在最后关口翻供，因为这从道理上讲不过去，尉史咬不咬赵广汉都是死，为什么到最后关头才咬。赵广汉不相信他的下属会做出临死也要拉个伴儿的事情。

调查很快有了结果。赵广汉查出是一个叫荣畜的人教唆尉史翻供，大概是荣畜答应了尉史什么条件。赵广汉和这个荣畜认识，他们虽是涿郡同乡，但关系一直很恶劣。

赵广汉让他的情报网盯住荣畜，等了很长时间，终于等到荣畜犯事，找到一个罪名安到荣畜头上，就把他杀了。

赵广汉以为报了仇就完事了，没想到这只是开始。荣畜死后第二天就有人把这事告到汉宣帝那里。宣帝非常重视，让身为丞相的魏相领着几个御史成立专案组彻查此案。

赵广汉当然也有动作。他采取的对策可以用胆大包天来形容：查魏相。

赵广汉的众多线人中，有一个在魏相家做门童，赵广汉让门童盯紧魏相。几天后门童来报，魏相的老婆怀疑家里一个女仆人跟魏相有染，把女仆吊死了。当时的法律规定，主人有权杀掉自己的仆人，但是要先向当地官府说清理由，获得批准并备案后才能实施，否则就犯了杀人罪。

赵广汉打算用这件案子要挟魏相，让他不再追究荣畜的事。魏相没有答应。于是，赵广汉亲自率领官吏、兵卒进入丞相府，召丞相夫人前来，跪在院中接受盘问，并抓走了相府奴婢十余人。魏相上书汉宣帝为自己辩白，汉宣帝命廷尉负责处理。经调查证明，是丞相因一名婢女犯有过失，加以责打，送到外宅后才死去，并非赵广汉说的那样。汉宣帝下令将赵广汉逮捕，关押在廷尉狱中。他先前得罪的官员趁机落井下石，纷纷弹劾他，赵广汉最终被判腰斩。这是封建时代最严酷的刑罚之一。

腰斩赵广汉行刑的那天，数万吏民跪伏在长安街道上，哭着为赵广汉送行。许多吏民请求替代赵广汉受刑，他们说，诛杀了赵广汉，今后就没有人为百姓做主了。但是，正像赵广汉自己所说的一样："王子违法，与庶民同罪！"何况还有那么多盯着久欲除之而后快的"仇家"。最后，赵广汉还是被腰斩了。

◎ 名臣黄霸，难以名状的清官路

在人们的印象中，清官是近乎完美的化身，出身也必定很好。对买官卖官这样的腐败现象，清官都是深恶痛绝、严厉打击的，至少，他们会与这种事离得远远的。然而，历史上却有这么一个清官，他靠买官走上政治舞台，从小吏一直做到了丞相，而且，千百年来一直受到人们的尊敬和爱戴。他就是西汉名臣黄霸。

黄霸（前130—前51年），字次公，西汉时淮阳阳夏（今河南太康）人。史学家班固评论："自从汉朝建立以来，要讲治理百姓的官吏还是数黄霸第一。"黄霸在年少时，就立下了做一名好官的志向。汉代入仕有两条途径：一是上书求官，以荐己才；二是纳货，捐钱财给国家以获官职，俗话为买官。黄霸也花钱捐了个侍郎谒者的小官，由此步入仕途。不幸的是，时隔不久因同胞兄弟犯罪，连累他丢了官职。在仕路上不屈不挠的黄霸，之后又向闹粮荒的沈黎郡捐献相当数量的谷物，当上了左冯翊卒史。

黄霸第二次入仕后，上司因其入谷捐官而看不起他，只把一些既琐碎又容易担责的事情交由他处理。黄霸兢兢业业、清正无私，经上司考察，补为河东均输长，后升迁河南太守丞。

汉宣帝即位后，得知黄霸执法公平，封他为廷尉正。他多次明断疑案，深受众人好评，此后试任丞相长史。

汉宣帝并非昭帝嫡血，此时朝廷中霍光集团势力庞大，威胁到皇权，宣帝时刻有被罢黜的危险。宣帝为消除隐患，要朝臣重议庙乐，颂扬武帝的功德，为武帝追加尊号，抑制霍氏集团。朝中爱拍马屁的大臣立即附和，颂扬宣帝是英明贤君，是武帝的真传嫡血，兴武拓疆，继统大业。这正是宣帝所希望听到的，却遭到为人耿直的长信少尉夏侯胜的极力反对。他说现在不是颂扬武帝的文韬武略、开拓国家疆土的时候，而是要考虑如何安定社会、振兴百业。黄霸是满朝文武中唯一支持夏侯胜观点的人，他拒绝在众臣弹劾夏侯胜的联名书上签字，挺身而出要宣帝撤销重议庙乐。宣帝勃然大怒，把他们二人打入天牢。

身陷囹圄的黄霸不仅没有意志消沉，反而趁此机会拜夏侯胜为师，学治国之道。夏侯胜是西汉有名的经学大师，著有《尚书》，是"大夏侯学"的开创者。黄霸虚心向夏侯胜学习儒家经典，日复一日，坚持不懈。两人在监狱里并不觉得冷清，读书写字，乐得逍遥。直到本始四年，中原地区遇到大地震，宣帝为祈求太平而大赦天下。黄霸和夏侯胜得以出狱，夏侯胜被任命为谏大夫，黄霸则外放为扬州刺史。三年后皇帝下诏书表彰，并提升黄霸为颍川太守。

此前，颍川郡是一个豪强地主称霸一方、百姓流离失所的地方。黄霸到任后，大刀阔斧，布施恩德，安置流民，重视农桑，施行教化。他常派官员微服私访，并亲自以平民身份深入民间，了解官吏情况，关心百姓疾苦，甚至辖区内哪里的树木成材了，哪里的猪肥出栏了，他都一清二楚，吏民上下对他奉若神明。经过几年的精心治理，颍川出现了太平安定、吏治清明、生产发展、"田者让畔、道不拾遗"的太平景象。朝廷下诏赞扬："黄霸能上达圣意，下顺民心，加强教化，孝子、悌弟、贞妇、顺孙增多，耕者让垄，家庭和睦，道不拾遗，夜不闭户，赡养孤寡，赞助贫困，八年内无重大案犯。"朝廷下诏称黄霸可作"国家栋梁之材"，然后给他加俸禄，赐爵关内侯，俸禄二千石，后聘为太子太傅，升任御史大夫。

汉宣帝五凤三年（前55年），黄霸代替丙吉任丞相，被封建成侯，食邑600户。任丞相五年，于汉宣帝甘露三年（前51年）病死，谥号"定侯"。

黄霸靠政绩和"治民教化为先"的治国之道，从一个买来的小吏一步一步升到相位，史书上称赞他"以外宽内明得吏民心，户口岁增，治为天下第一"。汉宣帝赞扬他是"贤人君子""国家栋梁"。他一生持政宽和，施行德教，奉职守法，以廉为本，体察民情，为百姓所传颂。

◎ 与酷吏周旋斗法的法官

武则天当政时，为了镇压复唐、反周者，不惜任用酷吏来俊臣、周兴、王洪义、邱神勋等人，打击异己势力，制造恐怖气氛。这些酷吏昧着良心、践踏法律、干尽坏事、贪赃枉法、营私舞弊、坑害好人，制造冤狱、滥杀无辜，当时朝野震惊、百姓怨声载道，无人敢言。就在这样恶劣的环境下，徐有功如同中流砥柱，多次与酷吏们周旋斗法，既保护了许多无辜者，也维护了法律的尊严。

徐有功，本名弘敏，字有功。后来为了避武则天的儿子"孝敬皇帝"

李弘的讳，便以"字"为名。他父亲是一位有文化功底的私塾先生。他幼年时家庭贫穷，七岁进入父亲的私塾学习，为了补贴生活，他母亲常年替人家做针线活挣钱。徐有功自幼接受家庭正统的伦理道德教育，学习刻苦，天资聪颖，所学文章过目不忘，皆能背诵。十岁时，他能与父亲吟诗作对，作诗赋词、散文功底特别好，特别善于律诗，是当时涟水及淮安地区有名的才子。

公元644年，徐有功连续两次赴长安赶考，26岁时一举考中。648年初，他被任用为蒲州（今山西境内）司法参军（主管刑法，郡之佐吏）。

徐有功在蒲州任司法参军期间，政绩十分突出。当地百姓和官吏都称他"徐无杖"。这是什么意思呢？原来，徐有功在蒲州审判一切案件时，都"力求宽仁，从不轻易动用刑讯，也不轻易判人笞杖刑"，而用传统的仁义道德教育与启迪案犯悔悟自新。为此蒲州百姓和官吏都很受教育和感动，称徐有功为"徐无杖"。在他的感化下，蒲州各地民风大改。徐有功3年任满，竟没有一次在审判案犯时动用杖罚。因而"徐无杖"之名越传越响，传到了京城长安。永昌元年（689年）徐有功就被宣诏进京，担任司刑寺丞的重要职务。

永昌元年，唐高宗去世，武则天以皇后身份临朝执政，继而又自称"圣神皇帝"。徐有功是在这一复杂的政治背景下，上任至司刑寺。

对武则天的称帝，唐朝的不少旧臣和李氏宗室贵族十分反对，有的还起兵对抗武则天。武则天为巩固自己的统治地位，一面任用酷吏，诬构大狱，偏离法规，接连诛杀所谓不法的唐旧臣和宗室贵族，以此震慑潜在的敌对势力。她所选用的酷吏"不拘一格"，如有名的酷吏来俊臣、周兴、薛季昶等人。有的原是斗大的字不识一筐的市井无赖，就是靠告密状诬陷他人起家的。

徐有功在这种政治气候下任司刑丞，如果他也和来俊臣、周兴等那样，阿谀逢迎与酷吏们同流合污、偏离国法按武则天的意图审案判案，凭他的才能，就可得到高官厚禄。然而徐有功不是这样的人，他义无反顾地执法守正，冒着杀身之祸维护法律的严肃性，制止了各种冤假错案的泛滥。

徐有功刚任司刑丞，就发生了颜余庆案。酷吏来俊臣指控贵乡县尉颜余庆参与李冲谋反，武则天已经批准死刑。徐有功在复核这个案件时发现颜余庆是个"支党"，最多只能判处流放。上朝时，他向武则天当面提出改判建议，武则天怒斥徐有功，徐有功毫无胆怯和惧怕，神情自若，对答如流。武则天开始时怒不可遏，后来渐渐觉得这位人称"徐无杖"的司刑丞倒有一般官员所没有的勇气和见识。从她执政以来，还是第一次见到敢于与她争辩论理的官员，特别是谋反案件，她批准杀就杀，从来无人与她争辩过。其实武则天很有政治头脑，也爱惜人才，其怒气逐渐平息了，她对徐有功道："颜余庆是不是支党，卿再去仔细勘问，奏上来。"

这场朝堂君臣论辩，在堂的几百名文武官员恰似看了一场惊心动魄的刀剑争斗。他们意料不到的是，武则天最后竟自己找了个台阶走了下来。徐有功强谏获准，朝臣为徐有功长长地松了一口气。散朝后徐有功再审颜余庆，以"支党"罪上奏武则天，最后获得武则天的批准。这是徐有功为维护法律尊严与公正，制止权大于法的冤假错案的第一战，也是旗开得胜的第一战。

徐有功处理了很多类似案件，引起酷吏的仇恨，在他任刑部侍郎时，酷吏周兴指控他"故出反囚"，应判死刑。武则天只是把他免职。不久又任命他为侍御史，要他为自己办案。

后来另一个酷吏薛季昶指控徐有功"党援恶逆"，一旦认定也是死罪。徐有功的下属得知消息，哭着来报告，徐有功坦然自若，说："难道只有我一个会死，其他人都是长生不死的？"他不慌不忙地清理文件，交代完了，缓步去受审。

武则天知道徐有功被酷吏陷害，但也讨厌徐有功总是拿法律阻止她诛杀异己于是召见徐有功，说："你办案件为什么总是'失出'（重罪轻判）？"徐有功回答很巧妙："失出，臣之小过；好生，圣人之大德。"武则天也不想杀徐有功，于是判处流放。不久武则天又召回徐有功，仍然让他当法官。

玄宗开元二年，唐玄宗李隆基为了表彰徐有功用法平直的功德，擢升他的儿子徐伦为大理司直。因徐有功冒死相救才得以全活下来的德妃一家也早已平反，德妃的侄子窦希瑊请求皇上将自己的官爵让给徐伦以报答徐有功的恩德，于是徐伦又擢升为申王府司马。此时徐有功已去世十五年了。

徐有功在酷吏当权的十多年里，多次与酷吏斗法，三次被判处死刑，多次被罢官免职，但他坚持平反冤案数百件，挽救了数以万计的人命。当时被人们誉为了不起的法官。

◎ 在朝堂上劝武则天节欲的大臣

　　武则天开创了一个空前绝后的女人为帝的时代。她手执大权，统领万民，一旦摘下帝王的桂冠，她不过是一个女人，有着正常女人的情感需要。

　　武则天拥有不少男宠，上至士大夫、下到和尚，似乎她对于男宠的选择并没有特定的身份要求，只要能博得她的欢心，让她尝到做女人的极致快乐，就已足矣。在众多的男宠里面，可称得上是佼佼者的，就是薛怀义、沈南蓼、张易之及张昌宗这几位了。武则天与这几位男宠的关系也颇有几段渊源，如同任何一位皇帝拥有三宫六院七十二妃一样，武则天作为女皇设立了名为"控鹤府"的机构，大量圈养貌美男人和轻薄文人，这些人中，最高长官是张易之，地位相当于皇后。在张易之的精心打理下，"控鹤府"男宠日益增多。狄仁杰上奏，要求其撤除淫乱后宫的"控鹤府"，武则天只好撤除了"控鹤府"，实际上只是把"控鹤府"改为"奉震府"，继续由张易之、张宗昌兄弟管理。"奉震府"的服务内容逐渐增加了曲宴供奉。一时间，男人涂脂抹粉，邀宠吃醋，陪女皇玩"榕蒲戏"或说笑话，这在中国古代历史上是空前绝后的。

　　泡在美男堆里的武则天，虽然处在七十多岁的古稀之年，也经不住美色的诱惑，经常在张昌宗、张易之兄弟和诸武的陪侍下，通宵筵宴。长此以往，她的身体肯定是受不了的。

大臣们知道，谁劝谁倒霉，因为这是一个非常敏感的话题，一不小心，说不定就会招来祸端，并丢了性命，甚至祸及九族。

就在其他大臣沉默的时候，大名鼎鼎的狄仁杰出场了。不过话说回来，满朝文武也只有他出场才会有效果。很多电视剧描述狄仁杰与武则天的关系如何非比寻常，《护国良相》里更是把二人写成了人前玩笑打趣的朋友，这样的描述虽然有些夸张，但也多少符合史实。公元 700 年狄仁杰去世时，武则天令朝廷哀悼三天，她一把鼻涕一把泪地哭着说："朝堂空矣！"足见她对狄仁杰的倚重和信任。

而且，狄仁杰和武则天还是老乡，都是山西人，前者在并州（今天的太原），后者在文水，两地相距不算太远。不过狄仁杰成为武则天最信任的大臣不是因为二人的同乡关系，而是因为他的卓越才干和刚直不阿的性格。

唐高宗仪凤年间，狄仁杰升任大理丞。这是专管司法的官职，狄仁杰到任后处理了前任遗留下来的众多案件，牵涉的人有一万七千名之多，其中没有一人上诉申冤，展示出了惊人的断案能力，一时名声大振，成为朝野推崇备至的大神探。而且他正直清廉的为官风格，也受到百姓称颂。不久，狄仁杰被唐高宗任命为侍御史，负责审讯案件，纠劾百官。狄仁杰任职期间，恪守职责，对一些巧媚逢迎、恃宠怙权的权要进行弹劾。

垂拱四年（688 年），博州刺史琅琊王李冲起兵，反对武则天当政，豫州刺史越王李贞起兵响应，武则天平定了这次宗室叛乱后，派狄仁杰出任豫州刺史。当时，受越王株连的有几千人。狄仁杰深知大多数黎民百姓都是被迫在越王军中服役的，因此，上疏武则天说："此辈咸非本心，伏望哀其诖误。"武则天听从了他的建议，特赦了这批死囚，改杀为流放，安抚了百姓，稳定了豫州的局势。

狄仁杰的社会声望不断提高，武则天为了表彰他的功绩，赐给他紫袍、龟带，并亲自在紫袍上写了"敷政木，守清勤，升显位，励相臣"十二个金字。神功元年（697年）十月，狄仁杰被武则天召回朝中，官拜鸾台侍郎、同凤阁鸾台平章事，加银青光禄大夫，兼纳言，恢复了宰相职务，成为辅佐武则天掌握国家大权的左膀右臂。

在狄仁杰为相的几年中，武则天对他的信任与器重是其他大臣莫及的，她常称狄仁杰为"国老"而不直呼其名。狄仁杰喜欢面引廷诤，武则天"每屈意从之"。狄仁杰曾多次以年老告退，武则天不许。狄仁杰入宫奏事的时候，武则天常阻止狄仁杰跪拜。武则天曾告诫朝中官吏："自非军国大事，勿以烦公。"

基于武则天对他的欣赏和信任，狄仁杰本来也是个负责任的人，他对百姓如此，对皇帝也是如此。看到武则天沉溺在温柔乡里，狄仁杰自然有话说。他原先曾逼着武则天撤除秽乱深宫的"控鹤监"，这次他又硬着脖子对武则天说："臣过去请撤'控鹤监'，不在虚名而在实际，今天'控鹤监'的名虽已除去，但二张仍在陛下左右，实在有累皇上的盛名，皇上志在千秋，留此污点，殊为可惜，愿罢去二张，离他们越远越好。"

武则天听后没有大怒，只是转弯抹角地加以解释："我早已知道你是忠正老臣，所以把国家的重任委托给你。但这件事情你特别不宜过问，因为我嬖幸二张，实际是为了修养身体。我过去躬奉先帝，生育过繁，血气衰耗已竭，因而病魔时相缠绕，虽然经常服食参茸之类的补剂，但效果不大。沈南璆说：'血气之衰，非药石所能为力，只有采取元阳，以培根本，才能阴阳合而血气充足！'我原也以为这话虚妄，试行了一下，不久血气渐旺，精神渐充，这绝不是骗你的，我有两个牙齿重新长出来就是证明。"说完把两个刚长出来的牙齿露给狄仁杰看。

狄仁杰一听她把这事上升到"保重龙体"的高度，就不好再反对，他仍不屈不挠地说："游养圣躬，也宜调节适度，恣情纵欲，适足贻害，但我知道陛下不会像历史上的秦、胡二皇后，希陛下莫再添男宠以损圣体。"

武则天和颜悦色地说："你讲的是金玉良言，今后我一定会有所收敛的！"

可以想象，一位是辅弼之臣，一位是大周皇帝，竟在朝堂之上公然辩论如此敏感的话题，可以说是千古少见。想想从前连皇帝丈夫都不怕的武则天，竟然在狄仁杰面前没了霸气，足见女皇对他的敬重。

不过，食色性也，武则天完全戒色是不可能的。狄仁杰去世后，年逾八旬的她生活更加随心所欲，这使她丧失了对朝廷时局的敏锐与警觉，导致自己在兵变中被迫退位，由此结束了大周王朝。

◎ 被皇帝劝导受贿的宰相陆贽

在唐代，有一位皇帝循循善诱地对宰相说：受点贿也没什么大不了的。这位清廉正直的宰相不仅不领情，而且义正词严地给皇帝讲了一番反腐倡廉的大道理。换言之，给其上了一节廉政教育的课，让皇帝讨了个没趣。

这位皇帝，是唐朝第十代皇帝唐德宗李适；这位宰相，便是时任中书侍郎、同平章事的陆贽，人称内相。

《资治通鉴》载，唐德宗时，宰相陆贽为政清廉，从来不收受任何馈赠。他与地方藩镇官员交往中从不言利，分外之财分毫不取。

陆贽的母亲去世，在三年的丁忧期间，各地藩镇纷纷赠送厚礼，数量达几百份，他硬是一份没收。对此，一些想通过送礼巴结他的地方官员抱怨他不近人情。

这种声音传到皇帝的耳朵里，唐德宗也觉得陆贽"清慎太过"，私下对陆贽说："卿清慎太过，诸道馈遗，一概拒绝，恐事情不通，如鞭靴之类，受亦无伤。"意思是说，你太过于清廉和谨慎了，各道州府到长安来，送给你一些礼物，是人之常情，你全都拒之门外，一律不受，这是不合乎情理的。其实，如果送你一根马鞭，一双皮靴之类，收下了，也是无伤大雅的。

历朝历代的皇帝，像唐德宗这样明目张胆地"恩准"掌管朝政的宰相腐化堕落者非常少见。他连表面文章也不做，等于告诉陆贽可以收受贿赂，的确有教唆的意味。

李适为什么要如此这般地诱使臣下纳贿呢？因为他本人就是聚敛无度、永无厌足的贪君。他除了国库以外，还设"琼林""大盈"两座私库，储藏群臣进贡的财物。这就是所谓的"城中好高髻，四方高一丈，城中好广眉，四方且半额，城中好大袖，四方全匹帛"（《后汉书·马援传》）。于是，上行下效，地方官员也在正税以外，用"羡余"的名义，向老百姓横征暴敛，以至到了"是岁江南旱，衢州人食人"的民不聊生的地步。

唐德宗那番劝导的话，对当时腐败丛生的官场来说，确实也是实话实说。

皇上的话是什么？是圣谕，是谕旨。皇上恩准了的事情，照办就是了，决不会出什么问题的。按照这种常理，陆贽有了皇上御批，就可大着胆子收礼吧。即便收"大"了，收多了，有挡箭牌挡着——皇上允准的！这可是"受贿有理"的尚方宝剑啊！多好的机会。退一步说，即使为臣者坚持自己为官的原则，也不必表态，弄得皇帝下不了台，以后照旧不收就是了。

不料陆贽当时反驳说："监临受贿，盈尺有刑，至于士吏之微，尚当严禁，矧居风化之首，反可通行。利于小者必害于大，贿道一开，辗转滋甚，鞭靴不已，必及衣裘，衣裘不及，必及金璧……已与交私，何能中绝其意，是以涓流不绝，溪壑成灾矣！"并一针见血地指出："伤风害礼，莫甚于私；暴物残人，莫大于赂。"

唐德宗被陆贽驳得哑口无言。没过多久，这样一位好搜刮的皇帝，觉得清廉的陆贽实在碍手碍脚，加之陆贽不肯与其同流合污，又有小人之辈裴延龄屡进谗言，陆贽最后被贬出朝廷，外放了。等到唐德宗驾崩，他的儿子顺宗即位，才体会到当年陆贽和他老子在反腐倡廉问题上唱对台戏，颇有远见卓识，是何等的不容易，于是连忙下诏召其回朝廷任职。但不幸的是，诏书未至，一代名相已辞世了，享年五十二岁。

陆贽的品德风范和学识才能，深得当时和后人的称赞。权德舆把他比作汉代的贾谊，苏轼认为他有"王佐""帝师"之才，文辩智术超过汉代的张良。苏轼惋惜陆贽生不逢时、仕不遇主。他认为如果唐德宗能听从陆贽的忠谏疏议，那么"贞观之治"盛世就可再次出现。陆贽为国为民赤胆忠心，勤政廉洁的为官作风、崇高的道德情操，在历史上留下了不朽英名。

◎ 为什么包拯世代受人崇敬

包拯，即后世所称包公。论官职，他无法与同朝名相寇准相比；论作为，他无法与有"十一世纪的改革家"之称的王安石相比；论文才，他无法与"三苏"相比。然而，在千百年来的民众心中，包拯是任何人无法比拟的。寇准、王安石、苏轼的结局都比较惨淡，唯独包拯结局很美好。而且，他在后世，被褒誉的程度越来越高。这在中国古代历史上的确是个奇特的现象。

在民间传说中，包拯尽忠尽孝、惩恶扬善、明察善断、解民疾苦、廉洁奉公，几乎集所有美德于一身。那么，真实的包拯又是怎样的？他的事迹又是怎样流传演化的呢？

包拯（999—1062年），字希仁，安徽合肥人，民间称其为包公、包青天，还被戏称为包黑子。历史上的包拯与戏剧中人物形象有很大不同，他没有做过宰相，也没有那么多神奇的故事，的确为官清廉、刚正不阿，敢于冒犯权贵。

包拯初入仕途时，曾因父母年老不便远行，先后辞掉建昌（江西永修）、和州（安徽和县）税官等职。双亲去世后，他在乡亲的劝说下入仕为官，出任天长县知县。在天长县破了在电视剧中演绎的"牛舌案"，之后升任端州（广东肇庆）知州、监察御史。在御史任上，包拯上书皇帝阻止了贵妃张氏的伯父张尧佐出任节度使、宣徽使，并提出了"练兵选将，务实边备"抵御契丹的应对之策。包拯在被任命为天章阁待制、知谏院时，他要求废止一切由皇帝从宫里下达的加官晋爵的恩命，并且抄录魏征的三项奏疏放在皇帝的座旁作为警戒。之后，包拯历任龙图阁直学士、开封知府、三司使、枢密副使、枢密使、礼部侍郎、尚书省右司郎中等职。他在朝刚强果断，皇亲贵戚都怕他，人们把包拯的笑比作"黄河清"一样难得，连妇女儿童都知道他的名字，京师流传民谣说"关节不到，有阎罗包老"。1062年，包拯因病去世，享年64岁，朝廷追赠他为礼部尚书，谥号"孝肃"。

包拯去世不久，作为艺术形象的"包公"就在话本小说里出现了。

宋朝建立以后，对土地进行集约化管理，农作物产量大幅提高，大批富余劳动力涌向城市，促进了工商业的蓬勃发展，新兴的市民阶层产生。市民阶层所特有的精神生活和审美情趣，促成了包括"说话"（"说书"艺术的雏形）等文艺形式的兴起。而"说话"的依据就是"话本小说"。话本小说中占有很大比例的是"公案小说",其中就有"包公案",如《合同文字记》和《三现身包龙图断冤》。前者讲述发生在灾年之后的财产纠纷案,经过包公调查核实后协调解决;后者讲述恩将仇报、通奸杀夫的案件,包公依靠鬼魂申冤和破解字谜捉拿凶手。这些话本是由"说话"艺人说出来的,而不是文人作家创作的。这一时期的包公艺术形象虽然不够丰富和完美,但它却是包公从历史人物向文学人物的转型、进而成为后来包公艺术形象的基础。

到了明代,特别是明代中后期,与包公有关的小说得到了空前发展和繁荣。在流传较广的十几部短篇公案小说集中,《百家公案》和《龙图公案》描写了100则包公破案的故事。这两个小说集把许多与包公并不相干的断案故事汇集于他的名下,包公成了一个集侦破、审讯、判决于一身的不畏权贵的清官。至此,包公的形象变得丰满与生动。

进入清代后,随着文学的发展,公案小说向章回化、长篇化发展,包公小说也不例外。《龙图耳录》及据此改编的长篇章回小说《三侠五义》《七侠五义》和《小五义》就成形于这一时期。公案小说宣告完成了它的历史使命。

文学的发展轨迹从来不是单行道。用文学手法表现包公形象的形式是由话本到小说,而用艺术手法则是以杂剧的形式。据考证,早在宋末元初,周密所著《武林旧事》中的宋官本杂剧就是最早的包公戏的剧本。到了元代,民族压迫、阶级剥削空前严重,百姓渴望为民做主的清官出现,于是包公的形象开始在舞台上鲜活起来。据专家统计,元杂剧剧目有六七百种,今存本162种,其中,有关包公的有11种。在这些杂剧中,包公不单是审断人间的冤狱奇案的清官,就连阴曹地府的案子也要审理,如《叮叮当当盆儿鬼》。同时,剧本把包公刻画得日益睿智、机敏。如关汉卿的《包待制智斩鲁斋郎》中，为了瞒过皇帝，包公将案犯"鲁斋郎"的名字改为"魚斋即"，等到准斩的圣旨批下后，包公将三个字添上几笔，然后杀了鲁斋郎。元杂剧所体现出的艺术性和思想性是极具进步意义的。它塑造了包公性格的基调，为包公戏的发展奠定了基础。

包公戏在明代继续发展，不过这一时期流行的剧目有所减少，题材范围也相对缩小，往往局限于审理家庭纠纷。到了清朝，各种社会矛盾难以调和，百姓需要一些替天行道的侠客出现，于是就产生了融入新内容的包公戏，包公的身边逐渐出现了大侠。

包拯作为一个封建时代比较正直清廉的好官，曾做过一些有益于人民的好事，对这样一个历史人物，其历史地位是值得肯定的，但历史上的包拯确实没有那么神。长期以来人民群众受尽赃官酷吏、权豪势家的欺压凌辱，希望有为民伸冤的清官，再加上历史上清官屈指可数，人们在绝望中企盼，呼唤"青天大老爷"；封建统治者为其长治久安，也希望有维护其封建秩序的"良吏"作为楷模笼络民心，缓和阶级矛盾。这样，"包青天"的艺术形象应运而生，包公戏越编越多，人们越传越神，一直到今而不绝。

◎ 北宋时期的"白脸青天"

很多人知道黑脸青天包拯，殊不知北宋时期还有个白脸青天，他就是陈希亮。

陈希亮，字公弼，北宋时期眉州青神（今属四川）人，原籍京兆（今陕西西安市），其祖上三代不曾入仕。陈希亮年幼丧父，饱尝了世态炎凉，幼年的不幸造就了他过人的胆识和理政的才华，养成了他体恤民众的爱心。陈希亮的哥哥是个性情褊狭的人，存心侵吞全部家产。陈希亮十六岁时，决定外出寻师，专攻学问，哥哥却借机霸占了家中的田园房产，只将乡邻们的借款账单交给他。陈希亮到了债户家了解到，债户因穷苦还不起钱，如果硬逼着债户还钱，那些债户就会家破人亡。于是他自作主张，当众将债券付之一炬。然后背起书篓行囊，不远千里寻师访友。

多年后，捷报传来，陈希亮金榜题名、进士及第。这时，哥哥年事已高，身体较差，两个侄儿陈庸、陈渝尚未成人。陈希亮不计前嫌，服侍兄长，教养侄儿。后来，两个侄儿也高中进士。乡亲们钦佩陈希亮的为人，亲切地称他的家门为"三俊"。

陈希亮为官30年，忠于职守，用自己的言行书写"白面青天"的传奇故事。

长沙县有一个和尚，号称海印国师，他与当时垂帘听政的刘太后关系密切。他勾结当朝权贵，仗势欺人，掠夺长沙县百姓的田产，当地百姓、地方官敢怒而不敢言。初到长沙的陈希亮不仅没有巴结这位连朝中权贵都设法套近乎的海印国师，而且决定依法除掉这个恶僧，以解百姓的心头之恨。他多次走访百姓，一丝不苟地调查海印国师的犯罪事实。在查获其犯罪证据后，陈希亮毫不手软地逮捕了海印国师，将他绳之以法，并按法律程序予以判决，除掉了引起长沙县公愤的一大祸害，百姓十分感激他，称赞他为"陈青天"。因为陈希亮是书生从政，所以大家又称他为"白面青天"。

在查办海印和尚后，陈希亮还处理了一起"郴州竹场伪券疑案"。案情是这样的：郴州竹场有人伪造缴纳租税凭证，事情被官府察觉后，持有伪造的缴纳租税凭证的人有口难辩，结果被官府打入死牢。陈希亮明察此人无罪，释放了他，不久果然追查到真正伪造凭证的案犯。

因办理"郴州竹场伪券疑案"有功，宋仁宗特赐陈希亮五品官服，而他的"白面青天"的美名也传得更加响亮。

陈希亮后来又升为殿中丞，调转主管鄂县政事。当地的巫师每年搜刮百姓的钱财祭鬼，把这叫作"春斋"，他们说不这样做就会发生火灾。百姓谣传有穿红衣的三个老人带来火灾。陈希亮禁止这项活动，百姓不敢犯禁，火灾也没有发生。陈希亮毁掉的不合礼制的祠堂上百个，勒令巫师成为农民的有七十多名。

陈希亮不仅是一位为百姓称颂的白脸青天，还是中国古代著名的桥梁专家。在我国古代艺术瑰宝《清明上河图》中，可以看到一座宛若彩虹、飞架汴河两岸的虹桥。最早设计这种虹桥的人，就是陈希亮。

北宋时，汴河改道流往宿州（今安徽宿县），汴河之桥被洪水冲毁。当时在宿州的陈希亮亲自设计建造了一座横跨汴河、用巨木架空而成的"飞桥"，既便利行船，又消除了过去"水与桥争"之患。为此，朝廷下诏褒扬陈希亮，并推广此"飞桥"建造法。这种建桥法是当时世界桥梁建造史上绝无仅有的。

陈希亮母亲去世后，他服丧期满做开封府司录司事。青州有个文士叫赵禹，关心国家大事，上书朝廷，说西夏首领李元昊一定反叛，希望朝廷早做防范。当朝宰相认为赵禹乱说，把他流放到建州。不久李元昊果然称帝建国，自号大夏，起兵叛宋。赵禹诉告所属的官府，官府不接收他的案子，他逃到京城自己申辩，宰相怕当年的事情暴露而惹皇帝生气，把他下到开封狱中。正在开封府任职的陈希亮接到案宗后，从忠君爱国的目的出发为赵禹辩护。经过他的一再辩论，赵禹终于得以无罪释放，还被委任为徐州的推官。"白面青天"的美名又一次远扬。

陈希亮身材矮小、清瘦，为人刚直，面木颜冷，两眼澄澈如水，说话斩钉截铁，常常当面指责别人的过错，不留情面。所以，士大夫宴游间，但闻陈希亮到来，立刻阖座肃然，语笑寡味，饮酒不乐。他对待僚属自然更加严厉，竟然有很多人被吓得对他不敢仰视。

开封皇城有个叫沈元吉的人，自恃皇亲国戚的身份，横行乡里，称霸一方。一天，他闯进一户农家，见女主人颇有姿色，竟然当着男主人的面强行非礼。男主人反抗时，沈元吉竟将其活活打死。案发后，开封府逮捕了沈元吉，并交由陈希亮主持审理此案。仗势欺人的沈元吉早就听闻陈希亮的大名，因承受不了陈希亮的威严，竟然被吓死在了大堂之上。

陈希亮如此正直，那些王公贵人千方百计要除掉他。沈元吉一死，当地一帮恶少，纷纷出谋划策，鼓动沈元吉的妻子上告。宋仁宗迫于皇亲的压力，只得下令弹劾陈希亮以及几位办事的官吏。陈希亮把罪责归在自己身上，说："杀死这个坏人的唯独我一人。"他因此而被罢官。

一年后，名臣富弼推荐陈希亮到房州（今湖北房县）任职。陈希亮到房州不久处置一起张元家属案，不但释放了无辜的百姓，还使皇帝改变了主意。西夏叛宋后，有人说张元西行夏州，当了李元昊的谋臣。宋仁宗下令将张元家族中的老老少少百余人全部抓了起来。陈希亮连夜秉笔直书，向宋仁宗进谏："张元通敌之事还未得到证实，不应该贸然行动。现在皇上要将其族人赶尽杀绝，这岂不是反而坚定了张元为敌国效力的决心吗？即使张元真的投降了敌国，他连自己的国家都不顾，还会顾及自己的族人吗？陛下还是开恩赦他们无罪吧！"宋仁宗看信后觉得陈希亮言之有理，下令释放了张元族人。当房州府内当堂宣读诏书时，受张元牵连的张氏百余人跪在陈希亮的跟前，个个泪如泉涌，呼喊着"陈青天，青天大老爷"。这批族人回归家乡，还特地绘制陈希亮的画像挂在他们的族祠中。

宋英宗即位后，陈希亮退官归隐。不久即病逝，终年 64 岁。朝廷追赠陈希亮为工部侍郎，其遗作有《陈希亮文集》10 卷，以及《钩易图辨》《制器尚象论》等。《宋史》称其："为政严而不残，不愧为清官良吏。"

◎ 况钟与"十五贯"案

1956 年，浙江省推出昆剧《十五贯》，《人民日报》发表题为《从"一出戏救活了一个剧种"谈起》的社论。同年，昆剧《十五贯》被摄制成彩色戏曲艺术影片。随后，此剧被诸多剧种广泛移植。这样，又一个清官——况钟被人们广泛认识和熟悉。

《十五贯》的剧情梗概是这样的：

无锡县一肉铺老板尤葫芦借得十五贯本钱做生意，他对继女苏戌娟开玩笑说是卖她的身价钱，苏戍娟信以为真，当夜逃走。深夜，赌徒地痞娄阿鼠闯进尤家，为还赌债盗走十五贯钱并杀死尤葫芦，过后反诬告苏戍娟犯了谋财杀父罪。客商陶复朱的伙计熊友兰，带着十五贯铜钱前往常州办货，途中遇到苏戍娟问路，二人因此顺路同行。邻人差役追至，见苏、熊二人男女同行，又见熊友兰所带之钱正好十五贯，怀疑他是凶手，于是两人被扭送到县衙见官。无锡知县过于执拗，主观臆断，错将苏、熊二人以通奸谋杀罪判成死刑。常州知府轻信无锡知县的原判，草率定案。苏州知府况钟在监斩时觉得案中有冤，力争将案犯缓斩。他经过详细调查，发现娄阿鼠诬告的破绽，继而又乔装为算命先生，套出娄阿鼠杀人的口供，最后将娄阿鼠带回县衙，升堂问罪，澄清了黑白是非，最终使杀人者伏法，蒙冤者昭雪。

故事非常感人，但历史上的况钟是否真的断过"十五贯"这个案子呢？有的专家曾经认真考证过这个问题，主要从这三方面来看：

其一，剧中的十五贯钱是铜钱，不是纸钞，一贯是一千枚铜钱，作为金属货币，十五贯钱的重量不是常人所能负载的，尤葫芦喝醉了酒应该是背不动的。那位年轻后生将十五贯钱背在背上长途跋涉（剧中并没有提到车子、骡马等代步工具），还要一路照顾萍水相逢的小女子，其艰难程度可想而知。

其二，除了小说、戏剧、民间传说之外，没有任何史料可以证明况钟确实断过"十五贯"疑案。

其三，苏、熊二人是在无锡县被判死刑，经过常州府复审的人犯，是不大可能到苏州府来问斩的，更不可能由苏州府知府况钟来监斩。

以此看来，《十五贯》传奇有可能是从艺术创作的角度出发，结合历史素材，采集部分民间传说，综合整理而成的，历史上的况钟与这个传奇故事没有必然的联系。

历史上确有况钟其人，他不仅是一位清正廉明、机警干练的能吏，也是一位深得老百姓拥戴的明代大臣。

况钟（1384—1443年），字伯律，号如愚。由于他资性颖异，且勤于学，而且"秉心方直，律己清严，习知理义，处事明敏"，年轻时被县令俞益选用为礼曹吏员。九年任满后又被荐至礼部，经永乐帝面测，任为礼部六品主事。在九年的任期中，由于他勤谨廉洁、博识干练，又任劳任怨，极得朝廷赏识（仅永乐帝的奖赐就有31次之多），升为仪制司四品郎中，宣德五年（1430年）又特选他担任当时"天下第一剧繁难治"的苏州知府之职。

苏州是一个繁华富庶的地方，这里主办织造的太监，往来于沿江沿海的卫所军官，地方的乡宦豪富，都是权势显赫、违法害民的豪强。况钟刚正不阿，不向宦官、豪强低头，对欺压人民、横行不法的宦官、豪强均予以坚决的打击。况钟又对苏州府管辖下的官吏进行考核，"出贪墨者五人，庸懦者十余人。郡中不寒而栗"。他这种不畏权势、伸张正义的行为为世人所称颂。冯梦龙《警世通言》有一篇《况太守断死孩儿》，赞扬"况青天折狱似神"。《明史》记载况钟"兴利除害，不遗余力。锄豪强，植良善，民奉之若神"。周述说他"击锄豪强，赈恒穷困"。连批评他是"轻听躁动之人"的沈德符，也不得不肯定他"能抑豪强"而得到人民的称誉。

他还与江西巡抚周忱悉心计划，奏减苏州府税粮70余万石，并建义仓，均徭役，疏免军户，招复流民，兴修水利，发展生产。况钟赴京后，因任期满要升官，苏州人民几万人上书挽留，要求况钟回苏州。因此，况钟三次回苏州任知府。因受百姓爱戴并挽留，况钟任苏州知府达 13 年之久，官阶升至正三品——这在明代历史上绝无仅有。

正统七年（1442 年）十二月，况钟病死在苏州任所，终年六十岁。况钟灵柩被运回江西时，"民多垂泣送其柩归"。运载况钟灵柩的船中，"惟书籍，服用器物而已，别无所有"。苏州府所属七县，都为他立了祠堂。

百姓为纪念这位清官，专门在苏州郡学内修建了况公祠，后又将纪念陆绩的"廉石"也搬到了况公祠旁。这些后来都毁于战火。

第五章 从古代军事将领中，看心理与性格色彩

历史上朝代的更迭中少不了战争，战争总是决定一个朝代结束与继续最直接、最粗暴和最简单的手段。这个过程中涌现出许多名将，他们靠着自己的谋略与勇气，在一次又一次敌众我寡、形势严峻的战争中获胜。在这些辉煌的背后，他们也都有不为人知的另一面。

◎ 倒行逆施的"忠良"伍子胥

伍子胥（？—前 484 年），春秋末期吴国大夫、军事家、谋略家。名员，字子胥，本为楚国人。他性格刚强，青少年时，即好文习武，勇而多谋。周景王二十三年（前 522 年），因费无极的陷害，楚平王怀疑太子"外交诸侯，将入为乱"，于是迁怒于太子太傅伍奢，将伍子胥的父、兄骗到郢都杀害，伍子胥只身逃往吴国。

六年之后（前 516 年），楚平王病死，其子熊壬（又名轸）继位，是为楚昭王。闻此消息，伍子胥捶胸痛哭，他失去了向楚平王面对面复仇的机会。随后，他竟将一腔仇恨指向整个楚国。

第二年，他协助公子光发动政变，把吴王僚刺死。公子光继位，即吴王阖闾。伍子胥出任相国。伍子胥没有请求阖闾出兵攻打楚国，他并不只是想打几个胜仗而已，而是要把楚国彻底摧毁。在春秋末期，楚国是一个强国。就其疆域而言，楚国占有今河南、安徽南部，湖北、湖南大部，是其他诸侯强国不能相比的；就其军事实力来说，即使是当时同样强大的晋国和秦国也不敢觊觎侵占楚国城邑，更不敢奢望彻底打败楚国。当时的吴国，不过是一个名不见经传的小国。为此，伍子胥必须让吴国更加强大。

为了复仇，伍子胥以极大的热情建设这个一切草创的国家。他亲自设计、建造了都城姑苏，请孙武帮助他训练军队，招集良工巧匠发展兵器工业（干将、莫邪，这两把旷世名剑就诞生于此时）……

这时，伯嚭（他是费无极另一次夺权阴谋中的受害者）从楚国逃亡到吴国，投奔伍子胥。同病相怜的伍子胥向吴王推荐了他。当时就有人提出警告：伯嚭"鹰视虎步"，是个为追求功利而不择手段的人，伍子胥听不进去，他太需要与他同心复仇的战友了。

当伍子胥再次出现在政治舞台上，楚国君臣想起了他逃亡时的誓言。他们怨恨给楚国制造可怕敌人的费无极，将其全家杀害。但是这一迟来的正义，并不能平息伍子胥心中的仇恨。

经过十年的精心策划和准备，公元前506年——距伍奢被杀、伍子胥过昭关十六年——吴国向楚国发动大规模总攻，吴王阖闾自任统帅，伍子胥担任总参谋长。从姑苏到郢都直线距离八百公里，吴国水军分别沿长江、淮河逆流而上，陆军则从昭关向西挺进，三路大军节节胜利，不久进抵楚国都城郢都，楚昭王逃走。郢都没有了楚王及守军，自然不攻自破。吴军攻入郢都后，伍子胥因不能手刃仇人而切齿不已。他带兵洗劫楚国国库，淫乱楚国后宫，拆了楚国宗庙；带领身边的人分据诸大夫的家，淫人妻女以示侮辱；此后掘了楚平王的墓，鞭尸三百，手抉其目，又割下了楚平王的头，并把衣物棺木连同尸骨弃于荒野。

伍子胥在楚国时的好友申包胥逃亡到山中，派人送信给子胥说："你这样报仇，是不是太过分了！我听说，人众者胜天，天定亦能破人。你过去是平王之臣，曾经向他表示过忠顺，现在却如此报复，这岂不是太违背天道了？"伍子胥回信说："吾日暮途远，吾故倒行而逆施之。"意思是：我已经老了，日子有限，我急于报仇，没有别的办法，只能不择手段，倒行逆施了。

伍子胥带兵攻克楚国后不得人心的做法使吴军在楚国处于人人喊打的境地，甚至连秦国也看不下去，终于发兵击败了吴军，此时伍子胥才撤兵回到吴国。

复仇是快意的，可是代价太大了，十六年来，伍子胥把自己变成了一个冷酷杀手，把对费无极和楚平王的私仇迁怒于整个楚国臣民身上，把曾经的故国变成了一片废墟，他的复仇暴行背后是无数生命的丧失、无数家庭的毁灭。"倒行逆施"的自我鉴定，是伍子胥从被仇恨扭曲的心灵深处对自己行为的否定。如果不是复仇的欲望如此强烈，他不可能走到这一步。

伍子胥虽是一个有才干的人，但他自始至终算不上忠良。他屡次用忠义之名鼓动别人慷慨赴死，并在吴国不止一次地让吴公子们玩弑君弑父的血腥游戏，最终只不过是为了他的私仇和私利。实际上，阖闾和夫差应该对伍子胥的为人看得很透彻，只怕他们父子二人从来没有把伍子胥看成是"忠良"之臣。后来伯嚭向夫差进谗陷害伍子胥，之所以能轻易得手，与此不无关系。在君王的心中，真正意义上的忠良，是忠君忠主的臣子，而不是伍子胥这种屡屡谋划参与弑君、弑父、弑兄阴谋的政客。虽然他确实很有政治才干，但是却难以赢得君主真正的信任。

伍子胥对夫差提出的战略建议，当然是正确的，这更多是说明他有战略眼光，并不能充分证明他的"忠良"。假如他真的感激吴王阖闾的知遇之恩，就该全心全意地辅佐他的儿子，与夫差共进退、同生死。但伍子胥没有这样做，夫差否决了他的建议后，伍子胥把儿子送往齐国。这不啻于自己制造了叛国之口实。这样一来，吴王夫差也就只能杀了他。临死前，伍子胥还要求把自己的坟墓建在越军进攻吴国的必经之地，把眼睛悬挂在吴国都城的东门上，以观望吴国的失败。这时，伍子胥已经把阖闾对他的知遇之恩完全抛在脑后，就像个怨妇被抛弃后歇斯底里的表现。纵观古代忠良，比干剖心，但未诅咒殷商之覆灭；岳飞屈死风波亭，而报国之心未减。伍子胥的作为让后世读史者脊背发凉：人心之恶毒真会让一个人变得如此疯狂。

◎ 西汉幸运儿卫青的不幸

西汉军事家、常胜将军卫青，本是平阳公主家奴的私生子，机缘巧合，因姐姐被天子宠幸，而得以跻身行伍，成为带兵打仗的将军。然后凭借自身的勇敢和智慧，一举解除了匈奴对大汉 70 多年的威胁，立下赫赫战功。不仅实现了自古武将马上封侯的理想，而且娶了原先的主人平阳公主。更为难得的是，在猜忌多疑的汉武帝手下，竟能保住侯位，得以善终，最终配享茂陵，建墓如庐山，可谓生荣死哀了。从这些角度来看，他可以称得上一位幸运儿。然而，透过幸运的背后，却不难发现，这位幸运儿身上，其实也有着深深的不幸。

抛开他小时候所遭受的磨难不算，卫青的不幸，首先在于史家对他的评价。由于他的外戚身份，使他难以得到史家的公正评价。一句"卫青不败由天幸，李广无功缘数奇"，就将他的功绩抹杀殆尽。更何况还有"李广之死"，一直为后人所诟病，甚至把他看作嫉贤妒能、任人唯亲的小人。然而，真实的卫青果真如此吗？

实际上，这是人们的误解，误解的源头来自司马迁的《史记》。因为后世的史书无不以《史记》为蓝本，而司马迁却与李家交厚。即使他再公正，也难免有个人的感情因素。《史记》中司马迁破例给李广单独列传，而且写得惊天地、泣鬼神；立下不世奇功的卫青与霍去病却只合作一传，而且内容反差巨大。作者的偏心可见一斑。即便如此，透过《史记》的字里行间，还是不难得出客观的结论。

卫青与李广相比，论战绩功劳：卫青十年征战，自首次出征起，七战七捷，无一败绩，终于实现"漠南无王庭"的局面，可说是厥功甚伟。甚至卫青的存在，本身就是对敌人的震慑，以至于淮南王准备造反，首先派人行刺卫青。而李广出征，全军覆没就有两次，连一次能够封侯的战功都未能立下。"李广难封"，并不是皇帝吝啬，实在是他无功可封。论人品：在爱护士卒方面卫青丝毫不逊色于李广，而为人的宽宏大度，更是李广难比的。试看两例：第一，李广被免职赋闲时，曾因自身行为不检点，被灞陵卫所执。其实灞陵卫不过是尽职而已。但李广复职后，却将灞陵卫招至帐下公报私仇，将其杀死。第二，李广的儿子李敢因父亲自杀而怨恨卫青，寻机报复，击伤卫青。以卫青的地位，他完全可以合法地致李敢于死地，但卫青却将该事隐瞒下来。从这两件事上看，二人的为人就高下立判。司马迁虽然在《卫将军骠骑列传》中十分吝啬对卫青的评价，但在其他章节里还是不得不借他人之口给出了"虽古之名将弗过也"的崇高评价。

再说卫青与李广的那段公案，仔细分析一下，卫青应该是无辜的。出征前，汉武帝就密谕卫青不要重用李广，这里其实也不排除有保护老将的意思。卫青不让李广做前将军，是遵从皇帝的旨意。有一种说法，说卫青嫉贤妒能，任人唯亲，为了让自己的好朋友公孙敖立功而把李广调开。但卫青在调走李广以后，没有史书记录让公孙敖做前将军。最重要的是，作为主帅，首先考虑的是战役的胜负，而不是谁立功的问题。卫青只有五万兵马，史书没有记载单于多少人，霍去病只打了一个左贤王就杀敌七万多人，由此可推断，卫青面对的大单于本部加上可能赶来援助的右贤王等，人数应该超过七万。这是一场以少打多的战斗，所以此时考虑的首要问题是如何打赢而不是谁立功。同时，漠北大战匈奴单于位置已明，前将军是多余的。前将军是在找不到对手的情况下打遭遇战才有作用，明知道对方集结了大量军队，还要派前将军进攻敌人主力，无异于送死。在这种情况下，卫青把李广调到右路其实是对李广的保护，在战术上也是正确的。

当时卫青兵分三路，命李广从右路迂回，命公孙贺从左路迂回，自己从中路挺进，先拖住单于，消耗对手的锐气，等到单于大军打累了，李广和公孙贺从两边突然出现，夹击并包围单于大军，聚而歼之。这是卫青最初的计划，而取胜的关键就在于李广和公孙贺两路奇兵。但是李广没来，只有公孙贺到了，幸亏卫青用武刚车保存了战斗力，加上天气的帮忙，才打赢了匈奴，因为李广没来，差一点输了整个战役，怪谁？难道怪卫青？卫青难道会想以更少的兵力来打败单于本部主力精兵？

在当时，迷路贻误军机是非常严重的罪行，事后卫青没有计较李广的过错，只是问他到底发生了什么事。而李广自出征以来，立功心切，本来就对未派自己正面迎敌一肚子的不满，加上迷路失机，不仅未能立功，还犯下重罪，其心情可想而知。他的自杀，既有对命运不公的悲叹，又有对自己迷路失机的羞愧。卫青在这件事情上，充其量也就是没有真切体会到老将的心情和处境，没有保护好老将。

至于说卫青想争李广的功劳，也是难以站得住脚的。卫青是汉军的最高军事统帅，李广的顶头上司。卫青的功劳等于什么？是全军功劳的总和，就算其他人全无功劳，就李广立功了，这个功劳也得算卫青一份。李广立功越大卫青功劳也越大，那么卫青不让李广立功有道理吗？何况以卫青受宠信的程度，即使李广功劳再大，本领再强，也不可能威胁到卫青的地位。

卫青的另一个不幸则在于皇帝对他的猜忌。

在历史上，汉武帝的猜忌多疑、喜怒无常是出了名的。卫青既是外戚又掌握兵权，更立下不世奇功，可以说多处犯了皇帝的大忌，他能得到善终实在是幸运。

卫青当了大将军的第二年，也就是元朔六年，又有了重大事件：汉武帝又发现了一个新的军事天才——霍去病。汉武帝太高兴了，原因有二：一是他发现了一个人才；二是他发现了一个可以抑制卫青的王牌。于是，霍去病马上成为最受宠爱的臣子，在短短的三年内，霍去病四次受封，功封万户侯。就在霍去病迅速蹿红的时候，卫青却沉寂了。最为明显的是元狩二年，霍去病一年之内三次出征攻打匈奴，屡立奇功。但是卫青整整一年没有出征。甚至霍去病死后，卫青也未能再获重用，此后的战争，武帝再未派卫青出征。而且在这期间的十几年里，卫青的三个儿子相继失去侯爵封号。

我们知道，将军的价值更多在于战场，如果将军不上战场，将军的价值就会大打折扣。卫青是个聪明人，对武帝的心思，看得一清二楚，一直默默地承受着一切，最后在元封五年去世了。

一代名将，生前既饱受皇帝的猜忌，死后又得不到后世的公正评价，这样的"幸运儿"既是幸运的，也是不幸的。

◎ 冯异的两顿饭和两个成语

冯异（？—34 年），字公孙，颍川父城（今河南宝丰东）人。东汉开国名将，位列"云台二十八将"之首。早年曾事王莽，后投入刘秀帐下，辅佐光武帝成就中兴大业。他统兵作战，战无不胜、攻无不克，为东汉王朝的建立立下了赫赫功勋。冯异为人谦逊，从不居功自傲。光武帝手下将领有时在一起互相争功，冯异并不与其争功，则独自在树下，得到了"大树将军"的美名。

作为一员大智大勇、战功赫赫的名将，冯异最为后人称道的却是两顿饭和两个成语。

公元 23 年 12 月末，一个名叫王郎的人，突然在邯郸称帝，宣称自己是成帝流落民间的儿子刘子舆。王郎四处张贴檄文，追杀代表汉更始政府的刘秀一行。王郎此招欺骗性极大，不到几天工夫，河北的地盘几乎全部成了王郎的天下。刘秀一行前功尽弃，甚至没有立锥之地，在一片通缉捉拿喊杀声中，为逃命而狂奔，犹如惊弓之鸟。

这天，寒风凛冽，大雪飞舞。他们逃到河北省饶阳县芜蒌亭（今河北省饶阳县东）时，天色已晚，大伙儿饥寒交迫、疲惫不堪，再也走不动了，刘秀下令就地歇息。

冯异等人四周寻找，觅到了一处破烂的茅草房，赶忙把刘秀搀扶进去。刘秀望着露天的屋顶，肚子饿得咕噜咕噜叫，心里想，要是有点吃的东西多好啊！在这前不着村、后不着店的鬼地方，哪里会有能吃的食物呢？他又为自己这不现实的想法苦笑了。

可是，不知过了多长时间，刘秀看见冯异捧着一只陶罐来到面前，他打开一看，是一罐热气腾腾的豆粥。刘秀一骨碌爬起来，下意识地问："哪来的？"也顾不上听冯异的回答，端起豆粥咕咚咕咚地猛喝，一气喝了个干净。

看着刘秀的舒心劲儿，冯异疲惫的脸上也露出了笑容。这是他气喘吁吁地跑了几里路，从一农户家讨要来的，全呈献给了刘秀，自己饿得头晕眼花，也没舍得尝一口！

芜蒌亭的这罐豆粥甘美无比，令刘秀终生难忘。第二天一早，刘秀对将领们道："昨天吃了冯异的豆粥，饥饿寒冷一扫而空，现在我还在回味那碗豆粥的味道呢。"

刘秀带领部队进至滹沱河边时，忽遇大风暴雨，全都成了"落汤鸡"。幸好河边有几间屋子，一行人便进去避雨。屋中有炉灶，冯异便抱来柴薪，邓禹生好炉子，让刘秀对着炉火烘干被淋湿的衣服。不一会儿，冯异从房子里找到了一点麦饭和菟肩（植物名，属葵类，可食），给刘秀做了一碗菟肩麦饭。冯异还找来了一堆菟丝草，编织了一件菟丝披肩，让刘秀御寒。

对于这一段君臣的患难经历，刘秀一直念念不忘。登基之后，刘秀还专门给冯异写信说："我时时记着当年将军在芜蒌亭端给我的豆粥，在滹沱河递给我的麦饭。这些深情厚谊，我至今还未报答呢！"

刘秀还专门为冯异创造了两个成语，更见证了两人不一般的交情。

建武三年，冯异率军西征，对峙于华阴，赤眉军佯败，在回溪之地大破冯军。冯异败回营寨后，重召散兵，派人混入赤眉军，然后内外夹攻，在崤底（今属河南省渑池县）之地大破赤眉军。事后，汉光武帝刘秀下诏慰劳说："在破降赤眉军的战斗中，你的官兵劳苦功高。你开始的时候，虽然在回溪坂垂下翅膀，但终于在渑池重振双翼。可以说，早上在东方失掉的东西，晚上却在西方获得。"这段话最末一句的原文是："可谓失之东隅，收之桑榆。"刘秀这饶有趣味的比喻，无意中创造了一个成语而流传千古。

之后，冯异又率部打败延岑等军阀势力，占领关中地区。冯异在关中三年，威望日著，于是便有人上书刘秀，说冯异在关中权势过重，号称"咸阳王"，将不利于汉室。刘秀特意派人将奏疏送给冯异看，还下诏安慰冯异说："将军之于国家，义为君臣，恩犹父子。何嫌何疑，而有惧意？"建武六年（30 年）正月，冯异入京朝见刘秀。刘秀为了改变文武百官对冯异的看法，就挽着冯异的手走下金殿，给大家介绍：冯异是"我起兵时主簿也，为吾披荆棘，定关中"。这句"为吾披荆棘"，就是成语"披荆斩棘"的由来。

接见之后，刘秀不仅赐给冯异珍宝、衣服、钱、帛等物，还专门给他写一道诏书："想当年，芜蒌亭豆粥，滹沱河的麦饭，你的深厚关爱，久不能报。"这是前文提到的那段话。

冯异看着刘秀的御笔诏书，泪珠忍不住滚下面颊，思绪万千，这些往事是那些朝中新贵们所能理解的吗？想到这里，冯异疾书答谢："臣听说，管仲对齐桓公说：'愿君无忘射钩，臣无忘槛车。'齐国靠着他们而强盛。臣与管仲一样，也是被圣上从囚车中释放出来的，并被授予高官厚禄。臣今天也愿圣上永远不要忘记当年在河北经历的苦难，居安思危，为解救人民的苦难，为复兴汉室而努力；无论何时何地，臣都不会忘记圣上在巾车乡的再生之恩，一定为国家奋斗终生。"

刘秀又多次宴请冯异，同他商讨平蜀大计。十多天后，为了彻底消除冯异的后顾之忧，刘秀特别关照，叫他把妻儿老小全部带回长安。朝臣们看到冯异与刘秀如此情深意厚，就再也无人说冯异的坏话了。

作为开国名将，冯异无疑也是幸运的。他与刘秀一个"不忘巾车之恩"，一个"不忘河北之难"，谱写出一段君臣佳话。

◎ 一代武圣，关羽的性格悲剧

有些有能力或有过较大成绩的人，他们身上或多或少都有一个共同特点，那就是他们总觉得自己比其他人强得多，以至于在很多时候总是表现出高人一等的姿态。这一难以克服的缺点，使得他们虽然在某些方面比其他人更优秀，却难以获得长足的进步和发展，甚至还可能导致悲惨的结局。关羽正是这种性格的典型代表。

《三国志》作者陈寿以史家的冷峻秉笔直书，在论及关羽与张飞时，他给关羽以严厉的解剖论评："关羽、张飞皆称万人之敌，为世虎臣。羽报效曹公，飞义释严颜，并有国士之风。然羽刚而自矜，飞暴而无恩，以短取败，理数之常也。"

刚愎自用，是关羽性格中的典型特征。尽管当时的人或者后世的人都认为他的忠义勇武比张飞那种一般意义上的匹夫之勇高出一个档次，但谁都无法否认关羽的确存在刚愎自用的性格缺陷。

建安十七年，诸葛亮辅佐刘备，带张飞、赵云等一干猛将和谋士，挺进西川之时，对作为刘备争雄天下的发迹之地——荆州，却不知任命谁来镇守，诸葛亮似乎找不到更适合的人选。因为当时的情况是在赤壁之战后，刘备所率荆州兵力中的劲旅，当数关羽直接指挥的精甲水军，以及荆州所辖的江夏刘崎的部卒。这支原本属于刘表手下精锐的荆州水军，可称为关羽镇守荆州的主力军。在反复掂量后，诸葛亮最后才不放心地把荆州交给关羽。临行前，这位智慧而谨慎的诸葛先生还对关羽叮嘱再三，留下至关重要的镇守荆州之策："东和孙权，北拒曹操。"因为在诸葛亮决心辅佐刘备统一天下、匡扶汉室的全盘战局中，关羽只要镇守荆州而不乱，保持蜀汉后方的稳定，就是他与刘备商定的"隆中战略计划"最大的胜算筹码。所以诸葛亮要求关羽在荆州实施军事防守的同时，以防为主，内修政理，待天下有变，则可命关羽这位上将，将荆州之军以向宛、洛，直取曹魏的大本营许昌，最后赢得天下。

但是，由于关羽自恃勇武、刚愎自用的性格弱点，他在镇守荆州的十年中，严重违背了诸葛亮规定的"八字方针"，屡屡兴兵出击，既破坏了"东和孙权"的稳定格局，也造成军事上的兵力分散、首尾难顾，未能有效地"北拒曹操"，以至于腹背受敌，北败于樊城，南丢失荆州。他在兵败逃亡，于麦城途中被擒。可怜这位盖世英雄被擒后无人相救，落得个被军前处决斩首、死后身首异处的悲惨结局。

襄樊战役是从建安二十四年七月打响的，到建安二十五年一月结束，关羽当时只有三万兵力（《三国志》载），整个过程有半年时间，成都方面从来就没有发过一兵一卒前去增援。这不排除蜀汉决策层故意不发救兵以借刀杀人的可能。

关羽的人际关系是非常差的，他同许多人的关系都搞得非常紧张，几乎把刘备身边的人都得罪了。《三国志》中说"飞爱敬君子而不恤小人，羽善待卒伍而骄于士大夫"。就是说张飞很敬重士大夫，但是不知道爱护士兵。关羽正好相反，他对待士兵很好，但是和士大夫的关系很紧张。诸葛亮是刘备集团中的头号士大夫，是刘备手下最重要的谋士，关羽和诸葛亮的关系也确实不怎么样。关羽同蜀国五虎大将中的两个大将都有矛盾，同上庸太守孟达的关系也很紧张。刘封是刘备的养子，和关羽有叔侄关系，但他们的叔侄关系也不好。

很少有人知道，关羽同刘备之间也有矛盾。由于关羽骄横跋扈，刘备对关羽也不满意，比如关羽说到的"大丈夫岂能与老兵为伍"，并不是针对黄忠，而是针对刘备，因为刘备让黄忠与关羽平起平坐，是刘备让关羽同老兵为伍。刘备让小舅子糜芳与关羽一起镇守荆州，在一定程度上说也是对关羽不放心，他让自己的小舅子当监军，监视关羽。而且由于关羽专横跋扈，刘备也担心自己死后，刘阿斗控制不住关羽，因此在生前就要解决这个问题。就像西汉开国皇帝刘邦一样，他生前就要把韩信、彭越、英布这些异姓王全都消灭，绝不给自己的子孙遗留隐患。刘备为什么不学他的老祖宗呢？所以我们不要把古代的君臣关系想得太好，认为真是什么"兄弟如手足，妻子如衣服"。《三国演义》说刘备在听到关羽战死的消息，"大叫一声，昏厥于地"，这是罗贯中虚构出来的。史料中，并没有关羽死后，刘备哭关羽的记载。相反，庞统死后，"先主痛惜，言则流涕"。法正死后，"先主为之流涕者累日"，而结拜兄弟死了之后，居然没有刘备痛哭的记载，难道不奇怪吗？而且，关羽死后，刘备没有对关羽追封，关羽的谥号壮缪侯，是后主刘禅追封的。而法正死后，刘备就追封他翼侯。关羽所享受的待遇还不如法正，这是一件令人匪夷所思的事情。

虽然关羽英勇盖世、屡战屡胜、所向无敌，但由于自身性格问题，导致败走麦城，被吴军俘后斩杀，令世人叹息。

◎ 名将郭子仪，堪称心理学家

对李唐江山，厥功至伟的有两人：太宗李世民开创了李唐290年基业，郭子仪则力保李唐江山不变姓易色。安史之乱、吐蕃入侵、藩镇作乱，全仗郭子仪东征西讨，独力撑天，"天下以其身为安危者殆三十年"。郭子仪的威望，在人臣中已无以复加。他的健康长寿，简直就是李唐皇朝的福分。仅仅是他的名字，就具有巨大的威慑力，友服、敌服、举国服。

为国建功易，不遭妒忌难。历朝历代，功臣宿将能得到善终的屈指可数，西汉的韩信、南宋的岳飞、明朝的袁崇焕皆是绝好证明。郭子仪一生，历事唐玄宗、唐肃宗、唐代宗、唐德宗四帝，四帝都非宽容的皇帝；先后遭遇的李辅国、程元振、卢杞、鱼朝恩、元载等权阉权臣，却都是一流的奸邪之辈，但郭子仪除兵权被夺闲居几年外，始终毫发无损，总是青云直上，从一个地方军官一直做到汾阳郡王、尚父，官位位极人臣，家业富甲天下、子孙满堂，享八十五岁高寿，福禄寿齐全。司马光在《资治通鉴》里评价郭子仪："天下以其身为安危者殆三十年，功盖天下而主不疑，位极人臣而众不嫉，穷奢极欲而人不非之。"这三句评语，古往今来多少文臣武将欲求其一而不得，郭子仪却囊括了。郭子仪无疑是一个杰出的军事家、政治家，从另一个角度看，他也堪称心理学家，他对人的心理研究是他功成名就、得以善终的重要因素。

郭子仪率兵征战期间，有人告郭子仪谋反，皇帝心里也最怕此事成真，就下诏要他从前线回朝廷述职。不管他在哪里，郭子仪接到通知立马就动身，"朝闻命、夕引道"，不带兵卒、不洗澡、不刮胡子地跑到皇帝跟前，皇上一看，这哪像谋反的样子啊？老郭这么大年纪了跑一趟得多给点奖金安抚慰问。几次下来皇帝亏本不少，以后再有人告郭子仪谋反他也不信了。郭子仪七老八十了，不但求田问舍，府库珍货山积，而且身边姬妾成群、倚红偎翠，他是为了向皇上和众人表明自己没有政治野心。这是郭子仪研究透了皇上的心理。

郭子仪的宅院每天总是门户大开，任人出入，不闻不问，与别处官宅门禁森严的情况迥异。客人来访，郭子仪无所忌讳地请其进入内室，并且命姬妾接待。儿子觉得身为王爷，这样子总是不太好，一齐来劝谏父亲以后分个内外，以免让人耻笑。郭子仪笑着说："你们根本不知道我的用意，我的马吃公家草料的有五百匹，我的部属、仆人吃公家粮食的有一千人。现在我可以说是位极人臣、受尽恩宠了。但是，谁能保证没人正在暗中算计我们呢？如果我一向修筑高墙、关闭门户，和朝廷内外不相往来，假如有人与我结下怨仇，诬陷我怀有二心，我就有口难辩了，现在我无隐私，不使流言蜚语有滋生的余地，就是有人想用谗言诋毁我，也找不到什么借口。"几个儿子听后拜倒在地，对父亲的深谋远虑深感佩服。这是郭子仪研究透了周围人的心理。

公元764年，唐将仆固怀恩因功不举，又受朝廷怀疑，举兵谋反，投靠外番。次年9月他骗说郭子仪已被解除兵权，串通吐蕃、回纥组成30万大军进犯唐境，由吐蕃做先行、回纥做后援。刚出师不久，仆固怀恩便患病身死。吐、回联军进逼泾阳城下，当时奉命守城的郭子仪手下仅有几千兵众，便下令严加防守，不许出战。然后郭子仪带着几名随从，单骑赴回纥营地。众将见此情景纷纷阻挡，郭子仪的儿子郭晞甚至拉住马头流着眼泪，死活不让父亲进入虎口。郭子仪却胸有成竹。他认为：吐蕃和回纥虽然联袂而来，但他们两军之间为争夺指挥权和财物分配正闹得不可开交，扎营都扎不在一块，可以分化利用，此其一；回纥当年曾与唐朝订立盟约，共同抗击安史叛军，郭子仪本人与回纥首领感情颇深，对方亦颇敬佩郭本人的人品和才干，可叙以旧情，此其二；对方因听信仆固怀恩散布的"郭子仪已被解除兵权"的谎言，才认为可乘机领兵进犯，他现径自进入对方营中，可以戳破谎言，动摇对方军心，此其三。果然，当郭子仪骑马大摇大摆到达回纥营门口时，回纥将士惊诧不已，相互叫喊通报："郭令公来了！郭令公来了！"纷纷围过来跪拜行礼。经过陈说利害，叙述旧情，戳破了仆固怀恩散布的谎言，郭子仪与回纥首领药葛罗握手言和，举杯重续旧约，欢呼之声顿起回纥军营。药葛罗掉转枪口，跟着郭子仪攻打吐蕃所部。这是郭子仪研究透了敌人的心理。

郭子仪身边的美人很多，平常谁来都可以见到他身边的娇姬美妾。有一次卢杞前来拜访，郭子仪马上令左右姬妾退到后堂，他独自接待。卢杞走后，姬妾女侍们回到病榻前问郭子仪："许多官员都来探望您的病情，您从来不让我们躲避。卢中丞来了，你为什么让我们都躲起来呢？"郭子仪微笑着说："你们有所不知，这位卢中丞相貌丑陋，生就一张铁青脸，脸型宽短，鼻子扁平，两个鼻子朝天，眼睛小得出奇，时人甚至把他看成是个活鬼。正因为如此，一般妇女看到他这副尊容都不免要掩口失笑。你们看到他一定会忍不住发笑的。那么他一定会记恨在心，如果此人将来掌权，我们的家族就要遭殃了。"卢杞靠一套左右逢源的本领，很快由一名普通的官员爬上了丞相的宝座。卢杞当上丞相之后，加害了不少同僚，然而郭子仪安然无恙。郭子仪真是居安思危，连小人的心理都研究透了。

《旧唐书·郭子仪传》记载："麾下老将若李怀光辈数十人，皆王侯重贵，子仪颐指进退，如仆隶焉。"郭子仪手下的将领很多已经是王侯了，但大家都习惯以给他做仆隶而自豪，如果某一个人想不干，他自己都会觉得别扭，这在心理学上叫"群体动力理论"。德国心理学家勒温是这一理论的创始人，郭子仪早他一千年就在实践中运用自如了，那些小人奸臣谁敢动他？

郭子仪对不同人的心理把握得非常准确，朋友服、群众服，连敌人、小人也服，称他为心理学家实不为过。

◎ 狄青是残害杨家将的奸臣吗

宋朝杨家将的故事，可以说家喻户晓、妇孺皆知。尤其是明清时期，杨家将演义小说和杨家将戏曲剧目繁多，造就了庞大的读者群和观众群。从公元986年杨业战死到如今，已经一千多年了。漫长的岁月湮没了无数志士仁人的事迹，然而杨家将的故事却愈来愈丰富，愈来愈感人。

在北方传统评书杨家将中，狄青是与潘仁美一样的奸臣，设计刺杀杨宗保；在"杨文广时代"，也把北宋名将狄青写成反面人物，在杨金花夺帅印时，由于误伤狄青之子，引起狄、杨结仇。于是，狄家处处害杨家，杨家时时反狄家。那么，历史上的狄青真是奸臣吗？他有没有加害杨家将呢？

其实，历史上的杨家将只有杨业和他的三个儿子，其余都是杜撰的。在话本小说和戏剧中，杨宗保为杨业之孙，杨延昭之子，少年从军，娶穆桂英为妻，生子杨文广。而在正史记载中，杨文广实为杨延昭的儿子。据《宋史》记载，杨家只有杨业之子杨延昭（本名延朗）、杨延昭之子杨文广，其余人等皆不见于史传，杨延昭有子名宗保也于史无证。

其实历史上杨家将没有杨宗保，也没有穆桂英。杨宗保的故事出现于明万历二十一年（1593年）唐氏世德堂刊印的《南北两宋志传》，《宋史》则成书于元代，而小说中杨宗保的业绩多与杨文广的事迹相同，如少年临阵破敌等。因此，民间故事与戏曲剧目所塑造的杨宗保，就是历史上的杨文广。在杨文广与杨延昭之间塑造出一个杨宗保，不过是明代文人之杜撰。

历史上的狄青并不是奸臣，也没有害过杨家将。相反，狄青不仅战功累累、长于用兵，而且为人谨慎，人品非常好，在武将中实属难得。

狄青，汾州西河（今山西临汾）人，出身寒微，自幼勤习武艺，善于骑射。16岁那年，狄青的兄长与乡里人发生口角，失手将对方打死。狄青见侄子幼小，嫂子正当年华，便决定代替兄长受过。在被押往京城治罪的途中，狄青趁看守不备，夺路而逃，改名换籍，跑到开封（北宋都城，今河南开封）应召入伍，做了一名守卫宫廷的卫兵。

在宋朝，凡是犯罪之人或低级士兵，脸上必须刺字，也就是"黥"，以表示对他们的轻视与污辱。作为低级卫兵的狄青，脸上也被刺了字，这两行污辱性的文字伴随他的一生。

宋仁宗宝元元年（1038年），党项族首领李元昊在西北称帝，建立西夏。宋廷择京师卫士讨伐，狄青入选。在宋朝与西夏的战争中，狄青勇而善谋。由于狄青男生女相，容貌俊美，临阵征战时，缺乏那种足以震慑敌人的威猛之气。所以每到临敌之时，他都披头散发，戴铜面具，冲锋陷阵。在 4 年时间里，参加了大小 25 次战役，身中 8 箭，但从不畏怯。在一次攻打安远的战斗中，狄青身负重伤，"闻寇至，即挺起驰赴"，仍旧冲锋陷阵，在宋夏战争中，立下了累累战功，声名随之大振。朝廷中尹洙、韩琦、范仲淹等重臣都与他的关系不俗。范仲淹非常赏识他，送《左氏春秋》让他看，并对他说："将不知古今，匹夫勇尔。"狄青发奋读书，成长为一个智勇双全的高级将领，官至枢密使。

后来，仁宗劝他洗去充军时脸上刺的字，狄青对仁宗说，"陛下以功擢臣，不问门第，臣所以有今日，由此涅尔，臣愿留以劝军中"，因此他被称为"面涅将军"。

狄青虽为朝中重臣，但他毕竟出身低贱。在宋朝，门第观念影响颇重，即便狄青位高权重、战功赫赫，但在看重门第的环境中，终究会遭到别人的忌妒。而且，宋朝统治者一向重文轻武，从宋太祖赵匡胤的"杯酒释兵权"开始，朝廷对武将掌管兵权耿耿于怀，生怕形成尾大不掉之势，重演"陈桥驿黄袍加身"的闹剧。这诸多因素叠加在一起，导致了狄青的人生悲剧。

有一年，京城骤降暴雨积成大水，狄青为避水举家迁至相国寺中居住，有人以此为由诬告狄青行动可疑。又有一次，狄青穿了件浅黄色的袄坐在殿上指挥士卒，开封的人便盛传黄衣登殿了。同时坊间出现了"狄青家里的狗头上长了角""晚上有光怪冲天"等荒谬之言。起初，宋仁宗对这些谣言没有在意。当同平章事文彦博向宋仁宗称狄青有反意，应将他驱逐出京时，宋仁宗还心有不忍，说道："狄青是个忠臣啊！"

文彦博道："太祖（赵匡胤）不也是周世宗（柴荣）的忠臣吗？"

一句话，让宋仁宗无言以对，便罢除了狄青枢密使之职，外调到陈州（今河南淮阳）任职。

狄青不想离开京城，追问文彦博逐他出京的理由。文彦博眼睛一瞪，答道："无他，朝廷疑尔。"一句话，吓得狄青倒退几步。他无可奈何，只得以检校太尉同平章事护国军节度使的名义赴陈州上任。

狄青到陈州后，文彦博还派人每月"抚问"狄青两次，名为抚问，实为监视。这时的狄青已被谣言中伤得惶惶不安，每次使者到来他都"惊疑终日"，唯恐再生祸乱，不到半年，发病郁郁而死。这位年仅 49 岁，曾驰骋沙场，浴血奋战，为宋王朝立下汗马功劳的一代名将，没有在兵刃飞矢之中倒下，血染疆场，马革裹尸，却死在同僚的猜忌、排斥的迫害之中。

狄青死了，宋仁宗松了一口气，这时才为表彰他对宋朝所做的贡献，追封他为中书令，谥号"武襄"。

北宋重文轻武的国策最终自食其果，在后来抵抗异族的战争中，一直处于被动地位。宋神宗登基后，图谋重振国威，苦于朝中没有能征善战之将，这才想起了狄青。他亲自撰文，派使者到狄青家中祭奠，并将狄青的画像挂在禁中。但已于事无补，只能叹息国势日颓，发思古之幽情而已。

◎ 古代正史中唯一的女将军

提到中国古代历史上的巾帼英雄，很多人会想到花木兰、樊梨花、杨门女将、梁红玉等。当然，还有人们从甲骨文中推测出的商朝国王武丁的妻子妇好。这些人要么是民歌或演义中的人物，要么是其身份并非正式将军。数千年的中国古代历史上，列入国家编制的、正式被册封的女将军，实际上只有秦良玉一位。

秦良玉，字贞素，明万历二年（1574年）出生于四川忠州鸣玉溪（今重庆市忠县）。秦良玉是一位苗族姑娘，她的家族深受汉文化的影响，但保持着苗族强悍崇武的特点。父亲秦葵是位具有爱国思想的岁贡生，饱读诗书，见多识广，算得上是一方名士。他育有三男一女，秦良玉居于第三，上有哥哥邦屏、邦翰，下有弟弟民屏。她是家中唯一的女孩，父亲十分钟爱，认为女孩子也应习武自卫，以免在战乱中"徒为寇鱼肉"。

万历二十三年（1595年），秦良玉嫁给石柱宣抚使马千乘为妻。马千乘是一方土酋，其祖宗很有名，乃汉朝"马革裹尸"的伏波将军马援。因石柱地处偏远，民风彪悍，时有匪寇作乱，宣抚使最重要的责任就是训练兵马，维护当地安定。秦良玉嫁到马家，可谓英雄找到了用武之地，她一肚子的文韬武略派上了用场。几年时间，她帮助丈夫训练出一支骁勇善战的"白杆兵"。所谓"白杆兵"，就是以持白杆长矛（长枪）为主的地方武装，这是秦良玉根据当地的地形特点而创制的武器，它用结实的白木做成长杆，上面配有带刃的钩，下面配坚硬的铁环。作战时，钩可砍可拉，环则可作锤击武器，必要时，数十杆长矛钩环相接，便可作为越山攀墙的工具，悬崖峭壁瞬间可攀，非常适宜于山地作战。马千乘就靠着这支数千人马的白杆兵，威镇周遭四方，使石柱一带长年太平无事。

万历二十七年（1599年），播州地区（今贵州遵义）的宣抚使杨应龙勾结当地九个部落揭竿反叛，叛匪打家劫舍，烧杀抢掠，无恶不作。朝廷获悉后，派遣李化龙总督四川、贵州、湖广各路地方军，合力进剿叛匪，马千乘与秦良玉率领三千名白杆兵也在其中。由于白杆兵特殊的装备和长期严格的山地训练，因此在播州剿灭叛匪中得心应手，经常给予叛军出其不意的打击，每战必胜，生擒了杨朝栋，杨应龙自杀，叛乱得到平息。为此，总督李化龙大为叹异，命人打造一面银牌赠予时年26岁的秦良玉，上镌"女中丈夫"四个大字，以示表彰。朝廷也以银牌及色缎等物奖励马千乘与秦良玉夫妇。

白杆兵班师的途上，由于天气炎热，马千乘染上了暑疫；回到石柱后，又因接待不周，马千乘得罪了内监邱乘云，马千乘被邱乘云设罪投入狱中。在狱中，马千乘得不到治疗调养，病重而死。马千乘死后，朝廷觉得他并无大罪，仍保留了他家石柱宣抚史的世袭职位。这时马家的继承人马祥麟年龄尚幼，朝廷鉴于秦良玉作战有功，文武兼长，授命她继任丈夫的官职。

明神宗万历末年，满人崛起于东北的白山黑水之间，以努尔哈赤为汗，建立后金，公然反叛明朝。明神宗调集八万大军戍边应敌，不料明军出师不利，八万大军几乎全军覆没。

东北告急，在此大背景下，明廷在全国范围内征调精兵援辽。秦良玉闻调，立派其兄秦邦屏与其弟秦民屏率数千精兵先行，她自己筹马集粮，保障后勤供应。为此，明廷授予秦良玉三品官服。

沈阳之战中，秦氏兄弟率"白杆兵"率先渡过浑河，大战中斩杀后金辫子兵数千人。由于敌我双方众寡悬殊，秦邦屏力战死于阵中，秦民屏浴血围中奋战，两千多白杆兵战死。秦良玉闻讯后，亲自率领百名白杆兵，渡河杀入重围，拼死救出了弟弟，抢回了哥哥的尸体。其后，朝廷任命秦良玉为把守山海关的主将。最终迫使皇太极连弃滦州、永平、迁安、遵化四城，撤围而去。

北京围解之后，崇祯帝大加感慨，特意在北京平台召见秦良玉，优诏褒美，赏赐彩币羊酒，并赋诗四首以彰其功，赞秦良玉是"鸳鸯袖时握兵符"的女将军。秦良玉叩谢圣恩后，班师回到石柱。在崇祯皇帝的有生之年，享国日浅，遭逢多难，很少有闲情逸致吟诗作赋，除赠秦良玉诗外，仅有赠杨嗣昌的五绝诗传世。来自西南边陲来的一位女土司，竟能得皇帝会见赐诗，唯独秦良玉一人。

后来，秦良玉又在平奢、勤王、抗清、讨逆（张献忠）等战役中屡获奇功，先后被封为大明柱国光禄大夫、太子太保、太子太傅、少保、四川招讨使、中军都督府左都督、镇东将军、四川总兵官、忠贞侯、一品诰命夫人。

李自成攻破北京后，明思宗自缢于煤山，大明皇朝在风雨飘摇中终于彻底倒塌。张献忠的"大西"政权虽然几乎囊括了全蜀，独唯对石柱弹丸之地无可奈何，直到张献忠败亡，终没能踏入秦良玉所守的石柱半步。

清顺治五年端阳节过后，这位历史上唯一被《二十五史》载入将相列传的女将军，在一次检阅白杆兵后，迈下桃花马，身子突然一歪，离开了人世，结束了戎马倥偬、驰骋疆场的豪迈生涯，时年七十五岁。死后南明朝廷追授谥号"忠贞"。

◎ 清朝罪名最多的屠夫年羹尧

读浩瀚的中国历史，时常看到"飞鸟尽，良弓藏；狡兔死，走狗烹"这句话，其实也不能全怪帝王无情，有时候也怪立了不世功勋的功臣自恃功高，妄自尊大，丝毫不知谦逊自保，又不守为臣之道，加上贪赃受贿，结党营私，甚至想过当皇帝的瘾，种种大忌导致其身势必不能得到善终，雍正王朝的年羹尧就是典型的例子。

在清代，各朝惩处的重臣，唯有雍正王朝的年羹尧被冠以的罪名最多，达到92条。这些大罪分别是：大逆罪5条，欺罔罪9条，僭越罪16条，狂悖罪15条，专擅罪6条，贪婪罪18条，侵蚀罪15条，残忍罪4条，忌刻罪4条。

"残忍罪"是年羹尧获得的一项特殊的罪名。

年羹尧确实是一个出了名的屠夫和杀人魔王，他的军法之严可以说是无与伦比的。《清人名人轶事》中有一段这样记载：年羹尧在军中一言既出，部下必严格依令而行。一次下大雪的时候，年羹尧坐轿子出门，侍卫们扶着轿子跟从而行。雪花落满侍卫的手，积了很厚一层，年大将军心中有些不忍，下令说："去手！"他是担心侍卫的手冻僵了，让他们把手收回去。这些侍卫没能领会这个意思，竟然各自拔出所佩戴的腰刀，直接将自己的一只手斩下，鲜血立时涔涔滴落雪地上，白雪鲜血，分外耀眼。从这件事可以看出年大将军之军令是多么严峻，也可以看到他平日性情是何等残酷。

上面记载的这件事情不算什么，好歹还没出人命，这位叱咤风云的年大将军凶残暴虐，视人命如草芥的事情多了去了。有一次，年羹尧好友的儿子穆香阿等十名侍卫犯了"恃宠傲上，藐视营规，大闹官廨，咆哮军帐"这些"按律该斩"之罪，一个不剩地全被砍了脑袋。

在征战的过程中，年羹尧对俘虏的政策就是一个字：杀。西宁大捷年羹尧一次就杀了十万战俘。

雍正元年，在青海罗布藏丹津的反叛战役中，年羹尧残忍屠杀西宁的喇嘛寺僧，二大寺庙共达五千人之众，无一幸存。当时他的军报是喇嘛寺僧参与了反叛，说自己"杀敌甚众"，后来彻查他的罪状时，真相却不是他所说的，而是他好杀成性，想要以杀立威。

年羹尧不仅在治军和打仗中残忍，他还以严厉的军法治家。

有一次，年羹尧请江苏一位姓沈的举人到家中教导他的儿子，并安排八名书童专门伺候。每天八名书童都跪着递奉茶杯和盥洗用具，沈举人觉得不太自在，因此一再要求自己洗漱。为首的书童十分害怕，说："大将军有令，服侍先生要像服侍他一样，不得有违。您要是不让我们服侍，我们就会大祸临头。"这位沈塾师坚持自己做，书童也没办法，只好把洗漱用品放在盥洗架上。谁料正当塾师洗脸的时候，年羹尧突然带着侍卫进来，他见书童没有顶着银盆，立时暴怒，给身边侍卫使了眼色，侍卫便把为首的书童带出，片刻工夫，侍卫提着书童的人头进来，禀告说："书童不知尊敬先生，已将他斩首。"

又有一天，年羹尧与沈举人一齐进餐，饭里头有稻谷，沈举人用筷子把稻谷挑了出来，年羹尧用眼睛暗示随从把厨师斩首。过了不久，随从献上头颅，并且说："这位厨师择米不精，留他有什么用呢？"

沈举人大吃一惊，以后便不敢随便说话了。

一次年羹尧出征大捷回来，沈举人正在假山后散步，突然听到不远处一片哀痛之声，沈举人便问书童是怎么回事。书童说："年将军凯旋后，正在厅堂里对部下考功过，定赏罚。"沈举人说："我们且去看看。"书童不敢不听，便带着沈举人偷偷地潜伏在厅堂后面窥视。

当时只见厅堂之内，年羹尧高坐在上，下面甲士林立，刀斧耀眼，旁边则有文官根据记录在逐一报告诸人的功过。念到功多的，则立刻换上应升的品服，酌酒赐座；念到过多的，那就麻烦了，年羹尧沉着脸，喝令立刻推出斩了。年羹尧为人严苛，赏少罚多，被杀被罚的将士不在少数。

见此恐怖场景，沈举人在后面吓得脚软，不觉晕头转向，碰了门屏后倒地不起。年羹尧发现厅后有声音，便前来查看，只见沈举人还倒卧在地，几个书童扶都扶不起来。年羹尧从容地问道："是谁告诉先生这事，让先生受此惊吓的？"

沈举人早已见识了年羹尧的残忍，不敢吐露实情连累那些书童，便说："是公子告诉我的。"沈举人心想，虎毒不食子，年羹尧总不会去为难自己的儿子吧。年羹尧去后没多久，仆人和侍女们仓皇奔进来，跪到沈举人面前哀求道："大将军正在鞭打公子，快要打死了，夫人求先生赶紧去救他！"沈举人急得团团转，说："我不能进内室，这可怎么办啊？"仆人说："大将军素来敬重先生，只要先生说马上要见公子，大将军也许会放他过来。"沈举人便让仆人赶紧前去，没多久，仆人便把公子抱了过来，小公子全身已经被打得满是鞭痕，奄奄一息了。沈举人怕年羹尧余怒未消，便命仆人将公子的卧具搬到自己的房间，直到养好伤才放回去。

年羹尧草菅人命、残忍成性，又妄自尊大，"公行不法，全无忌惮"，为国法所不容，也为雍正所嫉恨，不得善终也是必然的。

第六章 奸臣下场悲惨，邪吏必有恶果

　　一个朝代的兴起必然伴随着前一个朝代的火亡。众所周知，中国古代朝代灭亡的原因之一，是来自外部强敌的进攻。除了这个原因，一个朝代的风气往往由奸臣败坏。奸臣当道在中国历史上屡见不鲜，轻一点把朝堂搞得乌烟瘴气，重一点则可能直接导致王朝由盛转衰甚至灭亡。

◎ 赵高指鹿为马，背后隐藏着的阴谋

赵高为秦朝二世皇帝时的丞相，大宦官。秦始皇死后他与李斯合谋篡改诏书，立秦始皇幼子胡亥为帝，并逼死秦始皇长子扶苏。秦二世即位后，赵高设计陷害李斯，并成为丞相。后来派人杀死秦二世，不久赵高被秦王子婴所杀。

赵高"指鹿为马"的故事很多读者听说过，一般人以为这是赵高为了试探群臣是否顺从他。其实试探群臣只是指鹿为马的一个"副产品"，这背后隐藏着更大的阴谋：调秦二世离开皇宫，进而杀之，政变夺权。

谁要以为赵高是个庸才，那一定是大错特错。事实上，他在法律领域有过人之处。

在战国时代，许多人的姓氏暗藏玄机。赵高，就是赵国王族的远亲。他的母亲因为触犯法律，在秦国服刑，所以赵高兄弟几人地位卑贱，但赵高不甘于卑贱。没有人知道，他在宫中究竟付出了怎样的努力，才变成一个通晓法律的人。通晓到什么程度呢？竟然连秦始皇都知道他有才能。于是，他被提拔为中车府令，承担秦国刑狱、法令方面的工作。

换作别人，这只是一个发挥才能的机会，但对赵高而言，就成了结交权贵、寻找靠山的机会——赵高结识了秦始皇的小儿子胡亥，亲自对胡亥进行法律方面的教育，形同导师。

秦始皇也非常信任赵高。举个例子，有一次，赵高惹了官司，秦始

皇把他交给蒙毅处置，蒙毅判他死刑。结果，一向执法苛刻的秦始皇竟然"珍惜人才"，赦免了他。

秦始皇三十八年七月，秦始皇出巡，行至沙丘，忽然死亡，这是一个令赵高终生难忘的日子。一场阴谋迅速展开。从前在蒙毅面前的忍气吞声，如今成为赵高奋斗的动力；从前烂熟于心的秦国律条，如今成了赵高夺权的技术保障。他有条不紊，率先提出封锁秦始皇去世的消息，这一做法得到胡亥和李斯的赞同。秦始皇的遗体在臭鲍鱼的陪伴下继续向秦都进发。

接下来，赵高开始了真正的行动。第一步，说服胡亥；第二步，说服李斯。大逆不道的"篡位"行为，被赵高堂而皇之地说成了正义之举。而堂堂一国之相、荀子的得意门生李斯，为了自己的富贵，竟然被赵高说服了。

至此，沙丘之谋，赵高取得了绝对的胜利。扶苏自杀，蒙氏兄弟也被诛杀。胡亥称帝，是为秦二世。赵高官封郎中令，成为胡亥最亲信的决策者。

昏庸无知的胡亥一味寻欢作乐，把朝野大事交给赵高代理。随着权力的扩大，赵高的野心也不断地膨胀。他不再满足于只做一名郎中令，而将眼光转向了一人之下、万人之上的丞相之位。因此，除掉李斯在他的心目中显得日益迫切。经过一系列精心策划，李斯被腰斩。

李斯死后，赵高名正言顺地当上了丞相，在很大程度上控制了朝政，但是还没达到像王莽和武则天那样可以直接废帝的地步。如果他要发动政变，杀掉秦二世，必定遭到忠于秦朝的大臣们的殊死抵抗，所以他决定设法将秦二世引出皇宫。

《史记》中记载，一天上朝时，赵高让人牵来一只鹿，满脸堆笑地对秦二世说："陛下，臣献给您一匹好马。"秦二世一看，这哪里是马，分明是一只鹿嘛！便笑着对赵高说："丞相搞错了，此乃鹿也！"赵高面不改色心不慌地说："请陛下看清楚了，这的的确确是一匹千里好马。"秦二世又看了看那只鹿，将信将疑地说："马的头上怎么会长角呢？"赵高转过身，用手指着众大臣们，大声说："陛下如果不信我的话，可以问问众位大臣。"

大臣们都被赵高的一派胡言搞得不知所措，有的人不敢表态，虽然也有几个人据实说是鹿，但更多的人都奉承赵高，谎说是马。秦二世闻言，大吃一惊，以为自己神经错乱，马鹿不分，于是就叫来太卜，让他为自己占一卦。太卜事先经赵高授意，便说："你现在出现了连马和鹿都分辨不清的毛病，是因为祭祀的时候没有好好斋戒。"这样，秦二世就上了当，离开了皇宫，进入上林苑重新斋戒。

上林苑原本就是"皇家公园"，秦二世这个人是禁不住诱惑的，没有好好地斋戒，他每日游玩射猎。一天，有个行人被秦二世误射而死。其实是赵高让人把不知从哪儿找来的尸体移进上林苑的。赵高装模作样地对胡亥说，皇帝因为是天子，所以射死了无罪的人要受上天惩罚，也就是受天子的老子的惩罚，同时鬼神会奉命降灾的。秦二世听信了赵高的话，就被骗到离咸阳更远的望夷宫去"躲灾"了。望夷宫远离了秦二世的卫士，到处都是赵高布置的人马。才过了三天，赵高就逼迫秦二世自杀了。

赵高指鹿为马，一方面可以试一试自己的威信，发现敢于反对他的朝臣；另一方面可以借机把秦二世骗出宫外，实施政变。

赵高逼死秦二世之后，抢得传国玉玺，悬挂在身上。他又下令召集文武百官，只等众臣劝进之后，就登基称帝。无奈众臣皆低头不语，赵高大为扫兴，最后只好决定由秦王子婴继位。

赵高奸诈了一辈子，最后自己也死于阴谋。他废帝号，降格立秦王子婴，叫他斋戒后到秦始皇的宗庙里接受玉玺。子婴知道其阴险，与两个儿子商量后说："赵高杀了二世皇帝，他是怕大臣杀他才立我为王的。我还听说赵高和楚军有约，待灭秦国后就在关中称王。"于是他称病不去，赵高多次派人来请，子婴都推辞了。赵高只得亲自来请，被子婴在斋宫里杀了，还灭其三族，拉着他的尸体在咸阳城里游街示众。

◎ 当"跋扈将军"遇上"母老虎"

"一手援立三帝，无法无天"的"跋扈将军"梁冀，是东汉时著名的权臣。他出身世家大族，先祖时曾协助光武帝刘秀建立东汉，其父亲为梁商。据史载，梁冀长相凶悍，说话口吃，书读得不多，仅能应付最简单的文字和筹算，知识水准可以说很低。由于梁冀的姊妹中有人被汉顺帝立为皇后，另一位被立为贵人，梁冀以外戚的特殊身份沾光，终日四处游逛，肆意享乐。

梁商死后，梁冀以外戚身份继任大将军，历顺帝、冲帝、质帝、桓帝四朝。顺帝死时，冲帝仍是一个婴儿，梁冀的妹妹梁太后临朝听政，他又以大将军身份参与掌管协助皇帝处理政务的官员，实际权力极大，在朝中更加奢侈暴虐。

冲帝死后，梁冀又立汉质帝。质帝自幼聪慧，对梁冀的骄横感受颇深。一次朝会群臣，质帝望着梁冀说："这是一位跋扈将军！"梁冀听后怀恨在心，立即派人将质帝毒死。梁冀立十五岁的刘志即位，是为汉桓帝。梁冀一手援立三位皇帝，声势滔天。禁军将领及皇帝的侍臣，均由梁冀亲自确定。每有官员调任，都会先到梁冀府上拜见，然后才敢去见尚书。地方上贡朝廷的物品，都要先选上等的送往梁冀家中，剩下的才会收入国库。

梁冀十分骄横，东汉王朝就如同他家的花园，他想干什么就干什么。他为了自己享受，大肆修建府邸，霸占洛阳近郊民田作他的私人花园，里面亭台楼阁，应有尽有。当时洛阳富豪云集，梁冀派人四处审查其财产，发现财多势大的就抓，随便安个罪名，然后开始勒索。有个富豪叫孙奋，家里很有钱，被梁冀给盯上了。为了榨取孙奋的财富，梁冀派人送给孙奋一匹马，开口作价5000万钱，还说是暂借。在汉桓帝初期，一匹马最多值100钱，而梁冀的马却翻了50万倍，这不是明抢吗？孙奋固然非常生气，可是又不敢得罪"跋扈将军"，就讨价还价给了3000万钱。梁冀赚了暴利，还是不依不饶，把孙奋送进牢房，又诬陷孙母是梁家逃出的奴婢，偷了梁家大量的珍珠和金子，都要追还。孙奋不肯承认，被官府活活打死，财产全被没收了。

梁冀爱养兔子，在洛阳城西造了一个兔苑，命令各地交纳兔子。他派人在兔子身上烙上记号，谁要是伤害梁家兔苑里的兔子，就犯死罪。有个西域到洛阳来的商人不知道这个禁令，打死了一只兔子。因为这件案子，竟株连了十多个人，全都丢了性命。

就是这样一个横行霸道的人，也有涎着脸挨骂、跪地求饶的时候，其对手就是他的老婆孙寿。

孙寿是有爵位的女人，每年的收入高达5000万钱，和朝廷的长公主待遇一般。这位悍妇有五种"妖态"，扮相是有史以来最楚楚可怜的。《风俗通》描述了她的五种打扮是："愁眉"，把眉毛画得细而曲折，显出一副愁容；"啼妆"，就是在眼睛下面化妆，显出一副哭过的样子；"堕马髻"，就是把发髻偏在一边，以示懒散、别致，好像刚从马上掉下来的样子；"折腰步"，就是走路时如风摆柳，腰肢细得好像要折断的样子；"龋齿笑"，就是指笑起来好像牙痛，只能浅笑，不能放声大笑。这种"可怜相"的打扮，往往令男人由怜生爱。

别看这个女人这么美又这么会装扮，却天性极妒，她对梁冀管束得特别严格，梁冀在外面作威作福，凶残无比，见了孙寿却连大气也不敢出。

梁冀本来就是个好色的登徒子，在家中慑于雌威，不敢妄为，到了外面，总要想法拈花惹草。他的父亲梁商生前，曾把一个叫友通期的美女献给汉顺帝，后来友通期因为小过失被赶出宫，送还梁家。梁商不敢收留，便把她嫁了出去。但是梁冀却暗地里爱上了友通期，后来他派人把友通期偷偷接了回来，安置在城西的私人住宅里。由于孙寿把他管得很严，他很少有机会跟友通期幽会。后来他的父亲死了，梁冀借着居丧守孝，跟妻子分居，暗地里跑到城西，与友通期日夜欢爱，任情取乐。

天下没有不透风的墙，他们还没乐上几天，就被家中的"母老虎"知道了。等梁冀外出，孙寿带领众多奴仆，把友通期抢过来，她被剃光头发，刮去面皮，严刑拷打，还打算上书皇帝告发梁冀。梁冀只好又磕头又作揖地求情，孙寿才放他一马。

梁冀对友通期还是有感情的，按说友通期遭"毁容"之后已经面目全非，再无往日姿容，梁冀并未嫌弃她，换了一个包养的地方，继续私通。他们还生了个儿子，取名梁伯玉。吃一堑长一智，这次梁冀学乖了，让娘儿俩待在家里不出门。孙寿无奈，只得四处打探，终于寻到友通期的藏身之所，这一次一不做二不休，杀了再说，永绝后患。事后梁冀连一句话都不敢说。

孙寿也不是什么贞妇，梁冀常常不回家，孙寿闺房寂寞，趁机和一个叫秦宫的监奴勾搭上了。梁冀不是不知道，只是不敢说而已。

后来，桓帝欲自立，派兵围了梁冀的宅子，梁冀和孙寿都被迫吃了毒药自尽，梁家和孙家的亲戚有的被处死刑，有的被撤了职。朝廷上下，梁冀的爪牙心腹三百多人全被撤了职。事后，梁冀的财产被没收充公，合计三十余万万。这些钱是当时东汉王朝全年财税的一半。

◎ 董卓为何要暴晒汉武帝的尸体

茂陵是西汉最有作为的皇帝汉武帝刘彻的墓。自茂陵地宫封上那一刻起，不少盗墓者便盯上了，有记载的第一起盗墓案是东汉初年农民起义军赤眉军干的。掘开茂陵后，陵内财宝搬了几十天，"陵中物仍不能减半"。后来赤眉军被赶到绝境时，为了获得军饷，他们再次挖掘了汉武帝的陵墓。然而这些对死去的汉武帝而言都不是最严重的，因为他的尸体依旧安安稳稳地躺在豪华的棺材里。之后取而代之的东汉王朝皇帝们怀着对祖先汉武帝的敬重，多次修缮茂陵，渐渐地，他的陵墓又恢复了往日的华丽。按说事情到此就结束了，但是老天偏偏不让汉武帝死后安生，到了东汉末年，历史上著名的奸臣董卓登场了，他不仅再次掘开了茂陵，还令人把汉武帝的尸体扔到太阳下面暴晒。这到底是怎么一回事呢？

奸相董卓的孙女董白长得花容月貌，且生性乖巧，甚得董卓喜爱，被视为掌上明珠。十岁时董卓就封她为渭阳君，并为其举行了盛大的仪式。举行仪式时，董卓特命兵士搭起了宽六米多、高两米的高坛，董白坐着显贵的轩金华青盖车，由大批官员簇拥，登坛受封，好不隆重。可惜的是，董白突然哑巴了。为此，董卓十分忧虑，曾广延天下名医为她医治，均未见效。

一天，一个姓李的御医战战兢兢地报告说："丞相大人，令孙女之病并非不能医治，实在是灵药难寻呀。"

董卓听说孙女的病还有希望，顿时喜出望外。李御医遂说出了一种神奇的药，名叫五毒灵芝草。据说此草通体皆白，生长在百年以上的古墓中，不能见光，见光即死，药效也就不灵。李御医说，此药一般人都没有见过，只在医学野史上有一点记载。

李御医一走，董卓便嘀咕起来："百年以上的古墓？眼下不是有汉武帝的茂陵吗？"当时汉末音乐家蔡文姬之父、一代名儒蔡邕正受董卓重用，一听到董卓想掘茂陵，吓了一大跳，急忙前去拦阻董卓。经蔡邕一说，董卓也觉得有些不妥，便笑着说自己不过是开玩笑的。董卓也知道，汉武帝一生敬神寻仙，熬炼仙药，其陵中不仅可能有五毒灵芝草，也许还有专治哑巴的灵丹妙药呢。从这时起，董卓的心里就有了盗掘茂陵的念头。

献帝初平元年（190年），冀州刺史孙馥与袁绍、孙坚等人兴兵声讨挟天子西入关中的董卓，农民义军黄巾军余部重新在关东起兵。前方战事顿时吃紧，军费开销很大，董卓又起了盗掘古墓的念头。这期间，关中的不少汉墓被他手下挖掘了，得了不少财宝，五毒灵芝草却总是见不到影子。董卓终于下决心盗掘茂陵，并派其得力干将吕布充当盗墓先锋，还找来了一个叫时仁夫的掘墓高手。

蔡邕阻拦不住，气得暗暗横下了一条心，说什么也不能让董卓的诡计得逞，一定要保住皇室的陵墓。

时仁夫不愧为盗墓高手，仅用了三天时间就打开了这个巨大的古墓。董卓大喜，让吕布和时仁夫带着士兵进去，除了金银财宝之外，还让他们细心寻找传说中的五毒灵芝草或者药方。但是，搜遍了整个陵墓，连汉武帝的棺木都翻了个底儿朝天，灵丹妙药还是未能找到。吕布没有完成董卓交予的特殊使命，心中既着急又懊丧。正在这时，突然一阵阴风吹来，不知从什么地方飘起一股黑色的烟雾。众兵士手中的松明火把一下子全被吹灭了，墓室里顿时漆黑一团。黑暗中只听得一阵乱响，大家都疯了似的抢夺珠宝。时仁夫的头莫名其妙地痛起来了。他大叫一声："有鬼呀！"立即抱头鼠窜。其他士兵也慌了神，惊叫着跟了出去。吕布拦也拦不住，只得出了陵墓。

刚跑出陵墓，跑在最前面的时仁夫就被董卓派人抓住了。原来董卓怕进去的人暗藏宝物，就埋伏了一队士兵，专门搜查那些进入陵墓的人，不能让人带走一件宝物。他们从时仁夫身上搜出了一卷黄绢，上面写着"千里草，何青青，十日卜，不得生"。

黄绢被交到了董卓手上。董卓端详了一阵，不知其意，于是转而问大臣。众大臣面面相觑，无人应答。董卓大怒，厉声喝问："连这十二个字的意思都不能理解，我养你们这帮大臣何用！"厉声之下，众大臣无不战栗。董卓更为生气，走下殿来，双目圆睁，逼视着站在最前面的谋士李儒。李儒扑通一声跪下："大王，臣非不知，实不敢说。"董卓说："你说，我不怪你，赶快说。"李儒颤声道："这句话是诅咒您的。""如何见得？"董卓仍是不解。李儒道："您看，这'千里草'，合起来是一个'董'字，'十日卜'合起来，是一个'卓'字，这句话是诅咒您不得生啊。"董卓听完，气得快要晕过去了，他伸手将那一卷黄绢拿来，欲将其撕个粉碎。但是，这绢纸非常结实，怎么撕也撕不碎。盛怒之下，他将其掷于地，踩于脚下，立即叫来卫兵砍下时仁夫的头，将脑袋悬在城墙上示众。

没有找到神药和秘方，反而遭到戏弄咒骂，董卓一怒之下欲把刘彻的尸骨拖出棺外"晒尸"，羞辱一番。蔡邕急忙上前苦劝，说这有损阴德，是世人不齿的恶事，董卓十分迷信，怕真有天大的报应降临，这才作罢。

人们可能要追问那段黄绢的来历，其实，那不过是蔡邕的一个计谋。他事先写好黄绢，让一个参加掘墓的心腹悄悄带在身边，还让他带了一些制造烟雾的东西在墓里施放烟雾。在昏暗与慌乱之中，这个士兵把黄绢塞到时仁夫的身上，制造了一出让盗墓人心惊肉跳的闹剧。

董卓盗墓、暴晒汉武帝尸骨的故事，在《三国志》《后汉书》中有记载，但都很简略。后世记载中越来越多演绎的成分，有不少存疑之处。

◎ 恶魔来俊臣，疯狂之后的报应

武则天神功元年（697 年），长安城的刑场上黑压压一片，人头攒动，吼声震天。行刑台上跪着一个面目猥琐、已被眼前愤怒的人群吓得缩成一团的犯人。监斩台上令箭掷下，刽子手手起刀落，人头还未落地，台下的人群便蜂拥而上，抢着剜眼、掏心、割肉、捧血，须臾工夫，这个被斩的犯人就被剥得一干二净，只剩下了一副森森白骨。然而，人们并未罢休，又将其骨头踢翻在地，牵来壮马来回践踏，直到将这些骨头踏得粉碎，吐上唾沫，方咬牙切齿而去。

这个遭到人们如此痛恨的人是谁？他就是在武则天手下作恶时间最长、危害最大、品行最为卑劣、心机最为阴险、手段最为残酷的一代酷吏来俊臣。

来俊臣是武则天时期著名的酷吏，曾任司仆少卿、侍御史、左台御史中丞等职。这个人是典型的迫害狂，人落到了他手里，如同下了地狱，在地狱里来俊臣就是阎王，他想怎么整谁就怎么整谁。在这里，正义、法律、人道是不存在的，只有恶魔的随心所欲。

来俊臣与司刑评事万国俊，共同撰写了《罗织经》，实际上就是"整人经""害人经"，教他们的门徒如何编造罪状、安排情节、描绘细节，陷害无辜的人。他们还争相发明了刑讯办法，名目繁多，可谓整人有术。当时，被来俊臣定罪冤杀的有一千多家，按当时一人治罪牵连几十人或上百人的情况推算，被他冤杀的有几万到十几万人。

来俊臣、万国俊编写《罗织经》除了为武则天剪除异己，还用来夺取别人妻妾。别人妻妾有漂亮的，来俊臣千方百计地夺取，一定要弄到手。要是人家不给怎么办呢？客气一点，他就假传圣旨，让对方把女人送给他；要是这家人不识相，他就告人家谋反，几乎杀光这家人，然后把女人弄过来，被他害得家破人亡的不计其数。

《历代通鉴》中记载，自宰相以下的同僚，来俊臣登记姓名按顺序夺取他们的妻妾。《新唐书·酷吏》有多处载述："长寿中，还授殿中丞，坐赃贬同州参军事，暴纵自如，夺同僚妻，又辱其母。俄召为合宫尉，擢洛阳令，进司仆少卿，赐司农奴婢十人……卫遂忠虽无行，颇有辞辩，素与俊臣善。始王庆诜女适段简而美，俊臣矫诏强娶之。它日，会妻族，酒酣，遂忠诣之，阍者不肯通，遂忠直入谩骂，俊臣耻妻见辱，已命驱而缚于廷，既乃释之，自此有隙，妻亦惭，自杀。简有妾美，俊臣遣人示风旨，简惧，以妾归之。"

来俊臣不仅强夺身边熟人的妻妾，邪恶的目光还盯上了番邦酋长。《新唐书》记载，来俊臣听说番邦酋长阿史那斛瑟罗有婢女极善歌舞，就想强占过来。为了达到卑劣的目的，他使出了他惯用的手段，指使他的同党和遍布全国各地的爪牙齐诬陷阿史那斛瑟罗谋反。其他数十名酋长看到阿史那斛瑟罗被诬，身家性命不保，不惜用本民族的风俗：自己割破自己的脸面，满脸流流不止，以此来证明阿史那斛瑟罗并未谋反。即便有这么多的酋长用了这样极端的手段来保阿史那斛瑟罗，也只保得他一家免死而已。

来俊臣祸害朝官百姓，说到底，不是他有多大的本事，而是他始终是武则天手中的一颗棋子。偏偏这种得志的小人以为自己了不起，他诬陷杀害的人越来越多，他的头脑也就越来越膨胀，最后竟忘了自己不过是女皇帝武则天的御用工具，打起了武氏诸王和太平公主的主意。他跑到武则天跟前，说武则天的儿女、侄子们全都不可靠。

这一次，来俊臣遇到了对手。武承嗣立刻行动起来，以带头大哥的身份联络了武家子弟和太平公主，当时太平公主已经嫁到武家，算是武家的人。后来为了增强实力，武承嗣又把皇嗣李旦也拉了进来，最后干脆连禁军将领也拉上。这些人本来不是一个阵营的，彼此有诸多矛盾，但是在痛恨来俊臣这一点上空前一致。反正来俊臣让他们人心惶惶，正好趁着人多势众，一起打倒他。联络好了之后，以魏王武承嗣为首，这些人联名上奏，控告来俊臣。

武则天怎么处理呢？在武则天看来，来俊臣在实施杀戮计划中是有功的，她想保护来俊臣，因此迟迟没有答复。然而越是这样，那些告来俊臣的人越害怕，要是来俊臣不死，接下来就得是这些人回家准备棺材了。宰相吉顼、武则天的男宠们，都被动员起来游说武则天。当武则天得知天下人无不痛恨来俊臣的时候，她只有让来俊臣当替罪羊，以平息天下的怨气。

来俊臣在疯狂之后遭到了应有的报应。

来俊臣从天授年间被武则天启用，到他被处死，危害朝野的时间长达七年。这七年，可以说是中国古代司法史上最黑暗的时期之一。来俊臣被杀后，老百姓才出了一口长气，奔走相告说："自今眠者背始贴席矣！"意思是说，来俊臣现在死了，我们都可以睡个安稳觉了，由此可见来俊臣之可恨与可怕。

◎ 奸相李林甫的另一面

李林甫是唐玄宗李隆基时的宰相，因会机变、善钻营，而被称为口蜜腹剑的小人，即使以现代的眼光来看，李林甫也是一个道德缺失的人。但客观地说，作为一个政治家，李林甫也有可取之处。

李林甫是一个务实、精明的行政官员和制度专家，在处理朝政重大军国事务时，城府深密，颇为老练，史称其"每事过慎，条理众务，增修纲纪，中外迁除，皆有恒度"。李林甫有较强的行政组织能力，处理政务尽心尽职，对朝廷的支配，远比姚崇等人全面。他善于领会唐玄宗的政治意图，并能贯彻执行唐玄宗制定的方针政策。唐玄宗时期的许多重大而有价值的改革都有李林甫参与，他彻底修改了整个税制和地方费用规章，使财政制度更切合地方实际，这确是一大成就。他修订的全部法典，至十四世纪初仍保持其权威性。他协助唐玄宗在财政制度、军事制度、政治制度、选举制度及法律制度上采取了一系列措施。李林甫执政时期，唐朝经济有了很大发展，对外战争连续获得了辉煌胜利，唐王朝达到鼎盛。

李林甫主政时期，国家稳定，保持了盛唐气象。他以高超的政治手腕，依靠他个人的威望，有效地控制着朝廷，驾驭官员和将领，牢牢控制每一个掌握军权的节度使，对他们保持着绝对的权威和威慑力。他也在各个藩镇将领之间维系着微妙的平衡。连安禄山这样手握重兵、桀骜不羁的节度使都畏惧他，小心翼翼地效忠朝廷。史载，安禄山在朝廷里最怕的人就是李林甫。李林甫间接延缓了安禄山的叛乱。

安禄山初见李林甫的时候，仗着唐玄宗的恩宠，态度怠慢，相当不恭敬。李林甫瞧在眼中，却不动声色。当时大夫王鉷也专权用事，和杨国忠齐名，李林甫托故把王鉷叫来，让安禄山站在一旁。当时王鉷身兼二十余职，备受恩宠，见了李林甫也卑词趋拜，满脸媚笑。李林甫向王鉷问对，十分谨慎，王鉷对答，百倍地恭敬。安禄山在一旁不觉瞪大了眼睛，态度也恭敬起来。王鉷说话越谨慎，安禄山的态度也就越恭敬。李林甫看见安禄山态度的转变，这才胸有成竹地对安禄山说道："安将军此次来京，深得皇上欢心，可喜可贺。将军务必好自为之，效命朝廷。皇上虽春秋已高，但宰相不老。"安禄山听了李林甫的话，心中深惧。

此后李林甫每次和安禄山谈话，都能猜透安禄山的真实心思，安禄山心里暗暗惊服。安禄山善于拍马屁，将唐玄宗哄得服服帖帖，对满朝文武倨傲无礼，任意侮慢朝臣，唯独畏惧李林甫。史书记载："每见，虽盛冬，常汗沾衣。"（《资治通鉴》卷216）。安禄山曾掏心窝子地对自己的亲近说过："我安禄山出生入死，天不怕地不怕，当今天子我也不怕，只是害怕李相公。"李林甫问安禄山任何事情，安禄山丝毫不敢隐瞒，将李林甫奉若神明。

李林甫也有自己的小算盘，并不敢轻易得罪安禄山，见安禄山意屈，之后便恩威并施。慢慢地，二人关系亲密起来，安禄山亲切地称呼李林甫为"十郎"。安禄山人在范阳时，每逢派人向朝廷奏事，便叮咛问候李林甫。奏事之人从长安回来，安禄山所问的第一句话不是别的，而是问"十郎何如"。

李林甫死后，藩镇将领间的平衡被打破。李林甫的继任杨国忠是凭着裙带关系进入朝廷决策层的，并无李林甫那样干练的政治才能。杨国忠上台后和安禄山的关系急剧恶化，终于使安禄山在天宝十四年策动叛乱，辉煌的大唐盛世戛然而止。

值得一提的是，杨国忠诬陷死后的李林甫，很被人看不起，以至于"天下以为冤"（《旧唐书·李林甫传》）。不难想象，如果李林甫什么正事都不干，整天就知道琢磨人、整人，他不可能被天下的人予以如此的同情。

其实，在李林甫主政时期，国家稳定，保持了盛唐气象。

◎ 明朝的"奸臣书法家"严嵩

中国书法，是文字的艺术，是艺术的文字。自汉字诞生的那一天起，书法作为艺术的载体伴随着汉字一路前行。可以说，世界上没有哪个国家的文字能够像汉字这样，像无声的音乐一样令人陶醉，像有形的绘画一样令人着迷。

受儒家学说的影响，在历代书法评价中，书品和人品是血肉相连、密不可分的——书法是人品的外在体现，人品是书法的内涵延伸。人好，字就好，因人捧字；人坏，字就坏，因人废字。比如，明代的严嵩堪称书法大家，但因他的奸邪而被废字，故书法作品留传下来的极少。

严嵩，字惟中，号勉庵、介溪、分宜等，江西人，自幼聪颖好学，5岁在严氏祠启蒙，9岁入县学，10岁县试拔擢超群，19岁中举，25岁殿试中二甲进士，进入翰林院。其文才超群，不仅那些宫内宦官难以望其项背，即使是在同时代的文臣中间也是公认的佼佼者。后来他结党营私，残害忠良，最终落得削籍为民的下场，家产尽抄，其家产共抄得黄金三万多两、白银二百万两，相当于当时全国一年的财政总收入。此外还有田地上百万亩、房屋六千多间，以及无数的珍稀古玩和名人字画。

这个大奸臣的书法，和宋朝两大"奸臣书法家"蔡京、秦桧的水平相若。史料记载，山海关的"天下第一关"就是他的手书；在山东曲阜圣人阙里，孔府门额上两个流金溢彩的正书大字"圣府"，其笔力雄健刚劲、凝重高雅，为后世书家所重视，也是严嵩的作品。京城什刹海、北海、故宫等地都有他的书法作品。清代京城有个顺天府乡试的贡院，皇帝非常重视，主考官都是尚书衔的。这个贡院的大殿匾额上"至公堂"三个大字，也是严嵩的手书。这样一个为朝廷选拔俊才的堂皇之所，悬挂的竟然是大奸臣题写的匾额，无论谁见了也会觉得不舒服。乾隆帝想把它换掉，虽然他对自己的字比较自信（这可以从他在全国各地信手题写匾额可以看出来），可他自己书写那几个字之后，觉得不如严嵩的好；叫大臣们写，也觉得不如严嵩的，最后就放弃了将其换掉的想法。

可以想见，严嵩当权时，不知有多少人求其墨宝，其书法价码绝对是让人咋舌的。政治人物的书法价码随着权势的长消而涨落，这是一条规律。严嵩身败名裂后，他的书法盛名也被他的奸恶之名淹没了，但毕竟还是有些手迹留存后世。

严嵩的书迹中，"六必居"这三个字最具代表性，数百年来一直让后人争论不休。"六必居"是嘉靖年间开设的一家著名酱园的店名，位于北京前门，严嵩应店主之请题写了匾额。这块匾的书体，堂堂正正，字体丰润，笔力强健，堪称精品。不过，由于严嵩题匾时并未署上自己的大名（当时题匾，多不署自己的名字），有人便否认这是严嵩所写——以为坏人写不出这么好的题匾。实际上，书法界大都认为"六必居"三字是严嵩手书无疑，只是因人废字而已。

严嵩不但是个书法家，还是个诗人。他在从政之初曾因病返回江西老家，于钤山筑室读书数年，因此他的诗文集名为《钤山堂集》，收录其诗作一千三百余首。与严嵩同时代的进士王廷相在嘉靖十二年为严嵩《钤山堂集》作序："其诗思冲邃闲远，在孟襄阳伯仲之间；文致明润婉洁，揆之欧阳子，稍益之奇，未尝不叹服；其体格古雅而卒泽于道德之会也。"时人何良俊在其《四友斋丛说·诗三》中记载："……空同曰：'如今词章之学，翰林诸公严惟中为最……'"空同即被后人誉为"前明七子"之首的李梦阳的号。何良俊还称："严介老之诗，秀丽清警，近代名家，鲜有能出其右者。"明沈德符《万历野获编·二相诗词》云："严分宜自为史官，即引疾归卧数年，读书赋诗，其集名《钤山堂集》。诗皆清利，作钱刘调，五言尤为长城，盖李长沙流亚，特古乐府不逮之耳。"严嵩当政时，嘉靖皇帝迷长生不老之术，喜以青词（祭神的文书）向上天祈福。而严嵩善于起草青词，讨得嘉靖欢心，遂取得内阁首辅之位，时人讥为"青词宰相"。

严嵩的诗作，到了清朝编《四库全书》时，任总编纂的纪昀，也不忍一笔勾销，还引用了王世贞的一句诗，"孔雀虽有毒，不能掩文章"，表示不能因人废文，来肯定他"独为迥出"的文学功力。但由于他"窃政二十年，溺信恶子，流毒天下，人咸指目为奸臣"，其文学成就常不被人提及。

◎ "九千岁"不过是一场梦

大多数太监是在孩童时被净身入宫，被动地当了太监，而明朝的九千岁大太监魏忠贤则不然，他是娶妻生女之后才进宫做太监的。

魏忠贤，原名魏进忠、李进忠，后来明熹宗又给他改名魏忠贤，北直隶肃宁（今属河北）人。明末朱长祚写的《玉镜新谭》中说魏忠贤"形质丰伟，言辞佞利"。意思是身形高大伟岸，风度翩翩，伶牙俐齿，口若悬河，特别擅长讲拍马的话，所以叫"言辞佞利"。而且他多才多艺，唱歌、奏乐、下棋、踢球，样样胜人一筹。

魏忠贤的父母并不富裕。他的这些爱好全都是花钱学来的，他却像大户人家公子哥似的，将家产挥霍一空。于是，在魏忠贤十几岁的时候，父母就给他成了家，想着能让他收心。婚后不久，魏忠贤的妻子冯氏生下一个女儿。

一般来说，有了妻女的男人应该是家庭顶梁柱了，然而魏忠贤并没有收心。他父亲死后，家里留下三个女眷，魏忠贤只顾自己玩乐，家里的生计，他一概不管。

魏忠贤生性好赌，因为无力偿还赌债，被人百般羞辱，还被打得落荒而逃。此时，赌徒的性格让他做出了常人难以做出的决定：去做太监。

这也不是个很突兀的决定，因为魏忠贤所在的河北肃宁县，很多人迫于生计，为追求富贵，去当太监，时人并不以为异。

然而，决定好做，实施这个决定却依然困难重重。

摆在魏忠贤面前的有三大难题。首先，净身需要交一笔钱，手术、疗养、饮食、医药等费用，合起来最低也要二十多两银子，这笔钱对他家来说无疑是一大笔钱；其次，当时的净身手术师虽然有一定经验，但一无麻醉，二无消毒，死亡率很高，特别是成年人的净身手术，死亡率更高；最后，也是最重要的一点，净了身也不一定能当上太监。

由于朝廷不是每年都大批招收太监，且录取比例只是十之一二，从明嘉靖初年起，常年都有一两千名"净了身"的准太监在京城候着，眼巴巴地等机会。要是始终未能录用，就无颜再见乡亲，只能在皇城周围的寺庙里蹭住、要吃。其中，也有一部分流浪乞讨的。社会上对这些落选者有一个专门的称呼"无名白"，也就是净过了身却没门子进宫的人。

面对这样险恶的前途，魏忠贤的决定可以说是铤而走险。然而，他的血液里天生有一股天不怕地不怕的劲儿。为了筹集费用，他说动家里，让母亲改嫁一个姓李的，妻子改嫁他乡，又把女儿卖给人家做童养媳。

借助太监村的优势，他很快打听到了进宫的门路，和专管招收太监的吴公公搭上了线。然后，他揣着家里东拼西凑来的二十多两银子，进京找一家私人净身师，净了身。

手术后，魏忠贤躺了一个月。为了减少小便，净身师每天给他喝臭大麻水，让他拉稀。魏忠贤不能动，直接拉在炕上的稻草里，整个屋子恶臭难闻。魏忠贤的运气还算不错，伤口没有感染，顺利地度过了危险期。

他用剩下的钱作见面礼送给吴公公，吴公公收了钱，能不能进宫却绝口不提。魏忠贤的伤口好了，只好在京城乞丐们聚集的龙华寺里安身，这一等就是四个月。这四个月里，几乎每天晚上他都做噩梦。秋去冬来，他连一身御寒的衣服也没有，整天窝在龙华寺偏房里，不敢出去。

万历十七年腊月十四日，魏忠贤终于赶上了那一年最后一次挑选。宫里需要一个清理马桶的人。在所有待选的人里，他二十二岁算是最大的，长得魁梧，身手又灵便，成了那一拨二十多个人里唯一一个入选者。

消息传来，他很激动，好像一个读书人高中了进士一样，虽然那是一份清理马桶的差事。

魏忠贤赢了，他的赢和赌徒性格有关，也与偶然的好运气有关。魏忠贤知道：支点已经蹬住了，今后就看怎么爬了。他不能就这么摧眉折腰事奉一辈子权贵，他要在这儿翻身！于是，宫里的事，他分外留心，多看、多听、多打探。比如，老规矩是如何，人际关系是怎样，皇上有几个娘娘，老公公里谁权大谁权小……日子一长，他都明白了。

不久，魏忠贤在宫中结交了太子宫太监王安，得其佑庇。后又结识了皇长孙朱由校奶妈客氏，并与之对食。他对皇长孙，则极尽谄媚事，引诱其宴游，甚得其欢心。泰昌元年（1620年），本书前文介绍过的那个"文盲皇帝"朱由校即位，是为熹宗，国号天启。大字不识几个的魏忠贤，被"文盲皇帝"升为司礼秉笔太监并提督东厂——这个位置太重要了，前者是皇帝的机要秘书，替皇帝批阅公文；后者掌握最大的秘密警察机构，文武兼于一身，有了兴风作浪最大的本钱。至于他不识字如何批阅公文，有了巨大的权力，这点小小的不足就太容易弥补了。

前文曾经说过，朱由校是个"木匠天才"，喜欢刀锯斧凿和油漆的工作，"朝夕营造"，"每营造得意，即膳饮可忘，寒暑罔觉"。魏忠贤总是乘他做木工全神贯注之时，拿着重要的奏章请他批阅，熹宗随口说："朕已悉矣！汝辈好为之。"魏忠贤逐渐专擅朝政。

后来，魏忠贤成了九千岁，侄儿侄孙被封为公侯，他还在民间养了不少"义子"，如什么"五虎""五狗""十孩""四十孙"等。魏忠贤诛杀了妨碍他专权的东林党人，专断国政，以致人们"只知有忠贤，而不知有皇上"。在其全盛时期，各地官吏阿谀奉承，纷纷为他设立生祠。

天启七年（1627年）八月，熹宗病死，他的弟弟——信王朱由检即位，他就是崇祯皇帝。无疑，魏忠贤也想控制崇祯皇帝。据说，他曾进献国色四人，带有香丸一粒，名"迷魂香"。他要把崇祯皇帝变成痴呆皇帝，但没有得逞。

崇祯皇帝初即位，小心谨慎，无所举动。九月，他采取了第一个措施，把客氏赶出皇宫。十月，弹劾魏忠贤和魏党的奏疏突然出现。十一月，魏忠贤被免去司礼监和东厂的职务，谪发凤阳守祖陵。这是一个试探性的决定，没有引起大的骚乱。于是，崇祯皇帝命锦衣卫擒拿魏忠贤治罪，将其流放凤阳。

魏忠贤行至途中，接到密报。当夜，他听到外边有人唱道："随行的是寒月影，吆喝的是马声嘶。似这般荒凉也，真个不如死。"想到昔日的荣华富贵，魏忠贤也感到真个不如死，于是上吊自杀了，其余党亦被崇祯皇帝彻底肃清。

◎ 和珅的自白书

"和珅跌倒，嘉庆吃饱"，清朝查处和珅后，当时流行的民谣。说的是乾隆皇帝的宠臣、大贪官和珅家财万贯，富可敌国，获罪后从他家抄出金银财宝无数，接任的嘉庆皇帝便不愁没钱花了。

这些年，和珅也成了大行其道的清宫戏里的重要人物，经影视演员淋漓尽致地表演，观众看到了和珅诸多嘴脸：察言观色、曲意奉承、溜须拍马、苦心钻营、奸诈狡猾、阴险毒辣、拉帮结派、专擅朝政等。那么，历史上的和珅是不是真如民间传言和电视剧中展现的那样，几乎集天下丑恶于一身呢？

和珅出生在一个并不富裕的武官家庭，他与弟弟和琳从小受到较好的教育，十来岁时被选入咸安宫官学，接受儒学经典和满、汉、蒙古文字教育。乾隆三十四年（1769 年），和珅年方二十，完成了咸安宫学业。这时的和珅风度翩翩，一表人才，上学时就被身居高位的英廉看中了，遂将其娇爱的孙女嫁给了他。

英廉是身兼刑部尚书、户部侍郎、正黄旗都统的高官。在英廉的帮助下，和珅被挑选去给乾隆皇帝当銮仪卫听差。这个差事虽然地位不高，但能接近皇帝，一旦得到皇帝垂青，便可以飞黄腾达。

乾隆四十年的一天，乾隆帝准备外出，侍卫人员一时找不到"黄盖"。乾隆帝很不高兴，借用《论语》中的一句话问道："是谁之过欤？"

其他侍卫瞠目结舌，不知如何回答。只有和珅明白皇上的意思，他引用古书上的一句话回答道："典守者不得辞其责。"乾隆十分满意，于是将和珅提升为侍卫。

乾隆四十一年正月，和珅又被提升为户部左侍郎，三月授军机大臣，四月，授总管内务府大臣……短短半年，和珅从一名普通的侍卫，进入清王朝权力的最高层，做军机大臣时才 28 岁。和珅在一生中几乎把握过大清帝国所有有实权的职位，朝廷的人事权、财权、军权、文化教育大权、民族事务及外交大权都曾被他直接控制在手里。

乾隆死后才几天，嘉庆皇帝就下诏逮捕并处死了和珅，并对和珅的家产进行了清查。然而，嘉庆皇帝并没有公开处理此案，甚至对上书要求公布和珅家产的萨彬图也罢官处置。他还让和珅自尽，使其得以保留全尸，而且也未严厉处置和珅的儿子丰绅殷德和丰绅宜绵，只是革去丰绅殷德的伯爵贝子的身份，让他承袭祖上三等轻车都尉。和珅的部分房产除了分给大部分家人，也留给了丰绅殷德和公主。丰绅殷德 36 岁死前，嘉庆皇帝还赏了他公爵衔，并且在丰绅殷德生病期间，嘉庆皇帝几次派大臣看望。可见，嘉庆并非如人们所说的那样恨和珅。

那么，究竟和珅是怎样一个人呢？

据载，嘉庆在查抄和珅的家产时，意外发现了和珅的自白书，这份自白书嘉庆皇帝看完后即烧了，他犹豫了好几天，才决定对和珅由凌迟处死改为留其全尸。那么，这份自白书到底写了什么呢？

不少历史爱好者辗转清史记录，终于查出一点眉目，大概了解到和珅自白书的主要内容（翻译成白话）：

"……人人都骂我和珅贪，人人都说我和珅是二皇帝，甚至因此侮蔑先皇用人不当，这实在是天大的冤枉。

"我用尽了心机，由一个抬轿子的因答对《论语》而受先皇赏识，去云南查办李侍尧时，我何尝不想做一个大大的清官！但我知道先皇是个仁慈的帝王，不忍杀旧臣，我和珅这才上书奏请免去李侍尧死罪。众大臣都骂我，他们哪里了解先皇的心思呀！自此后，先皇便对我宠爱有加，并且与我约定：我们君臣二人一起做一些惊天下的事，为万民造福。

"但是，天下已经开始不安稳了，到处有闹乱，贪官处处有。如何才能治理好天下？我思考了很久，提出'养廉银''议罪银'，却遭到众大臣的侮骂，这些迂腐的大臣，哪里懂得杀人能治天下？全都杀了谁来治理天下……后来我大胆地冒出一个想法，甘愿冒天下之大不韪，我来做一个贪官，'总管'天下的贪官，把这些财富积累起来，为朝廷做不时之需。我把这个想法跟先皇说了，先皇先是大骂了我，然后又感动地说：和爱卿，你替朕为天下受骂名了。于是，我们君臣二人就这样约定了。但我万万没想到，天下的贪官竟有这么多，贪污的钱竟有这么多，我按月将封存的财富数目上报先皇，不差一毫。先皇因此对我更加宠爱、信任，任凭有些官员如何参奏，都落得无一能成。有时先皇就假装平衡一下，'处置处置'我，但回头就又为我补偿回来。

"……尽管我遭了一世的骂名，但我甘愿如此，这都是报先皇的隆恩啊……可我的子孙呢？难道也让他们遭受骂名？于是，我教育我的两个儿子清正做人！只有我的夫人和卿怜、豆蔻了解我的真正为人，他们一直默默地支持我，她们也一同为我背了骂名呀！我和珅对不起她们呀！

"为保我平安，先皇将他最宠爱的公主嫁给我儿子丰绅殷德，先皇曾经对我说过：'和珅，朕百年之后，永琰继位，必会治你，你如何？'我说：'皇上，臣愿终身伺候皇上，随皇上同去，决不将皇上与臣的约定告示永琰，臣既然已经背了这个骂名，就背到底，但愿永琰将来不要连及我的家人。'先皇听了和珅此言，已是老泪纵横。

"先皇呀，您已去了，和珅料理完您的后事，就随您而去。在地下，和珅仍旧伺候您。"

可惜，嘉庆发现自白书时，已经将和珅逮捕了，并且公布了和珅二十大罪（这二十大罪有点勉强，就连送如意、娶宫女、谈笑、权威大这些事都算上了，却没有一桩查有实据的贪污受贿铁证），但如果不杀和珅，把这些罪挨个取消的话，如何能服天下？总不能把这封信公布于天下吧？那岂不是让乾隆遭受更多的非议？另一方面，和珅权势滔天，被人称为"二皇帝"，以至于嘉庆感叹："如今天下只知有和珅，不知有朕。"这也是和珅最后被处死的一个重要原因。鉴于他对先皇的一片忠心，嘉庆只是赐和珅自尽，保住了和珅的家人，和珅与乾隆的秘密财富也被封到内务府，没有公布于众。

其实，和珅"自白书"所言真假无所查证，以和珅之智略，预判到了结局，提前为自己留一条后路，也未可知。

第七章
乱世枭雄，在风云的漩涡中腾挪

中国历史上有这样一群人，如果他们生在和平年代，或许无所作为，在那些高高在上的君子眼中，他们就是贬义词的集合体。但如天下大乱，一切都失去秩序，礼法、道德被抛在一边，有些被君子看不起的"混子"就有了浮出水面、登堂入室的良机。这就是所谓的乱世出枭雄。

◎ "赘阉遗丑"曹操的博誉之道

一代枭雄曹操，被人蔑称为"赘阉遗丑"。"赘阉遗丑"里的"赘"字有"收养"和"奴婢"之意，"阉"是说曹操是宦官门第，这是骂曹操是奴婢和阉宦的遗孽。

曹操生于东汉桓帝王朝，长于东汉灵帝王朝。东汉桓、灵两朝，是汉王朝四百年来最昏暗、最腐败的时期。在这一时期，宦官专权，整个社会如一潭污泥浊水。人们又习惯性把这一切归罪于宦官弄权。太监在那个时期就这么成了千人唾万人骂的对象。曹操的父亲曹嵩是宦官曹腾的养子，曹操继承了曹腾的侯爵，他自然就要背负恶名。一方面，他享受着尊贵的社会地位和优越的生活，另一方面也让他感到极度自卑，在世人面前长期抬不起头，被世人所鄙视和厌恶。

年轻时期的曹操任性好侠、放荡不羁，社会上没有人认为他有什么特别的才能。再加上他的出身受到非议，所以曹操早期的声誉是比较糟糕的。

一个人的声誉在某种程度上影响着他的升迁与发展。曹操是一个不甘平庸的人，他认识到，要大展宏图，首先要提升自己的声誉，让别人看得起自己。可是，怎么博得声誉呢？

通过反复思考，曹操想到了一个捷径：结交名流。

汉代用人，非常重视舆论的评价，其取用的标准，主要是依据地方上的评议亦即所谓清议，实际上就是一种舆论方面的鉴定。士子们为了取得清议的赞誉，就不得不进行广泛的社交活动，寻师访友，以展示并提高自己的才学和声名，博取人们的注意和好感。特别注意博取清议权威的赞誉，以致有些清议权威终日宾客盈门，甚至还出现了求名者不远千里而至的情况。曹操对于这种形势，有着极为清醒的认识，因此他特别注意结交名士，竭力争取他们的支持。

曹操不停地拜访名士，与年轻的名士结交为朋友，向年长的名士求教。

颍川李瓒是"党人"领袖李膺之子，后来做过东平国相（如同郡守）。曹操同他交往，彼此了解很深。李瓒非常赞赏曹操的才能，临终时对儿子李宣说："国家将要大乱，天下英雄没有一个人能超过曹操的。张孟卓（张邈）是我的朋友，袁本初（袁绍）是你的外亲，虽然如此，你也不要依附他们，一定要去投靠曹操。"后来李瓒的几个儿子遵从父命，在乱世中果然保全了性命。

南阳何颙，字伯求，年轻时游学洛阳，与郭泰、贾彪等太学生首领交好，很有名气。好友卢伟高父亲临终时，何颙前去问候，得知其父有仇未报，便帮助卢伟高复了仇，并将仇人的头拿来在他父亲墓前祭奠，很是侠义。

何颙和大官僚士大夫"党人"陈蕃、李膺相好。陈蕃、李膺被宦官杀害后，何颙受到牵连，在被拘捕之列，于是他变名易姓逃到汝南躲了起来。袁绍慕其名，私下与其交往。何颙经常潜入洛阳与袁绍计议，解救"党人"。

曹操在这期间也同何颙交往，谈孔学，论百家，说《诗经》，讲兵法，头头是道。分析评论现实的派别斗争、党锢之祸，很有见地。表现了学识渊博而且有济世之才。何颙私下对别人说："汉家将要灭亡，能够安天下的，必定是这个人。"曹操知道后，非常感激。

此后，曹操在士人中的名声就更大了。在当时的诸多名士中，许劭是一个非常有影响的人物，谁要是获得他的好评，会对自己的仕途产生十分有利的影响。曹操为了取得许劭的好评，先去拜访在评议界享有很高声望的大名士桥玄。

桥玄，字公祖，梁国雅阳人。历任县功曹、国相、太守、司徒长史、将作大匠、少府、大鸿胪、司空、司徒、尚书令等职。光和元年（178年），升任太尉。以刚毅果断著称，敢于打击豪强贪官。自己则廉洁自守，虽身居要职，子弟宗亲却没有一个凭借关系做上大官的。他家贫乏产业，去世后，竟难以殡葬，当时的人们为此将他称为名臣。桥玄谦恭下士，善于观察和品评人物，在清议界也享有很高的声望。

曹操慕名前往，桥玄与之接谈后，感到曹操很不平常，于是说："现在天下将要变乱，不是经邦济世的人才是不可能使天下安定下来的。能够安定天下的，大概就是你了。"

停了一下，桥玄又说："我见过的天下名士多了，没有一个是像你这样的。你要好好努力。我已经老了，愿意把妻子儿女托付给你。"

曹操听了，非常感激，把这位老前辈引为知己。桥玄觉得曹操还没有什么名气，又劝他去结交许劭。

许劭，字子将，汝南平舆人。以名节自我尊崇，不肯应召出来做官。善于辨别、评述人物，当时人们推举清议的权威，无不把他和太原郭泰作为代表，谁要是能够得到许劭的赞誉，谁就能够身价倍增。许劭常在每月的初一，把本乡的人物重新评议一番，叫作"月旦评"。曹操由于桥玄的推荐，也对许劭慕名已久，不止一次带着厚礼、赔着笑脸拜访许劭，请求许劭对自己称誉一番。许劭一方面感到曹操与众不同，另一方面对曹操那些飞鹰走狗的行径有所了解，不大看得起他，因此拒不作答。曹操却是决不放松，坚持自己的要求，甚至找了个机会对许劭进行胁迫。许劭没有办法，只好说：

"你是一个太平时代的能臣、动乱时代的奸雄。"（治世之能臣，乱世之奸雄。）

曹操听了这个评语，感到非常开心，哈哈大笑着离去了。

此外，曹操还力图进入在统治集团中虽然一时还未占据优势但潜力却很大的士大夫集团，千方百计寻求同名士交往的机会，竭力争取他们的理解和支持。

由于争取到了众多名士替自己激扬名誉，曹操引起了士大夫集团越来越广泛的注意，这对他跻身士林、步入仕途起了很大作用。

曹操的崛起和他善于结交天下名士的做法是密切相关的。可以说，曹操从"提升声誉"入手，以结交名士开始，迈出了登上政治舞台的第一步，这一步是他后来得以施展才能的台阶。

◎ 奴隶皇帝与黄瓜名字的由来

黄瓜明明是绿色的，为何叫黄瓜？

据史料记载，黄瓜原名为胡瓜，是汉朝张骞出使西域时带回来的。胡瓜之所以更名为黄瓜，与十六国时期的枭雄石勒有关。

石勒（274-333年），上党武乡（今山西榆社北）人，羯族，十六国时期后赵建立者，从奴隶到皇帝，历史上的唯一一人。石勒，字世龙，原名匐勒。石勒这个姓名，是后来汲桑替他取的。

石勒小时候家里极其贫困，和普通百姓一样从事农耕，过着衣不蔽体、食不果腹的生活。他在荒年被当地的官僚当作奴隶卖到了山东一带。因为他懂得一些关于马的知识，所以受到当地一个叫作汲桑的牧马人的赏识。他们后来两个投奔活跃在山东、河北一带的割据军阀公师潘。公师潘兵败后，汲桑打开地方牢狱，扩充兵力，依据有利地形，自己作首领割据一方，石勒是他的骑兵主力。这时，石勒年约20岁左右，不久汲桑失败被杀。307年，石勒率部投奔匈奴首领刘渊。311年2月，石勒率军攻占新蔡（今属河南），又进攻许昌（今河南许昌东），斩晋平东将军王康。319年11月，石虎、张敬、张宾、支屈六、程遐等文武一百多人联名上疏，请石勒称尊号，石勒即位称赵王，改元称赵王元年，以襄国为都城。由于汉主刘曜此前已经改国号为赵，史称前赵，故称石勒所建为后赵。

当时中原地区的汉人把少数民族一概称为"胡"人，把由少数民族地区传入的食品、物件，也都冠以"胡"字。石勒本是入塞的羯族人，他做皇帝后，下令把羯族人称为国人。但老百姓并不买账，依然称他们为胡人，石勒大为恼火，于是制定了一条法令：无论说话写文章，一律严禁出现"胡"字，违者问斩。

有一天，石勒在单于庭召见地方官员，当他看到襄国郡守樊坦穿着打了补丁的衣服来见他，很不满意，劈头就问："樊坦，你为何衣冠不整就来朝见？"樊坦慌乱之中不知如何回答是好，随口答道："这都怪胡人没道义，把衣物都抢掠去了，害得我只好褴褛来朝。"他刚说完，就意识到自己犯了禁，急忙叩头请罪。石勒见他知罪，也就不再指责。

等到召见后例行"御赐午膳"时，石勒指着一盘胡瓜问樊坦："卿知此物何名？"樊坦看出这是石勒故意在考问他，便恭恭敬敬地回答道："紫案佳肴，银杯绿茶，金樽甘露，玉盘黄瓜。"石勒听了很满意。从此，胡瓜的称呼就被黄瓜取而代之。

到了唐朝时，黄瓜已成为南北方常见的蔬菜。

◎ 枭雄高欢与"快刀斩乱麻"

北魏末年，元氏政权江河日下，风雨飘摇。皇族内部、朝廷上层，为争夺最高权力，在都城洛阳相互残杀，统治集团分崩离析；契胡豪强，心存觊觎，虎视眈眈；各族人民的反抗起义，风起云涌，一浪高过一浪。六镇起义爆发后，一代枭雄高欢，浪迹于农民起义军和契胡酋长尔朱氏集团之间，在动乱中窥测方向，潜滋暗长。永熙元年（532年）高欢带兵夺取邺城，进入洛阳，废黜朱氏和他自己所立的两个皇帝，另立孝武帝元修。高欢任大丞相、太师、世袭定州刺史，随即平定并州，最终摄取北魏最高权力，分裂北魏，操纵东魏，为北齐的创建打下根基。

高欢养了十几个儿子。他平时对儿子们管教甚严，一心望子成龙。有一天，高欢想考查哪个儿子最聪明，就把儿子都叫到跟前。在相国府大堂，高欢威严地坐在上首，堂下列着两排矮几。矮几的后面，高欢的十几个儿子恭恭敬敬地站立两排。

高欢像检阅军队一样把儿子扫视了一遍，开口说道："你们都是高家的儿郎，高家的儿郎就得有高家的能耐。将来你们都是治理国家的栋梁，今天，为父要考考你们的能力。来人呀……"

十几个家奴鱼贯而入，每人端着一个木盘，每个盘子里都有一团乱麻。

高欢指着一团乱麻说："一个国家，就像这些千头万绪的乱麻，什么地方打结，什么地方就不顺，为父要你们理顺它，看谁先完成。"

"开始！"一声令下，高欢的儿子个个全神贯注，清理起乱麻。那黄澄澄的团团乱麻，好似给人践踏过的乱草窝，麻线纠结缠绕在一起，连找个线头都要费上大半天工夫。亏得诸儿有耐心，只见他们将乱麻一根根地抽出来，然后一根又一根理齐。只有高洋捧着乱麻既不抽头，也不理线，忽听"锵"的一声，高洋一把抽出家奴的佩刀，对着矮几上的乱麻一阵猛砍。

高澄劝道："大弟，这种事急躁不得，得耐住性子……"

高洋也不回答，他很快理出一缕缕短麻来，大声报告："父王，孩儿完成了。"

高欢放下书本，离座前来验视。不看犹可，一看不由得勃然大怒道："叫你理线，怎么都斩断了？"高洋脸不红，心不慌，坚定而有力地答道："乱者当斩！"高欢先是一愣，后来即刻回嗔作喜，暗暗想道："想不到此儿竟有执政的气魄！看来他将来必成大器！"想着，连忙宣布高洋获胜，予以奖赏。

果然不出所料，高洋长大后成了一国之君，他就是北齐的文宣帝。"快刀斩乱麻"的成语也从此传开。

◎ 杀了五个皇帝的宇文泰叔侄

宇文泰（507—556年），字黑獭，代郡武川（今内蒙古武川西）人，鲜卑族，西魏王朝的建立者和实际统治者，西魏禅周后，追尊为文王，庙号太祖，武成元年（559年），追尊为文皇帝。他是杰出的军事家、军事改革家、统帅。

宇文泰为鲜卑宇文部后裔。北魏于天兴年间在国都平城四周设武川、抚冥、怀朔、怀荒、柔玄、御夷六镇，又迁各族豪杰之家于此，后来的魏末诸英雄豪杰大多出自此六镇。北魏正光年间，沃野镇豪强破六韩（姓）拔陵（名）起兵为乱，占据了沃野镇，随即又遣党徒围攻武川、怀朔诸镇，拉开了摧毁北魏统治的边镇大暴动序幕，包括宇文家在内的一些家族就在这次风暴中崛起了。

永安三年（530年），尔朱天光、贺拔岳入关中镇压万俟丑奴起义，宇文泰跟随贺拔岳平定关陇。尔朱氏失败后，高欢命贺拔岳为关西大行台，宇文泰是他的有力辅佐。永熙三年（534年）高欢指使侯莫陈悦在平凉（今属甘肃平凉西南）杀死贺拔岳，宇文泰继统其军众，击败侯莫陈悦，东进占据长安。

北魏孝武帝元修讨伐高欢失败，惊恐西奔长安，投靠宇文泰。见到接他的宇文泰的部下时，元修哭着对他们说："黄河水往东流，而我却在往西走。将来假如我能再回洛阳，全都是你们的功劳啊！"

宇文泰虽是一个有雄才大略的枭雄，不但没把元修当回事，还对他抱有极大戒心。因为元修不是一个甘心听命于人的人，他连高欢都敢讨伐，何况势力远不如高欢的自己。宇文泰虽然表面上尊他为帝，却独揽大权，"军国之政，咸取决焉"，而且不久就看元修不顺眼。仅仅过了四个月，宇文泰派人用一杯毒酒毒死了元修。

宇文泰杀死元修之后，又立了一个叫元宝炬的人为皇帝，是为西魏文帝。这个元宝炬总算和宇文泰相处无事，当了十六年皇帝，平安死去。然后，元宝炬的儿子元钦即位。元钦当了两年皇帝，因不满宇文泰的专权想除掉他，因为消息泄露，结果反被宇文泰先下手。宇文泰废黜了元钦，不久又杀死了他。

这样，宇文泰就杀了两个皇帝。

宇文泰的侄儿宇文护，从小追随宇文泰，既为之管理家族，又随军转战，东征西讨，功绩不小，颇受宇文泰的信任和器重，官拜骠骑大将军，爵封中山公。

宇文泰杀了元钦后，立了元钦的弟弟元廓为帝，是为西魏恭帝。三年后，宇文泰因病死去，临死前，因为儿子还小，于是委托侄儿宇文护执掌政权。

这让宇文护的野心膨胀到了极点。掌握实权后感觉自己已是"老子天下第一"的宇文护，不到两个月，逼迫傀儡皇帝元廓"禅让"给宇文泰的儿子宇文觉（不久就杀死了元廓），这样最后灭亡了西魏而建立了北周。这是公元557年的事情。

北周建立后，宇文护就任大冢宰（宰相），继续执掌朝廷大权，"百官总己以听之"。在他眼里，年方16岁的皇帝宇文觉还是个孩子，完全可以也应该由自己做主。谁知，宇文觉年纪虽小，性格却坚毅刚决，他不满意宇文护的专横跋扈。同时，朝中另有一批大臣也看不惯宇文护的作为，认为："军国之政，当归天子，何得犹在权门！"他们一起鼓励宇文觉除掉宇文护。于是宇文觉招了一批武士，经常在皇宫后园演习如何擒拿宇文护；他又与大臣商量，决定于某一天开宫廷宴会时，抓住宇文护杀掉。谁知他们的计划还来不及实施，就有人向宇文护告密。结果，宇文护先下手为强，将宇文觉废黜毒死。

杀了宇文觉后，宇文护又立他叔叔的另一个儿子宇文毓为周明帝，他觉得这个兄弟性格软弱、好欺负，后来却发现宇文毓不仅聪明能干，努力发展经济，而且威望日增。宇文护假装还政，只留军权，交还所有权力。谁知不明其用心的宇文毓毫不客气地照单全收，并把自己的名号正式改为皇帝（在此以前，北周的最高统治者不称皇帝而叫天王）。宇文护又恨又怕，于是又毒死了这个周明帝。这是公元 560 年的事情，宇文毓在位不过两年半。

周明帝死后，宇文护又立宇文泰的四子宇文邕为帝，是为周武帝。宇文家族真是能人辈出，他叔叔的这几个儿子一个比一个厉害。终于，宇文邕韬光养晦十二年，精心策划，最后铲除了宇文护。

宇文泰杀了两个皇帝，他的侄子宇文护在短短三年多时间里先后杀死了三个皇帝。他们叔侄俩共杀了五个皇帝，在中国古代史上可谓空前绝后。

只是，侄子宇文护所杀的三个皇帝，竟然都是叔父宇文泰的儿子，这真是天大的讽刺。

◎ 皇帝不听贤妻告诫的后果

朱温（852–912年），唐朝宋州砀山人，最初参加黄巢起义军，后来叛离起义军，投降朝廷，被唐僖宗赐名全忠，并任命他为汴州（今河南开封）刺史、宣武军节度使。

黄巢兵败后，唐僖宗从四川回到了长安，封朱温为检校司徒、同平章事（宰相），封沛郡侯，朱母也被封为晋国太夫人。这一年，朱温32岁。

自黄巢起义以来，唐朝各地的藩镇各自拥兵自重，很少听从朝廷调遣。朱温归顺朝廷后，朝廷认为他可以依靠，所以屡屡给他加官晋爵，笼络他为朝廷出力。僖宗光启二年（886年），朱温晋升为东平郡王，权势更大了。他借着朝廷的名义，不断地向山东、河北扩张，几年后便成为以汴州为中心的中原地区最大的割据势力。

天祐四年（907年）四月，56岁的朱温在一班亲信的策划下，废掉了唐哀帝，自立为帝，国号为梁，是为梁太祖。至此，统治中国近300年的李唐王朝寿终正寝。

朱温以农民军将领的身份起家，明目张胆地篡夺了唐朝江山，各地藩镇自然不服。受封于晋阳的河东节度使李克用、西川节度使王建及驻守在杭州的镇海节度使钱镠等人，纷纷各自为政，不受梁朝的节制。于是，天下分崩离析，出现了许多诸侯国，中国历史上的第四次大分裂——五代十国开始了。从朱温开始，五代在短短的54年中换了八姓十三个皇帝，所以有人说："朱温篡唐，天下分崩。"

朱温胜在权谋，败在荒淫。说起朱温的荒淫，真可谓前无古人、后无来者，他也因此而丢了性命。

朱温的结发妻子叫张惠，人如其名，张惠确实是个知书达理的女子，非常贤惠，而且不只有贤惠之德，还善于计谋运筹。在朱温的一生中，有两个人非常重要，一个是军师敬翔，另一个便是他的结发妻子张惠。

张惠活着的时候，朱温还算老实，也许是张惠的聪慧更让朱温佩服吧。那个时候，朱温没有贪恋女色。

张惠临死之时，抓住朱温之手说道："既然你要建霸立业，我也阻挡不住，但是上台容易下台难，凡事一定要三思而后行。"朱温回应道："有什么尽管说，我一定听从。"张惠缓缓说道："你英武超群，别的事我都放心，只有两件事我放心不下。"朱温问道："哪两件？你说吧，我一定改。"张惠说道："一为滥杀部下，二乃贪恋酒色。所以，你一定要谨记'戒杀远色'。"

张惠死后，没有了约束，朱温纵情声色、放浪形骸。

乾化二年，朱温兵败回师，到洛阳后，他便住到了大臣张全义家。居住期间，朱温毫不顾及君臣之礼，将张家年轻的妻妾轮流召去侍寝。让人想不到的是，已经是半老徐娘的张全义继妻储氏也被朱温强行召去侍寝。张全义之子愤恨至极，要拿刀与朱温拼命，被张全义死死拉住，告诉儿子不要忘了朱温对他全家的救命之恩。为了高官厚禄，屈辱至此，张全义的隐忍可谓到了极点。

更让人不齿的是，朱温将儿子们派到外地做镇守地方的官吏，让儿媳妇轮流入宫侍寝。更让人吃惊的是，朱温的儿子对父亲的乱伦行为不但不愤恨，反而不知廉耻地利用妻子在父亲床前争宠，千方百计地讨好朱温，博其欢心，以求将来能继承皇位。

朱温有一养子，名叫朱友文。他本姓康，名勤。由于风姿俊美、好学上进、谈吐得体，所以被朱温认作养子，封为博王。由于养子朱友文的妻子王氏姿色出众、美艳无双，朱温尤为喜爱。朱温在枕席之间，便答应了王氏将来传位给朱友文。这种以儿媳妇美貌来决定谁继承皇位的荒唐方式，可谓旷古未闻。

后来，朱温病情加重，他告诉王氏，让她通知朱友文见他，以便委托后事。朱温的亲生儿子朱友珪（朱温第三子）的老婆张氏也在朱温身边侍奉，见朱温打算传位给朱友文，马上告诉了自己的丈夫。朱友珪对父亲偏爱养子十分愤怒，决定先下手为强，他悄悄联络了几个对朱温不满的将领，率军发动了政变，连夜杀入宫中，侍奉在朱温身边的人都被吓跑了。

朱温被惊醒后意识到有变故，坐起来问道："反者是谁？"却见亲生儿子朱友珪走了进来。朱友珪冷笑说："不是别人，是我。"朱温大骂："我早就怀疑你不是东西，可惜没有杀了你。你背叛父亲，大逆不道，天地也容不了你！"朱友珪回骂："老贼万段！"父子二人对骂的工夫，朱友珪的亲信冯廷谔一刀刺入朱温腹中，刀尖透出后背。乾化二年（912年）六月，朱友珪用破毡裹住朱温尸首，埋在寝殿的地下。

朱温死时，年六十一岁。临死前，他肯定没有料到，自己一生杀人无数，最后却被自己的儿子所杀；他一生贪淫好色，最终却因女人结束了一生。更令人叹惋的是，他真心爱他的妻子张惠，却没有遵从妻子临终时的"戒杀远色"四字遗言，最终身败名裂。

◎ "官场不倒翁"冯道的克星

唐朝末年的冯道，生于军阀割据、战乱频仍的唐中和二年（882年）。当时，李克用割据晋阳，独霸一方。李克用是一个有着雄才大略的人，其子李存勖在灭梁前期，也还是颇有作为的。大概是冯道看中了这一点，才投奔李存勖，以图求得前程。在这以前，冯道在离家乡较近的幽州做小吏。当时，幽州守军刘守光十分凶残，杀人成性，对于属下，也是一言不合即加诛戮，甚至杀了之后，还叫人"割其肉而生啖之"。冯道在这种人手下做事，自然很危险。当时的冯道还比较正直。一次，刘守光要攻打易、定二州，冯道却去劝阻，结果惹怒了刘守光，差点被杀，经人说情，关押在狱中。冯道经人帮助，逃出牢狱，投奔晋大将张承业的门下，经张承业的推荐，冯道成为李存勖的亲信。后来，李存勖消灭后梁王朝建立后唐，冯道被任命为翰林学士，专门为李存勖草拟机要文书。

李克用的另一个养子李嗣源势力渐大，想夺取李存勖的皇位，冯道就抛弃李存勖而奉迎李嗣源，因"劝进"有功拜为宰相。石敬瑭消灭后唐建立后晋，以冯道为首相；契丹灭晋，冯道投靠契丹，被封为太傅；刘知远赶走契丹建立后汉，冯道因率先奉迎被拜为太师；郭威杀后汉隐帝建立后周，冯道因帮助郭威诱杀刘氏兄弟有功仍为太师。

冯道由唐末投奔刘守光（907年）算起，到被五代最后一个王朝后周的周世宗柴荣弃用为止，四十八年间历经王朝七度更迭，主人（皇帝）或被杀或被废，先后换了 14 个，他却始终官运亨通，红得发紫。特别是由公元 926 年唐明宗时任宰相起，二十九年间皇帝更迭 11 次，他仍能不离将相、三公、三师的最高官位，实在是绝无仅有，因而被后人称为"官场不倒翁"。

从政治经历来看，冯道是一位失大义存小义的人。在大是大非问题上，他从不提早表明自己的立场，而是察言观色，研判形势，始终跟着最有实力的当权者。在不伤及自身利益的情况下，冯道也出了些实用的主意，这些主意，不过是献媚邀功而已。

然而，不倒翁并非无敌。冯道晚年，轮到周世宗柴荣执政，不倒翁的克星终于出现了！

这位周世宗，与前五位暴君、庸君不同。他虽是后周始主郭威的义子，却比他义父更有抱负、更有骨气。他虽然在位仅五年，却干出一番大事业。他励精图治，锐意改革，南征北战，不畏强敌契丹，揭开了一统天下的序幕，奠基了大宋的前身，可谓"一代英主"。

表面看来，冯道栽倒于与柴荣的一次争执。

公元 954 年二月，北汉军队在刘赟的父亲刘崇的率领下，联合契丹军大举入侵，进攻上党，想趁郭威刚死灭掉后周，报杀子之仇。后周军队初战失利。

消息传来，柴荣怒发冲冠："刘崇欺朕年少，国家新立且遇大丧，以为我一定不能出兵迎战。朕以为善用兵者应出其不意，朕想亲自督战攻打刘崇。"冯道竭力劝阻："刘崇势弱，先帝时连吃败仗，已不可能复振，此次不过是虚张声势。陛下新嗣位，先帝陵墓尚未建好，人心不定，不宜轻举。陛下派一个大将出征即可。"

柴荣不以为然："昔日唐太宗平定天下，敌无大小都亲自出征，朕又何敢偷安不出马？"

随后，周世宗命冯道任没有实权的山陵使，负责修建郭威陵墓，自己亲自带兵北伐北汉和契丹。在高平决战中，柴荣一马当先，率五十骑兵直赴刘崇牙帐，大获全胜，刘崇军队溃逃太原，契丹大军不战而逃，从此不敢南下进犯。

周世宗出征后，冯道感到了前所未有的孤独和失落，他不住地念叨："真老了！真老了！"郁郁寡欢地修建郭威陵墓。

这是"苟且偷安"的不倒翁哲学与"舍我其谁"的英雄主义的必然碰撞。"苟且偷安"这四个字对于冯道这样的"不倒翁"来说是不二的法宝；但是英雄主义却绝对排斥"好死不如赖活着"。众所周知，后周之后的大宋虽姓赵，却是半个柴家天下。

冯道与柴荣的生存哲学碰撞，随着周世宗在现实中的胜利而宣告结束。北伐胜利后，"不倒翁"冯道受到上上下下的冷落，"长命丞相"在朝中再无立锥之地。中国历史上第一个"官场不倒翁"冯道最终被一代英主抛弃！他的不倒翁哲学也终在英雄主义面前败下阵来——不倒翁的克星原来是英主！

954 年 4 月 17 日，73 岁的冯道在家中咽下了最后一口气。有人说冯道咽气之前曾大叫三声，但没人明白其含义。

第八章
才子佳人，自有风雅

　　古代科举制度毒害了很多人，同时也成就了很多人。莘莘学子在"十年寒窗苦读"的过程中也发生了一些趣事雅闻。在古代，女子往往"无才便是德"，但是有才华的女子总是像难得的美玉一样光彩熠熠被世人发现，她们的作品和事迹也被人们传颂并流芳千古。

◎ 从屈原投江看古代文人的特殊心理状态

伟大的诗人、楚辞的缔造者……这些都是屈原的才华与价值体现。但是，当一个诗人并非屈原的初衷，他的理想是从政。"陪王伴驾"、施行美政才是他最想要的。他热切地希望得到楚王的赏识，并与之保持一种异乎寻常的关系。他先得重用而后被弃用，直至流放永不录用。离开楚王就失去一切，包括平生的理想与平日优裕的生活。

屈原的人生之路似乎从来没有偏离类似"臣妾"的轨道，他在楚王面前那么柔顺那么谦卑，甚至十分"贞烈"，宁愿投江也不接受其他国家的邀请。

《离骚》是楚辞中的名篇，也是屈原描写其美政理想、追求真理时经受心理斗争的真实写照。我们通过《离骚》发现，屈原可以作为追求政治的文人中的一个典型代表，即文人表白政治理念都有一种臣妾心理，带着小妇人的那种凄凄哀哀的情感。在《离骚》中，屈原将他与楚怀王之间的"君臣"关系比拟为"夫妻"关系，并常用"美人"一词，自称"余情信芳"。这种自我角色的定位，类似于被冷落、被遗忘抛弃的思奴、怨妃、弃女或孤妾，在呼唤夫君归来，希冀夫君的宠爱失而复得。让屈原下定"死念"的，既是因为楚国都城沦陷，也有着永远不能被楚王召回擢用的绝望。这种绝望，既是理想的绝望，又是生活的绝望。从这个意义上讲，屈原沉水，既是爱国的抗争，也是因忠君而殉情！

没人探究一个昔日的楚国大夫，在削去官职之后如何生活。《史记》关于屈原18年的流放生活只有一句记载："屈原至于江滨，披发行吟泽畔。"可想而知。流放生活对一个高傲的贵族而言，不仅失意而且难全体面。

从屈原在流放途中留下的"墨宝遗迹"来看，真正善待屈原的是沿途的百姓。十八年的困苦生活若发生接济，只来源于民间。才子屈原若在天有灵，应该感念救济他祭拜他的黎民百姓，而不是把他像抹布一样丢弃的"主人"——楚王。

世间只有一部《离骚》，一个屈原，而"臣妾心理"的才子又何止万万千！白居易《太行路》以"妾颜未改君心改"自况，痛陈"人生莫作妇人身，百年苦乐由他人"，以夫妻、臣妾关系喻君臣关系，对皇帝尽管有抱怨，但仍然有依恋之情。韩愈在被贬途中便发出"潮阳南去倍长沙，恋阙哪堪又忆家"(《次邓州界》)和"而我抱重罪，孑孑万里程"(《食曲河驿》)的感慨。因为他们始终相信君王是"爱"自己、相信自己的，是一个贤明的君王，只是暂时被一群小人所蒙蔽，才会亲小人远贤臣，因而即使在放逐中也仍然包有幻想，希冀君王能让自己重新走入庙堂，服侍其左右。此外，文人们还将自己对君王的依恋之情融入自己的文学作品中，例如唐传奇《云溪友议》中的《韦皋》。

这种臣妾心态的形成及存在有着深刻的文化心理根源。屈原对于这种臣妾之道的执迷，除了自身个性及其所处时代社会和地域文化的原因之外，也烙有极为深刻的礼乐等级社会的文化心理印记。

在礼乐等级社会中，君为臣之纲、夫为妇之纲，国君在一定程度上是国家的象征，臣子只有通过国君才能实现自己的兴国理想；一家之中夫为中流砥柱，妇处于附属地位、从属角色，妇的生存只能依赖于夫。一国之中，若君王贤明，明君贤臣共兴国家；若君王昏聩，佞臣当政，贤臣则无施展之地，甚至被谤、被贬，治国才能无处施展。一家之中，夫贤妇孝，夫妇共同治家，一旦夫弃妇另娶，宠爱新欢，弃妇更无地位可言，甚至落得个"自挂东南枝"的下场。

为臣妾者，首要考虑如何处理好自己与主子之间的关系。处理得好，臣妾便有升迁之幸；否则不仅升迁无望，甚至连脑袋也要搬家。长久以来，臣妾为了生存之道，形成了卑弱、恭顺、敬惧、专心、曲从的微妙心态，身处瞬息万变的政局、波澜诡谲的权力争斗，还有喜怒无常的君主，阴险奸诈的大臣……失宠、失意、失败，忧伤、抑郁、愤世，强化了他们的"臣妾心态"，也形成了中国文学史上源远流长的"似女性"文学。

等级专制社会以"柔顺"为要塑造臣妾人格，说到底是为了树立统治者的绝对权威，并将这种权威弥漫于上自朝廷、下至家庭的所有领域。男臣的阳刚之气在"臣妾心理"的塑造上，渐渐变得卑弱，越发女性化了，造成了一种阴柔人格。怪不得林语堂先生在《吾国吾民》一书中，将"女性化"视为国人心灵人格的重要特征之一。

◎ 司马相如与卓文君的数字诗

汉朝的大才子司马相如为景帝时武骑常侍，因不得志，称病辞职，回到家乡四川临邛。有一次，他赴临邛大富豪卓王孙家宴饮。卓王孙有位离婚的女儿，名文后，又名文君。时年 17 岁，史书上形容她的美貌、"眉色远望如山，脸际常若芙蓉，皮肤柔滑如脂"。她善抚琴，文采亦非凡，本来是人人所追求的女子，却因父亲安排的政治婚姻，将她许配给某一皇孙，使她的人生很快跌入谷底。因为此皇孙是一个病人，未待成婚便匆匆辞世，所以当时卓文君算是在家守寡。司马相如亦早闻卓文君芳名，当受邀抚琴时，趁机弹了一曲《凤求凰》，以传爱慕之情。卓文君也久慕司马相如之才，遂躲在帘后偷听，琴中求偶之意声声入耳，两个人互相爱慕。

司马相如回去以后，买通了卓文君的仆人，通过仆人送给卓文君一封求爱信。卓文君阅信后激动不已，但却受到了卓王孙的强烈阻挠。于是，卓文君连夜私奔司马相如所住客舍，第二天索性双双回到成都司马相如老家。这可能是中国古代爱情故事里，最勇敢、动人的私奔了。

司马相如一贫如洗，文君亦因卓王孙怒其败坏门风而不分给她一文钱。两人只好变卖家什后回到临邛开了一家小酒铺。每日，文君当垆卖酒，相如打杂。后来，卓王孙心疼女儿，又为他俩的真情所感动，就送了百万银钱和百名仆人给他们。也有人说这是司马相如搬出的一套"赖皮"作风，逼那位爱脸面的岳父大人就范，由此可见司马相如没有一般文人的穷酸相，颇具豪情，这也许是卓文君爱慕他的一个重要原因吧。从此这对小夫妻又过上了整天饮酒作赋、鼓琴弹筝的悠闲生活。

这时，司马相如写下《子虚赋》《上林赋》，汉武帝拜读后，惊为天人，拜司马相如为郎官。当时巴蜀两地形势不稳，司马相如凭着一支生花妙笔，以一篇檄文，晓以大义，剖析利害，并许以赏赐，消弭了危险的局面。汉武帝大喜，再拜其为中郎将。

司马相如与卓文君两人成婚多年，卓文君一直没有生下子嗣，司马相如年纪渐长，对这件事情愈加介意，加上官场得意，最后决定纳妾。可是，对卓文君来说，当年她为了这份爱，几乎与家人决裂，在她的生命里，这份爱深刻并且纯洁，她是不可能与另一个女人分享丈夫的。

某日，司马相如给妻子送出了一封十三字的信：一二三四五六七八九十百千万。聪明的卓文君读后，泪流满面。一行数字中唯独少了一个"亿"，无亿？岂不是夫君在暗示自己已没有以往过去的回忆了？她心凉如水，怀着十分悲痛的心情，回了一封《怨郎诗》。其诗曰：

一别之后，二地相思。只说是三四月，又谁知五六年。七弦琴无心弹，八行书无可传，九曲连环从中折断，十里长亭望眼欲穿。百思想，千系念，万般无奈把君怨。万语千言说不完，百无聊赖十倚栏。重九登高看孤雁，八月仲秋月圆人不圆。七月半，秉烛烧香问苍天。六月伏天人人摇扇我心寒。五月石榴似火红，偏遭阵阵冷雨浇花端。四月枇杷未黄，我欲对镜心意乱。急匆匆，三月桃花随水转；飘零零，二月风筝线儿断。噫，郎呀郎，恨不得下一世，你为女来我做男。

从这首诗里可以看出，卓文君向往的是一种"愿得一心人，白头不相离"的生活，换成现代的语言，类似于"我能想到最浪漫的事，就是和你一起慢慢变老……"她期望两人的感情如山上亘古不变的冰雪、天上浮云难遮的皎月一样永远纯洁无垢，可是如今司马相如起了异心，所以卓文君毅然地要和他"决绝"。随后所附的信中，卓文君又写一首《诀别书》：

春华竞芳，五色凌素，琴尚在御，而新声代故！锦水有鸳，汉宫有水，彼物而新，嗟世之人兮，瞀于淫而不悟！朱弦断，明镜缺，朝露曦，芳时歇，白头吟，伤离别，努力加餐勿念妾，锦水汤汤，与君长诀！

司马相如看完妻子的数字诗，又看到凄怨的《诀别书》，不禁惊叹妻子才华横溢。遥想昔日夫妻恩爱之情，羞愧万分，从此不再提遗妻纳妾之事。两人白首偕老，安居林泉。《怨郎诗》也成了卓文君一生的数字诗代表作。

◎ 司马迁的《史记》是剽窃的吗

细心的历史爱好者在读《史记》时会发现，《史记》当中的不少内容其实是前人的作品。如今已经有专家考证说，早在东汉初期问世的《汉书·司马迁传》中已经明确指出，《史记》是司马迁剪裁和整编了西汉朝廷图书馆馆藏资料中的《左传》《国语》《世本》《战国策》《楚汉春秋》等前人著作，有的是摘叙其事，有的是全用其文，却都不注明出处。比如《史记》第四卷"周本纪"所载，大半出自《左传》和《国语》，通篇却没有一句提到《左传》，也没有一句提到《国语》，让人以为所有内容都是太史公原创，倒是裴骃、司马贞、张守节等后人注解《史记》的时候，替他注明了出处。

司马迁在《史记·秦始皇本纪》的末尾，还几乎全抄贾谊的《过秦论》，但却在有些段落的行文过程中，署成了"司马迁、贾谊曰"。本来是贾谊一人写言，倒成了贾谊和太史公的合述。按照现在原著的要求，必须注明出处。

那么，《史记》算不算司马迁剽窃而来的呢？

其实，所谓"抄袭"或"剽窃"，有其特定范围。在现代，在文学创作、学术专著（包括学术论文，学位论文）的范围，直接、大量地抄录别人著述的内容，隐没其出处，冒充自己的论述或研究成果，这就是抄袭和剽窃。古人修史（通史、断代史或专史），其特点是综合排比前人留下的史料，依照新的体例，集中起来，汇成一书。史学的灵魂是真实，价值首要在于史料，它不是文学创作，可以不讲真实，将无作有，添枝加叶，发挥想象。文章家不肯蹈袭前人一字，唯恐一言不出于己；史家与之相反，追求的是条条有据，唯恐一言不出于前人。

当然，史书如此，不等于论著亦如此。论著的价值在于观点、识见之高下，有没有开创性。如果论著抄袭别人，那还能有什么价值呢？所以，文学创作、学术论著中的反对"抄袭"或"剽窃"，是必要的。

不过，中国古代即使是论著的抄袭剽窃，也一直少被人追究。这与中国文人的隐士文化传统有很大关系。中国古代，许多有真才实学的隐士，他们只管自己沉湎于"大公无私，甘为人梯"的自我欣赏之中，自己并不想抛头露面。比如，魏晋时期的王弼可谓古代易学和《老子》注释大家，他在中国历史上的学术地位甚高，谁能够相信24岁就离世的王弼有如此高的学养水平？这就是说，魏晋时代很有可能有隐士高人托名王弼发表了许多作品。当然，他们的这种"高尚"行为，在客观上也给那些真正抄袭剽窃别人作品的人一种借口，无形之中助长了社会上的真伪颠倒和弄虚作假的不良风气。所以，中国历史上，尽管人文作品浩如烟海，但很难找到有几篇类似于西方文人那样明确引证的作品，甚至连诸子百家和五经都有源头存疑的问题。

其实，中国古代许多思想家发现了这种"你克制，他放肆；你善良，他却恶劣"的悖论社会现象。这也是中国道家反对"礼义、谦让"的原因。因为，这是不符合自然公平原则的，一旦社会失去公平原则，就会有不良链式反应，最终危害社会成员自身。假如人们认为克制是善良，那么就会助长了某些人的恶劣，某些人的恶劣一旦产生社会链式反应，最终会危害善良的民众。

所以中国古代历史上对著作权"较真"的事出自道教，这就是五代十国和宋初的蜀人道教学者陈抟和他朋友谭峭的《化书》事件。这大概是中国古代史上唯一的有关著作的"维权"事件。《化书》作者本是谭峭，《化书》写出以后，一向轻视功名利禄的谭峭将这部倾注了自己毕生精力的书籍送给了吴国高官宋齐邱观瞻，没有想到，此人却将这部著作窃为己出。此事后被陈抟发现，由于陈抟曾经与谭峭在后蜀国的临邛（现四川的邛崃市）地区共同师从何昌一学易多年。陈抟作为谭峭师兄弟，非常了解谭峭才是这部著作的真正作者。陈抟后来公开对世人作了澄清，使《化书》的"著作权"重归谭峭。

在中国古代史上，这是非常罕见的事例。如果这样较真的人多一些，中国五千多年的文化必将更加灿烂。

对修史而言，只要史家有自己独特的体例与结构，世上的史料人人可用。采撷百家之言，是应有之义，越是用得广博，才越是有价值。司马迁继承其父太史令司马谈的遗志，写作《史记》；班固继承其父班彪的遗篇，并直接采用司马迁《史记》的材料，编著成前所未有的断代史《汉书》，都是公开的、正大光明的行为，不应该看成"抄袭"或"剽窃"。

换一个角度来说，修史不是要表达什么观点，也不是要论证什么结论，而是记录历史事实。如果不采用前世史学家留下的资料，是无法完成修史的。例如，《资治通鉴》里战国至汉武之世，百千事实，司马光如果不依照司马迁、班固所著的史料，难道要他自行编造一套吗？

◎ 酒仙李白究竟能喝多少酒

中国是世界上酿酒与饮酒最早的国家之一，也是一个古老的诗国。在这漫长的岁月中，诗与酒结下了难解之缘。

三国时曹操吟出"对酒当歌，人生几何""何以解忧，唯有杜康"的名句；晋代的刘伶在《酒德颂》中写道："天生刘伶，以酒为名。一饮一斛，五斗解酲。"王绩在《醉后》诗中写道："阮籍醒时少，陶潜醉日多。百年何足度，乘兴且长歌。"陶渊明的诗则几乎"篇篇有酒"，且常用酒作题目写诗，如《连夜独饮》《述酒》《止酒》等。苏东坡吟诗"白衣送酒侮渊明，急扫风轩洗破觥"，说的就是陶渊明有一年重阳节苦于无酒，菊篱久坐，欣逢江州刺史王弘送来一壶酒，便立地尽醉而归。女词人李清照的词也是一样，词句在酒中浸泡，意境令人尤为神迷、泪落。

李白的一生更是离不开酒，他不仅是诗仙，还是酒仙。他的《将进酒》提到"将进酒，杯莫停"，杜甫也在《饮中八仙歌》中提到"李白斗酒诗百篇"。可见李白是很爱喝酒的。他究竟能喝多少酒，是不是一喝就是"一斗"呢？

这得先从"斗"说起。

现在已经没人用斗作为量器。我们见过的斗，一般是称量粮食的工具。在古代，1 斗粮食大约是 12 斤（1 斛 =10 石，1 石 =10 斗 =120 斤），于是，有人据此推算，李白酒量在 10 斤以上。

实际上这是一种误解。古人喝酒用的斗和称粮食用的斗是不一样的。《公羊传》里记载一事："熊蹯不熟，公怒，以斗击而杀之。"从此事来看，古人的斗并不是很大，可随手举起。但也不是很小，因为能击而杀人。昔日刘邦从鸿门宴上逃走，让张良送给项羽白璧一双，送范增玉斗一双。玉斗亦是酒器，张良可以随身带了送人，可见其外形尺寸不是很大。

那么，作为盛酒器具的斗，"斗酒"到底有多少容量呢？考古工作者曾挖出一只高 7.2 厘米、孔径 34 厘米的陶盘，上刻"一斗二升骊山茜府"的文字，茜府就是管理皇室用酒的机构。这只陶盘可以证明一斗二升合现在的 2400 毫升。所以，"李白斗酒"之"斗"即 2000 毫升，相当于 4斤酒。

有人可能会说，能喝 4 斤白酒，李白的酒量确实不小啊！

我们知道，白酒在唐朝还没真正流行。目前流行的白酒的酿制技术到元朝才渐渐成熟，白酒在明清时代才逐渐取代了米酒和黄酒，成为中国人餐桌上助兴的"主力"饮品。也有人说东汉时已有白酒。即便这是真的，也只能说唐朝有白酒，不能说唐朝盛行白酒。唐人诗词中多出现"烧酒"一词，是指颜色发红的酒，而不是蒸馏酒。上至王朝权贵，下至黎民百姓，主要喝的是米酒、葡萄酒，还有发酵后只压榨不蒸馏的清酒。这些酒的度数都很低，按沈括在《梦溪笔谈》里记载的几种唐酒造法，成品酒的酒精含量在 3% 到 15% 之间，近似现在的熟啤、干啤或者加饭酒。

知道了这一点，我们就会明白，为什么唐朝的诗人和宋朝的土匪可以大碗喝酒。虽然这种酒人喝多了照样身体不好受，但是它的口感、酒精度数和对肠胃的刺激程度却与白酒有非常大的区别。所以，不论土匪抑或文人来了兴致都可以肆无忌惮地狂饮一番。

可见，李白的酒量并没有我们想象的那么大。杜甫《饮中八仙歌》中

"汝阳三斗始朝天""焦遂五斗方卓然",只有"李白斗酒诗百篇"。比较起来，人家是三斗始迷糊，五斗"方卓然"，可李白只一斗就"长安市上酒家眠"了。论酒量，李白显然不如那几位。

李白虽然好喝，但他经常醉得一塌糊涂。在长安街上的酒馆里酣睡，之所以拒绝天子的召唤，是因为头重脚轻，实在走不动了。甚至还可能神志不清，忘掉了天子是何物。这也说明，李白酒量不大，一喝就醉，而且还醉得不轻。

不过，古人喝酒也用杯，李白说"会须一饮三百杯"，这虽然可能是酒后狂言，有点"燕山雪花大如席"式的夸张，不可全信，但他饮到高兴处，一杯接一杯停不下来倒是真的。所以李白的酒量应该说不大不小，就酒量来说，算是寻常人。但喝酒以后，激发了灵感，就非常人了，可以写出超凡脱俗的绝妙好诗，这一点几乎无人能比。

◎ 元稹的名声是怎么被传坏的

元稹（779—831年），字微之，别字威明，唐代洛阳（今河南洛阳）人。元稹与白居易齐名，并称"元白"，其诗浅显易懂、扣人心弦、感人肺腑，尤其是艳情诗与悼亡诗，描写男女的生离死别、缠绵悱恻，反响很大。他的一生起起落落，宦海沉浮，位及宰相，后卒于任所，年仅53岁。

从正式的史料和他本人的诗来看，官至宰相而又开一代诗风的元稹为人正直、用情极深，但宋代以来，提起元稹，我们见到的大多是讽刺、挖苦、批评。这究竟是为什么呢？

对元稹，人常诟病其薄情无常，例证之一是他对崔莺莺"始乱终弃"，例证之二是他辜负了女诗人薛涛的一片真情。

崔莺莺是元稹创作的传奇《莺莺传》里塑造的美丽动人的少女形象。《莺莺传》叙述张生与崔莺莺的爱情故事。大致的情节是：崔莺莺在普救寺里和张生一见钟情，陷入疯狂的恋爱，而后又遭到张生遗弃。这个幽怨伤感的爱情故事的创作起因是：贞元二十年（804 年）九月，元稹与老朋友李绅在长安城靖安里的家中闲聊，将这个发生在普救寺里的故事说给李绅听，李绅于惊奇之余作了篇《莺莺歌》，后来元稹写下了这篇传奇。到了金朝后演变为董解元的《西厢记诸宫调》抽弹调，元朝再演变为王实甫的《西厢记》杂剧。由于原作被演变，后来，人们以为张生就是元稹本人，崔莺莺是元稹"始乱终弃"的那位少女。

其实元稹就是张生只是人们的推测，但推测并不等于事实。一切文学作品都是艺术的虚构，虽然有自叙传的说法，但虚构是文学作品的特有性质。简单来说，莎士比亚塑造了哈姆雷特，但莎士比亚并不是哈姆雷特；鲁迅写了《阿 Q 正传》，但鲁迅也不是阿 Q。同样，元稹写了《莺莺传》，并不等于元稹就是张生。

至于 31 岁的元稹与 42 岁的薛涛之间的恋情，缺少确凿的事实依据，只是后人的猜想与臆说而已。最先提到元稹与薛涛关系的是《云溪友议》，这部书是唐末的范摅所著。《四库全书提要》指责其"与史不符""失于考证"，属于"无稽之谈"，并把它放在小说家之类。所以，这部书说的话，不可当真！现在有人考订出元和四年（809 年），元稹使东川梓州，而薛涛在川西成都，两人无缘相见。再者，《元稹集》中未见元稹写给薛涛的诗文。明代秦淮寓客所辑的《绿窗女史》有一篇据称为唐人李峤写的《薛涛传》，书中收录了一首据说是元稹给薛涛的情诗，而查唐史，不见有李峤这个人，可见这篇《薛涛传》多半是后人道听途说杜撰出来的。也许，由于薛涛绝世的诗才，只有元稹才是她理想的佳偶，人们便不惜割裂历史把他们往一起撮合，但这样的撮合却让元稹背上了负情的骂名。

另外，元稹是一个干练的官吏，早年思想激进，以天下为己任，在穆宗时期，无论在地方做官还是在朝廷做官，敢于做事，除弊革新，倾向改革，不避朝议，甚至敢于得罪权势很大的牛党的首魁令狐楚。这些都为元稹埋下了遭遇诽谤的祸根。令狐楚是一个城府很深且工于心计的人，元稹当红的时候，他索要元稹的诗稿，联络感情，一旦伤及自己和自己党派利益，便明的暗的一起来，使与他交往的人陷入是非漩涡而不能自拔，元稹就吃了这个亏。还有一种说法，元稹不是轻易就让人打倒的强硬人物，一些宵小之徒就想借助流言蜚语整垮他，即使元稹生前不能得逞，也让他死后不得安宁，元稹或许就是这样被蒙上了负情的污垢。

实际上，元稹是一个重感情的人。他和白居易的交情贯穿生死，仅就他们互相唱酬的诗就有数百首之多，甚至在梦中也作诗互致问候，这在诗歌史上也是非常罕见的。如果元稹真的是薄情之人，白居易为什么会不以为然呢？在白居易的诗文里，找不出指责元稹这方面的话语，在和元稹交往比较密切的韩愈、刘禹锡、柳宗元、李绅、王建、杨巨源等人，其诗文里也找不出指责元稹的话语。如果一个人品德有瑕疵，朋友们是不会没有自己的态度的，至少会有规劝和批评的言语。

再从存世八百首的元稹诗歌来看，没有发现元稹轻视、玩弄妇女的不健康的诗文，就是他的艳情诗，也多是回忆过去美好的青春浪漫和令人感到优美的恋情。元稹和韦丛在贞元十九年（803年）结婚，元和四年（809年），韦丛就去世了，他们共同生活了短短的六年。六年光景不算久长，元稹和韦丛却是生死恋情持续了一辈子！妻子死后，他写出了感人肺腑的《除夜》，还有他的《遣悲怀》等三首，也是字字血泪。这反映出他们夫妻感情的深厚和死别之后的痛楚，这种思念与痛楚伴随着元稹失去爱妻的余生。试想，倘若元稹品德恶劣，能有如此感人肺腑的诗作吗？风格即人，文学作品的思想性达到的深度，是和作者的崇高品质和高尚人格相联系的，品质低下、丧失人格的人难以写出真正优秀深刻的文学作品。

从以上的分析可以看出，元稹的人品并不像有些人说的那么坏。

◎ 古代拿稿费最多的文人是谁

我们现在把发表文章、出版著作得到的报酬叫"稿费"，在古代没有这个名词，过去人们通常把替人代写书信、状纸、诗、文、书、画所得到的劳务收入叫"润笔"。因为，中国古代文人一向自命清高，耻言金钱，非说不可时，称之为"阿堵物"。"阿堵物"原是口语中"那""那个"的意思；换言之是能堵心眼、堵眼睛、堵肠胃，还会堵塞灵魂的"那个东西"。但是，文人也得食人间烟火，离开了"钱"这个"阿堵物"，谁都别想活得滋润。所以古代读书人也要想方设法挣钱来维持一家老小的生计，可是，为了避免俗气着身，就把自己耍笔杆挣来的钱称之为润资、润笔物、润格、义取、惠香、利巾等。后人们把这些"专项收入"统称为"润笔"，也就是现在人们通常所说的稿费。

在中国历史上，创造文人"润笔"费最高纪录的当属汉武帝时期的司马相如。那位曾被汉武帝许以"金屋藏娇"的陈阿娇失宠后，被禁锢在

"长门宫"。她"愁闷怨思"，过着"雨打梧桐宫灯冷"的日子。后来，阿娇听说司马相如的词赋写得非常好，便求他代作一篇文章，期盼能够使刘彻回忆起他俩当年青梅竹马、两小无猜的时光，对她回心转意。司马相如根据"客户"的需求，写出了使他名垂青史、名利双收的作品——《长门赋》，全文共 633 字，主要回忆少年时期阿娇与汉武帝相亲相爱的情景，以及阿娇犯了错误后独处长门，过着凄凉愁苦的日子，还有对刘彻情真意切的思念。汉武帝看到了这篇文章后，果然回心转意，原谅了陈阿娇的过失，她又重新得到了汉武帝的宠幸。陈阿娇一高兴，赏给司马相如黄金一千两作为稿酬。

但是，能得到像司马相如这样写一篇文章就变成百万富翁的机会，有很大的偶然性，而且那时没有润笔这个规矩，陈皇后是以向卓文君买酒的方式送黄金的，所以人们只好说是"作文受贿"。这个"贿"字的负面分量可能没有如今这么重，否则司马相如也太不光彩了。

大大方方索取稿费的第一人，是东汉的蔡邕。蔡邕作文颇具文采，他又精于篆隶，是个文学家兼书法家。他生平为人撰写碑志不下数十篇，其中有位极人臣的三公巨卿，也有德昭望重的名师硕儒，还有七岁夭折的小娃娃。这些碑文大多是言过其实的溢美之词和泛泛空言。连他自己也承认："吾为碑铭多矣，皆有惭德，唯郭有道无愧色耳。"(《后汉书·郭符许列传》)由此可想见，作者在为人撰写碑文后，内心并不踏实。据载，蔡邕代人作碑文"得万金计"，时人讥之为"谀墓金"。这样的钱财自然充斥着"铜臭"。这恐怕是后世文人重其学识而卑其人格的原因之一吧。

到了唐代，作文受谢已经普遍。公卿大夫死了，代作碑文的竞相角逐，趋之若鹜。因作碑文有名而著于史传的第一个人是李邕。据《旧唐书·李邕传》："邕尤长碑颂，中朝衣冠及天下寺观，多赍持金帛，'往求其文。前后所制，凡数百首，受纳馈遗，亦至巨万。时议以为自古鬻文获财，未有如邕者。"李邕靠此致富，比起蔡邕来，实在是有过之而无不及。

在这方面可与"二邕"媲美的是大散文家韩愈。韩愈撰写碑文、墓志铭或祭文的创作题材广泛，长短不一。有报告文学，如《平淮西碑文》《张中丞传后叙》；有墓志铭，如《贞曜先生墓志铭》《南阳樊绍述墓志铭》；有祭文，如《祭河南张员外文》《祭柳子厚文》；还有碑文、厅壁记等。

宪宗元和九年，吴元济反唐，唐宪宗派大将李愬讨伐。李愬雪夜奇袭蔡州，活捉吴元济。平叛结束后，韩愈受托写《平淮西碑》，他将功劳完全记在大将韩弘身上。韩弘自然大喜过望，拿出五百匹绢相赠。五百匹绢是个什么概念呢？相当于当时的 7690 斗米，当时一斗米约有 13 斤。以目前 2.5 元 / 斤的米价计算，韩愈一篇千字文就拿了约 25 万元稿费，也确实不少了。

虽然韩愈此次的稿费比起司马相如还差得远，但司马相如毕竟只有那一次，韩愈则不然。有了这次记录，这位文章泰斗以后索要稿费基本都是以五百匹绢为标准。他一生为他人作碑文 65 篇，用现在的人民币算起来，总共有一千六百多万元的稿费，比司马相如稿费高得多，可称得上古代拿稿费最多的文人了。

韩愈的为官为文，一直是毁誉参半，好作"谀墓"之作是他为人诟病的·大因素。吃人的嘴软，拿人的手短，得了润笔，自然要作出一些违背良心的文字，为人歌功颂德，为人树碑立传。难怪刘禹锡说韩愈"三十余年，声名塞天，公鼎侯碑，志隧表阡，一字之价，辇金如山"。《新唐书·韩愈传》载，韩愈死后，韩门弟子刘义，偷走了韩愈的黄金数十斤，临走还说了一通调皮话：这是韩大作家奉承死人得来的，我不拿白不拿。这对韩愈来说颇具讽刺意味。

◎ 范仲淹的三次被贬

范仲淹（989—1052 年），字希文，苏州人，北宋著名政治家，也是一位卓越的文学家和教育家。他领导的庆历革新运动，成为后来王安石变法的前奏；他对某些军事制度和战略措施的改良，使宋夏西线边防稳固了相当长时期；经他荐拔的一大批学者，为宋代学术鼎盛奠定了基础；他倡导的先忧后乐思想和仁人志士节操，是中华文明史上闪烁异彩的精神财富。朱熹称他为有史以来天地间第一流人物。

范仲淹的父亲范墉曾任职于吴越王幕府，后随吴越王一同投宋，于端拱元年（988 年）赴徐州任武宁军节度掌书记（徐州军事长官的秘书）。端拱二年八月二日，范仲淹生于徐州，次年父亲不幸逝世，范家失去了生活来源。范仲淹之母谢氏贫而无依，只好带着尚在襁褓中的范仲淹改嫁山东淄州长山县一户姓朱的人家。从此，范仲淹改姓名叫朱说（yuè），在朱家长大成人。

范仲淹一直胸怀凌云之志，勤奋好学。他 21 岁时去淄州长白山上的醴泉寺读书，寒寺孤身，环境异常艰苦，范仲淹每天只靠粥和咸菜度日。但他对这种清苦生活却毫不介意，用全部精力在书中寻找着乐趣。23 岁时，范仲淹得知了自己的身世，受到极大的刺激，毅然辞别母亲，只身去南京（今河南商丘）应天府书院求学。南京是人烟稠密的大都会，教育事业发达。应天府书院是宋代著名的四大书院之一，聚集了许多才智俱佳的师生。到这样的书院读书，既有名师可以请教，又有许多同学互相切磋，还有大量的书籍可供阅览，况且书院免费教学，这对经济拮据的范仲淹来说是求之不得。

工夫不负有心人。经过五年寒窗苦读，范仲淹终于成为一个精通儒家经典，而且博学多才的人。

大中祥符八年（1015 年），他考中进士，被任命为广德军的司理参军（广德军位置在今安徽广德县一带，司理参军是掌管讼狱、审理案件的官员，从九品）。有了俸禄后，他把母亲接了过来，赡养侍奉。天禧元年（1017 年），范仲淹调任集庆军（今安徽亳州）节度推官，恢复了原来的范姓，改名仲淹，字希文。

范仲淹入仕后的最初十余年，一直在地方做小官。他每到一地总是忠于职守，实实在在地为百姓谋福利，颇有政绩。真宗天禧五年（1021 年），范仲淹被调任泰州（今江苏泰州市）西溪镇监仓作监税官，两年后晋升为大理寺丞。天圣六年（1028 年），知应天府事的晏殊又推荐他为秘阁校理（秘阁是皇家藏书楼之一，校理是负责藏书的整理和校勘）。

到了朝廷，范仲淹更关心朝政得失和民间疾苦，积极与朝廷中的腐朽势力展开斗争。他看到宋仁宗已能亲政，刘太后却不肯还政，就上疏奏请皇太后还政于仁宗。因得罪了刘太后，范仲淹被贬为河中府通判。同僚朋友在都门为他饯行时祝贺道："此行极其光荣。"这是他第一次被贬。

刘太后死后，范仲淹被召回朝廷，任右司谏。有了言官的身份，他上书言事更无所畏惧了。

范仲淹屡次大胆上谏，令仁宗十分不快，一气之下将他贬知睦州。同僚朋友为他饯行时又祝贺道："此行更加光荣。"这是他第二次被贬。

由于范仲淹每到一处，造福一方，政绩斐然。不久又被召回京师，授天章阁待制，任吏部员外郎，权知开封府事。

范仲淹到开封府后，整治有方，兴革有序，只用了个把月就把京城治理得井井有条。之后，他看到宰相吕夷简等大官僚互相勾结，朋比为奸，将亲信、党羽安插在要职上，使朝中充满了陈腐污浊的空气，非常痛恨，经常向皇帝进言。当时城中流传着一首歌谣："朝廷无忧有范君，京师无事有希文。"

1036 年，范仲淹把京官晋升情况绘制成一份《百官图》进献给仁宗，指着上面开列的众官晋升顺序说："像这样的晋升，是循序升迁；像那样的遽然晋升，是不合次序的提拔。如果说这些循序升迁是出于公道，那么，那些不合次序的遽然提拔，便是出于宰相的私意了。"范仲淹如此言行触犯了吕夷简，被贬到饶州（今江西鄱阳）为官。这是他第三次被贬。

范仲淹的才干和胆识深得朝中一些大臣的赞赏，因此他这次被贬，在朝中引起强烈反响。秘书丞余靖、太子中允尹诛、馆阁校勘欧阳修等都出来为范仲淹鸣不平。亲朋好友不顾吕夷简的威胁恫吓去送别，并安慰他说："此行尤光（尤其光荣）。"几起几落的范仲淹听罢大笑道："仲淹前后已是三光了，下次如再送我，请备一只整羊，作为祭吧！"

"三光"之后，在饶州附近做县令的诗友梅尧臣，寄了一首《灵乌赋》给他，告诫他说，君在朝中屡次直言，都被当作乌鸦不祥的叫声，愿君此后缄默不语，少管闲事，可保平安，可荫妻子。刚直不阿的范仲淹立即回答了一首《灵乌赋》，禀复说，不管人们怎样厌恶乌鸦的哑哑之声，我却"宁鸣而死，不默而生"！

也幸亏能够遵循不因言事杀大臣的祖训，宋仁宗他也不是糊涂刻薄的皇帝。范仲淹虽三次因言获罪都能毫发未伤，反倒获得"三光"美誉，那些与他惺惺相惜、饮宴相送的臣僚也都没受株连。

◎ 可与李清照并论的才女朱淑真

朱淑真（约1135—约1180年），宋代著名女诗人和词人，一作淑贞，号幽栖居士。生于仕宦家庭，其父曾在浙西做官，家境优裕。朱淑真年少时喜读书，酷爱文学，善为诗词，素有才女之称。

成年后，朱淑真原本有一恋人，因为封建礼教的束缚被迫嫁给了一位官吏。有情人不能终成眷属的无奈，所嫁非人的痛苦，使其"一生抑郁不得志"，最后"悒悒抱恨而终"。她不甘于命运、顽强与封建礼教相抗争的精神值得人们敬佩。

据传朱淑真一生创作的诗词很多，她死后"为父母一火焚之，今所传者百不一存"（魏仲恭《断肠诗集序》）。现存《断肠诗集》《断肠词》传世，为劫后余篇。

朱淑真的词继承了晚唐、五代的词风，又受了柳永、周邦彦等人的影响，语言清新秀丽，善于运用委婉、细腻的手法表现优美的客观景物和个人的内心世界。陈廷焯说："朱淑真词才力不逮易安，然规模唐、五代，不失分寸。"（《白雨斋词话》卷二）魏仲恭说，朱词"清新婉丽，蓄思含情，能道人意中事，岂泛泛者所能及"（《断肠诗集序》）。

朱淑真的作品虽然婉约含蓄，但还是存有大胆露骨的香艳描写："但愿暂成人缱绻，不妨常任月朦胧"——缠绵于情爱连时间也不管了，"娇痴不怕人猜，和衣睡倒人怀"——犹如今人当街亲吻一般大胆。

朱淑真的作品题材颇为广泛，咏物、写景、闺阁、咏史等都有涉猎。其以花木立题的咏物诗词最多，超过五十首。而在此之中，又以咏花诗为最。她现存的诗词提及的花主要有：桃花、李花、梨花、杨花、海棠、长春花、杏花、芍药、荼蘼、蔷薇、莺花、丁香、榴花、牡丹、荷花、兰花、菊花、桂花、芙蓉、梅花等二十多种，咏花诗中尤以咏梅为冠。不断出现的花这一意象，正是朱淑真自身人格魅力的写照。尤其是梅花那高洁、顽强的精神与其自身的性格不谋而合，真实地体现了她的内心世界。朱淑真咏花绝不只是为了描摹花的物态，更重要的是借花抒怀。花已经成为诗人心灵的客观对应物，一层层凝聚着深刻的含义，体现其敢于反抗封建礼教、追求独立爱情生活的精神境界。

朱淑真书画造诣也相当高，尤善描绘红梅翠竹。明代著名画家杜琼在朱淑真的《梅竹图》上曾题道："观其笔意词语皆清婉……诚闺中之秀，女流之杰者也。"明代大画家沈周在《石田集·题朱淑真画竹》中说："绣阁新编写断肠，更分残墨写潇湘。"

宋代出了两个著名的才女，一个是朱淑真，一个是李清照。就文学功底来看，二人应是并驾齐驱。她们同为女性词人，在历史上留下重要的一笔，各自占据了无可取代的一席之地，两人同是宋代文学乃至中国文学史上璀璨的明星。但对今人而言，李清照的名气要比朱淑真大得多，这是什么原因呢？

朱淑真劫后余篇大多写闺阁之事，其大胆处难免不被中国封建礼教思想所容，有点公然挑战世俗传统的意味，导致其作品被焚之一炬，以至于如今我们能看到她的作品较少了。朱淑真的丈夫是一名小吏，二人又志趣不合，因此，她得到上层社会关注的机会很少。

李清照因为面临国破家亡的命运转变，其作品涉及国家大事，因而显得宏大些；另一方面，李清照家庭环境更好，其父本身很有身份，属于清流一派，丈夫在朝为官，双方皆有文学素养，因此当时的政界和文坛对李清照的关注度比较高；北宋亡国后，她带着夫妻二人一生积蓄的金石字画追随宋主南迁，得以作为一个爱国人士名声传扬。这一切都足以让她在历史长河中留名了。

另外，李清照还有一段改嫁的风波，据传还改嫁了两次。虽然无法考证其真实性如何，但作为一个"名女人"，传言本身也有许多让人关注的地方。因此，有关她的传奇，无论爱或不爱，人们都可以拿出来探讨。会被讨论的人，在历史中留名的机会自然也更大一些。

◎ 中国科举史上唯一的女状元

在魏晋南北朝时，用人制度承袭旧制，官吏都是从各地豪门贵族的子弟中选拔，谓之"九品中正制"。有些权贵子弟，品质并不优秀，学识并不丰富，却照常可以做官；许多出身低微又有真才实学的人，却很难步入仕途为国尽力。隋文帝统一全国后，为了扩大封建统治阶级参与政权的要求，加强中央集权，把选拔官吏的权力收归到了中央，废除了过去的九品中正制的选拔官员制度，开始实施科举制度，用分科考试选拔人才。到唐朝时，科举制度得以完善，武则天时期还开设了武科，专为军队选拔人才。

科举考试的一个重要科目是进士科。状元是对进士科第一甲第一名的专用称谓，第二名称作榜眼，第三名称作探花，其余皆为进士。自科举制度成为封建王朝选拔人才的重要手段后，状元成为世人所关注的重点对象，成为古代各个时期评论和衡量是否为人才的重要依据之一。

历代状元有姓名可考者，自唐高祖武德五年的孙伏伽起，到清光绪三十年的刘春霖终，共有592人。由于历朝历代的法律都规定了科举的性别是男，女人考秀才就是犯法，要吃官司，而且弄不好还要被砍脑袋。所以，在科举制度统治中国的前一千两百年里，一个女状元都没产生过。至于明代徐渭《女状元》中的黄崇嘏、清代女作家陈瑞生笔下的孟丽君等所谓的女状元，只是古代女权主义者们的愤青心理作祟。

好在历史没有让这些愤青失望，在科举制度临死前的最后一百年里，在太平天国统治下，历史终于为科举破了一次例，把状元的头衔戴在了一个漂亮女孩的头上，从而填补了历史空白。这个漂亮女孩就是傅善祥。

傅善祥出生于南京城的一户书香世家。她的父亲以普及教育、扫除文盲为己任，在城里开馆授学。和傅善祥一起在书香里熏陶大的还有姐姐傅鸾祥。两姐妹从小遍读诗书，又都长得貌若天仙，成为众多男人追求的目标。太平天国定都南京后，洪秀全颁布诏书，开甲取士，并打破常规，增加"女科"。当时，男科的主考官是东王杨秀清，女科的主考官是洪秀全的妹妹、西王肖朝贵的妻子洪宣娇。傅善祥和她的姐姐听到女子可参与考试的消息，不顾世俗的偏见和家人的阻拦，毅然报名参加女科考试。

考试在南京夫子庙的考试院（今江南贡院）举行，作为太平天国历史上第一次"高考"，一向讲究排场的洪秀全当然不会怠慢。据记载，当时的庆典装备中不光有鞭炮，还有大炮。隆隆的火炮声中，三百多名女子走入考场，随着正主考洪宣娇一声令下，考试正式开始。

满心欢喜的女子们打开卷纸的一刹那傻眼了，据《清稗类钞·考试类》记载，考题取自《论语》中孔夫子的名言"唯女子与小人为难养也"。这里插一句，虽然太平天国处处说自己与以往的封建王朝如何不一样，但本质上还是换汤不换药，譬如慈禧出门是16人抬大轿，洪秀全标新了一下就是64人；同治皇帝的轿下是地毯，杨秀清的轿下就是鱼缸。科举考试也一样，清政府的考题来自四书五经，太平天国的考题就来自"五经四书"，只不过形式仿照的是明朝。不过这也不奇怪，毕竟在当时的历史环境下，太平天国没有畅通的渠道借鉴先进的外部榜样。

面对这道考题，很多人按照惯性思维向孔夫子屈服了，内容无不是女人确实和小人一样难养。在古代，如果说书法爱好者心中的神是王羲之，水墨爱好者心中的神是阎立本，那么读书人心中的神就是孔子。那时的读书人在学校时要天天拜孔子，科举考试时也要拜孔子，考中举人了还要拜孔子，就连晚上说梦话都是"子曰"。所以读书人可以跟爹娘叫板、跟上司叫板，甚至跟皇帝叫板，但绝对不敢跟坟头里的孔大圣人叫板，否则就是全天下读书人的公敌！

但傅善祥与别的考生不同，她引古论今，列举了历代巾帼英雄的丰功伟绩，对"唯女子与小人为难养也"这一谬论进行了有力的驳斥。见解独特，驳斥有力。在当时"男尊女卑"依然是社会主流思想的情况下，傅善祥敢于公开和孔子叫板，把一条在人们思想中植根近两千年的"真理"说成是谬论，其勇气不比沙场上冒着枪林弹雨勇往直前的男人逊色。这种明知山有虎、偏向虎山行的精神赢得了主考官洪宣娇的赞许，也折服了洪秀全。后来经过评议，推举傅善祥为女科榜首。于是，傅善祥就成为太平天国，也是中国历史上第一位女状元。

女子当状元，这在当时轰动全国，有首民谣如此唱道："青青柳，蓝蓝天，走过秦淮看两岸，大红灯笼挂满天，祥妹子做状元。"

点为状元后，洪秀全除赏赐黄缎一匹、红绉二匹外，又特意赐给傅善祥花冠锦服，并叫主考官洪宣娇亲手为她戴花，为这位有史以来第一位女状元举行了隆重的"夸官"仪式，"饰以花冠锦服，鼓吹游街三日，官民争睹，间阎群呼为女状元"（《清稗类钞》）。

傅善祥当上状元不久，即因博古通今而受召入府，先后在天王洪秀全、东王杨秀清府里担任"女侍史"、"簿书"、"恩赏丞相"等职，掌管内外政事文书。当时太平天国有"文有傅善祥，武有洪宣娇"之说。《金陵癸甲纪事略》第二辑中记载："有傅善祥者，金陵人，二十余岁，自恃其才。东贼闻之，选入伪府，凡贼文书，皆归批判，颇当贼意。"从另一侧面对傅善祥的才识和能力给予了高度评价。

傅善祥不单单从事文秘一类的案牍工作，还经常胸怀大义，行使"谏官"的职责。在傅善祥的建议下，太平天国对"独尊教约"的文化政策加以修正；废除"女馆"，准许青年女子婚配；建造博物馆，收藏战乱中的文物；制定女权政策，提出"男女平等"口号等。总之，作为中国历史上的第一位女状元，傅善祥为太平天国治国治政建言献策、出力献智，做出了突出贡献，受到太平天国军民的一致赞扬。当时曾流传一首歌谣："跟着洪宣娇，会打火枪会耍刀；跟着傅善祥，能治国来女自强。"

关于这位女状元的结局，史家众说纷纭，一说死于"天京事变"，一说太平天国运动失败后，她隐姓埋名，流落民间，不知所终。

第九章
三教九流纷纭事

　　在中国古代，人们常说"三教九流"。"三教"是大家熟悉的"道、儒、释"，那"九流"呢？有一个顺口溜在民间流传甚广："一流佛祖二流仙，三流皇帝四流官，五流烧锅六流当，七商八客九种田。"从这里可以看出，位居九五之尊的皇帝，也不过是个三流角色而已。

◎ 宰予和孔子的正面交锋

宰予，春秋末期鲁国人，姓宰名予，字子我，又称宰我，与孔子是同乡，比孔子小 29 岁。他能言善辩，被孔子赞许为其"言语"科的高才生，排名在子贡前面。曾从孔子周游列国，游历期间常受孔子派遣，使于齐国、楚国。

孔子一生弟子三千，贤者七十二，这些高徒，各有各的个性，各有各的才干，颜回安贫乐道，仲由亦师亦友，冉雍仁而不佞，曾参慎终追远，有若孝悌仁本，端木赐善思善问……而最有个性、最另类、最善思考、最敢和孔子正面交锋的就是宰予。

《大戴礼记》："宰予问于孔子曰：'荣伊言黄帝三百年，请问黄帝何人也？抑非人也？何以至三百年乎？'"古代动不动就说"黄帝三百年""乘龙上天"等话，老百姓被蒙得一愣一愣的，宰予不相信，就问孔子："老师啊，黄帝是不是人啊，怎么能活三百年呢？"

孔子一听犯难了，说实话吧，辛辛苦苦营造的圣君形象就没了，不说吧，显示自己没水平。还好，孔夫子真不愧是"文圣"，脑子真机灵，他说："（黄帝）生而民得其利百年，死而民畏其神百年，亡而民用其教百年，故曰三百年也。"总算把这个数凑上了。接着，宰予又问颛顼、帝喾、尧、舜、禹五帝的德行。这下孔子可烦了，他说："予非其人也！"意思是说，你不是那种人，我不和你说了。因为再说下去孔夫子怕自己没词儿了。

　　宰予一直对孔子所说的"仁"不怎么信服，于是问孔子："仁者，虽告之曰：'井有仁焉'。其从之也？"意思是：假如告诉仁者说，井中掉进一个仁人，"仁者"需要"从"吗？需要跟着跳下去"从仁"吗？这有点两头不讨好的感觉：说跳吧，就是被骗了，少不了被扣上愚蠢的帽子；不跳吧，又违背了仁义的原则，实在是两难。不过，孔子说得很巧妙："何为其然也？君子可逝也，不可陷也；可欺也，不可罔也。"意思是说：君子会去救人，却不会自己傻傻被陷害；君子可能会被欺骗，但不会像你说的那样受愚弄。话是理直气壮，可到底跳还是不跳呢，孔子也没说清楚。

　　再看一例：

　　有一天，鲁哀公向宰予请教，在社坛周围种树用什么树种好呢？宰予说："夏代用松树，商代用柏树，到了周朝用栗树。"本来话到这儿还挺正经的，可接下来他又来了一句："曰'使民战栗。"（周朝种栗树的目的是想让老百姓恐惧战栗）。孔子听了后很不高兴。因为在孔子心目中，西周武王及周公所推行的一系列政治制度就是自己心目中理想的礼和仁的范本。宰予有些"想当然耳"式的回答则是对孔子心目中理想的周代社会的颠覆，所以孔子批评宰予"成事不说，遂事不谏，既往不咎"，也就是告诉宰予，已经这样了，你就别多嘴了。

　　可以看出，宰予虽是孔门弟子，思想却和孔门格格不入，别的弟子都是有问题而问，他呢？都是自己有主意了，故意问孔子，有点刁难的意味，但都言之有理，孔夫子虽然不乐意也拿他没办法，最后还不得不承认宰予能言善辩。

　　宰予与孔子最尖锐、最激烈的一次正面交锋，是关于"父母治丧"。孔子主张三年治丧，宰予主张一年治丧。宰予并不因为孔子是师长、是学术权威而把自己的想法藏着掖着，而是直抒胸襟，勇于辩驳。这次正面交锋是这样的：

　　宰予请教孔子："儿女为父母守孝三年，时间太长了。君子三年不讲究利益，礼仪必然败坏；三年不演奏音乐，音乐也必然荒废。旧谷子已经吃完了，新谷子已经上场，取火的木头也轮换了一遍，守孝一年也就可以了。"

　　孔子说："父母去世不满三年，你就吃大米饭，穿绸缎，你心安吗？"

　　宰予回答说："心安。"

　　孔子说："能心安你就去做吧！君子守孝，吃好的不香，听着音乐不高兴，在家住着得不到安逸，所以就不那么做。如今你心安，你就去做吧！"

　　宰予退出去后，孔子说："宰予不仁呀！（父母把）儿女生下三年，才能（让他们）离开怀抱。（子女）替父母守孝三年，是天下普遍的丧期，宰予呀，他在父母那里也得到过三年之爱了吧（他怎么可以这样）！"

　　我们不能说宰予说的一年治丧就一定错，也不能说孔子的三年治丧就完全对，他们所处的地位、看事物的角度是不一样的。孔子侧重的是情感，但治丧必须讲个人条件。宰予出生贫苦家庭，多半没条件"三年治丧"，他要劳作，要学习，要做普通人家孩子必须做的一切，硬要他放弃一切去"三年治丧"，恐怕连生存都会成问题。而孔子不同，他是有条件做到三年丁忧的。他是楷模是典范，维护的是一种规范化纲领性的礼教，谁都可以"乱纲""乱常"，唯有孔子不可以。这是从个人条件看。从社会整体来看，如果每个人都花三年时间抛开一切去治丧，社会生产必然会因此放缓。人一生的工作时间不过三十年，若为父丁忧三年，再为母丁忧三年，整个社会的人力资源就浪费了五分之一。与其在父母死后以这种方式表达感情，还不如在父母健在的时候多尽点孝心实在。所以，虽然从情感的角度来看我们没有理由责备孔子，但从今人的角度来看，我们也不得不佩服宰予观点的前瞻性和改革精神。毕竟，简化繁俗缛礼，才是社会发展的趋势。

或许也是因为宰予屡次提一些刁钻古怪的问题，搞得孔子没有面子，于是对他恶语相向。一次，孔子看见宰予白天睡觉，立刻骂道："朽木不可雕，粪土之墙不可圬！"（《论语·公冶长》）这话使得一个骂人的绝妙好辞"朽木不可雕也"流传了下来。

如果说这是孔子愤怒之下的气话，那么"始吾于人也，听其言而信其行；今吾于人也，听其言而观其行。于予与改是"就绝不是简单的批评了。因为宰予的表现竟然令孔子"调整"了一贯的"识人"准则。孔子说："以前我这个人很天真善良，听到别人怎么说便会相信他会这样去做；现在啊，我不再这么天真了。我现在听到别人说了之后还会认真观察他是不是真的这样去做了。为什么我会这样呢？是因为宰予启发了我。"可以看出，孔子已经把宰予贬得很低了。

如果撇开"德行"与"意识形态"方面的问题，平心而论，宰予是个认真的学生，他对学习中产生的问题有执着的探寻精神，非要追根问底，问个水落石出不可。哪怕是老师不愿回答的问题、与老师的思想相抵触的问题，甚至是可能会惹老师生气的问题，他都敢于提出。他绝对不是个"听话"的、老师说什么就相信什么的学生，用今天的话来说就是——不唯师，不唯上，敢于怀疑，善于思考。所以尽管孔子无奈地说他"不仁"，生气地说他"朽木不可雕"，但并未因此而放弃这个学生。他精心培育这棵另类佳木，依然把他作为自己最得意的学生之一。宰予也始终尊重自己的老师，他说"以予观于夫子，贤于尧、舜远矣"（《孟子·公孙丑上》）。他也没有辜负老师的期望，最终成为"孔门十哲"与"七十二贤"中的佼佼者。

◎ 开创"跨国公司"先河的子贡

在经济学界，一般认为跨国公司是垄断资本主义高度发展的产物，是19世纪末20世纪初，西方资本主义进入垄断阶段，资本输出产生了跨国公司。实际上，早在两千五百年以前的春秋时期，我国就出现了跨国公司的雏形。它的开创者就是孔子的学生子贡。

子贡（前520—前456年），姓端木，名赐，字子贡，春秋末期卫国（今河南浚县）人。子贡小孔子31岁，17岁拜孔子为师，深得孔子学说真谛和儒家思想精髓，成为孔门高徒，位列"孔门十哲"之一。

子贡利口巧辞，善于雄辩，富有外交才干。在孔子时代，《诗》已成为当时语言训练的主要教本，孔子就曾说："不学《诗》，无以言。"子贡对《诗经》的学习有深刻体会和独到理解，多次受到孔子的称赞，说他对《诗》能触类旁通（"告诸往而知来，可以言诗矣"）。子贡的辩才和娴熟的外交辞令，使他成为一位出色的外交家，开创了战国纵横家之先河。孔子率弟子周游列国时在陈蔡（河南、湖北相接地区）绝粮，陷入困境，子贡临危受命出使楚国，不但要来了粮食，而且使"楚昭王兴师迎孔子"，把孔子迎入楚国。他后来又在齐、吴、越、晋诸国间游说，使吴国攻齐，从而保全了鲁国。司马迁对此极为赞叹："故子贡一出，存鲁，乱齐，破吴，强晋，而霸越。子贡一使，使势相破，十年之中，五国各有变。"（《史记·仲尼弟子传列》）此外，子贡在政治方面也很有才干，曾担任鲁国和卫国的相。孔子对子贡的政治才能评价甚高，曾把他和冉有、季路这两位政事代表相提并论，并认为他在政治上办事通达。

与孔子的其他弟子相比，子贡最特殊的地方，是他在理财经商方面具有卓越的天赋。《论语·先进》载孔子之言曰"回也其庶乎，屡空。赐不受命，而货殖焉，臆则屡中"，意思是说颜回在道德上差不多完善了，但却穷得叮当响，连吃饭都成问题，而子贡不安本分，去囤积投机，猜测行情，且每每猜对。

子贡还首开了"跨国公司"之先河。据《史记》记载，他"鬻财于曹、鲁之间"，奔走于各国之间做生意，他发现各国权贵皆以佩戴珠宝为时尚，就大量制造贵重佩饰搞"跨国营销"，赚得盆满钵满。吴越大军远征北方，吴王夫差强征丝绵以御寒，使丝绵紧缺价格走高。聪敏的子贡便抓住商机，从各国收购丝绵到吴国贩卖，这一"价格差"让他富致千金，成为孔子弟子中的首富。后来为追忆先师懿德，心灵手巧的子贡用木头雕刻出孔子像，前来祭拜的将相诸侯见状都想拥有一个雕像作纪念，子贡又从中看到无限商机，招募工匠大批生产孔子雕像，又大赚了一把。

子贡在经商时能够捕捉商机，且坚持人弃我取、贱入贵出的经营策略，从而达到了亦官亦商、亦儒亦商——最高的儒商境界，是我国历史上最早的儒、官一体的儒商。他经商不是靠损人利己，而是秉持了儒家的基本信念。他在做买卖时坚持以诚待人、诚信交易。《论语》多处记载子贡与孔子探讨"信"的问题，他深知"信"乃立足之本，没有"信"一切就荡然无存，更遑论发财乎？是"言必信、行必果"使子贡立于不败之地，达到"臆则屡中""义利双赢"的最高经商境界。在自我人格修养中，子贡坚持"温、良、恭、俭、让"（温和、良善、恭敬、节制、谦让）的道德修养原则，努力做到"贫而无谄，富而无骄"（也就是即使有钱，也不张扬、不骄横、不摆谱）；在处理自身与他人、与社会的关系时，坚持"我不欲人之加诸我也，吾亦无欲加诸人"的忠恕之道，以同情的、换位思考的方式处理人我关系，实现互惠共赢，并以"博施于民而能济众"（广泛地帮助救济民众）的博爱胸怀，慷慨回馈社会。

子贡是儒商始祖，奠定了儒商文化基础，他的经商理念有着精深的文化内涵。他崇仁立德，"富而无骄"，"施民济众"。《盐铁论·贫富》中记载："子贡以著积显于诸侯，陶朱公以货殖尊于当世。富者交焉，贫者赡焉。故上自人君，下及布衣之士，莫不戴其德，称其仁。"这就是说，子贡和陶朱公都因货殖发财而名扬于世，他们交往富者，同时也帮助和抚恤贫者，所以上自君王，下至平民，没有一个不得到他们的好处，从而也都称颂他们的仁德。

由于子贡在经商上大获成功，在诸侯国产生了很大影响，受到各国的礼遇，极大地提升了孔子的影响。惜墨如金的司马迁在记载亚圣孟子时仅用了215个字，却以五千字的笔墨对子贡这位商业巨子予以表彰，肯定他在儒学传播和经济发展上所起的作用。足见这位大史学家对子贡推崇之深。

清代浚县县令刘德新曾多次拜谒子贡祠，非常敬仰这位儒学先贤，并撰诗《谒黎公祠》云："曾作素王奔走臣，六瑚四琏擅名珍。分庭能抗诸侯贵，结驷不骄处士贫。事鲁只因从鲁叟，封黎原本是黎人。淇园此日无余竹，古木犹然拱泗滨。"不仅赞颂子贡精通六艺的才学和能言善辩的风采，也讴歌了子贡作为"跨国公司"掌门人罕见的经商头脑。

子贡生活的时代虽然距离我们已经两千多年了。但是，子贡的为人风范和经商之道，仍然值得商界人士的借鉴。

◎ 从孟子休妻看其权变思想

《韩诗外传·卷九》记载，一天，孟子的妻子独自一人在屋里，踞坐在地上休息。"踞坐"又叫"箕踞"，就是两腿像八字一样分开蹲坐于地，这种坐姿在古代是非常不礼貌的。古人"席地而坐，坐则跪，行则膝前，足皆向后，以为是敬；若伸两足，则手据膝，故若箕状。箕踞为傲慢不敬之荣"。

恰恰在这时，孟子突然回家，看见妻子踞坐于地的样子，心里便非常不满，就向母亲说：这个妇人不讲礼仪，请准许我把她休了。

孟子之所以成为贤人，是因为他有一个贤良的母亲。"孟母三迁"的故事，很多人耳熟能详。孟母在听了孟子一番陈述后，便问道："什么原因呢？"

孟子回答说："她踞坐在地上。"

孟母又问："你怎么知道的？"

孟子回答："我亲眼看见的。"

孟母知道事情原委后，便说："乃汝无礼也，非妇无礼。《礼》不云乎：将入门，问孰存。将上堂，声必扬。将入户，视必下。不掩人不备也。今汝往燕私之处，入户不有声，令人踞，而视之，是汝无礼也。"

　　孟母的话意思是：这是你无礼，而不是你妻子无礼。《礼》中不是说，将要进门时，首先问问屋里有人吗。将要登上堂时，应该发出声音，让里面的人知道有人来。将要进入门户时，视线应该向下，不能乘人家不防备偷看人家。今天你到妻子独居的房间去，进门的时候不发出声音，以至于别人蹲在那里让你看见，这是你的无礼。按现在的说法，孟子不但无礼，简直就是犯了"偷窥"之罪！孟母的一番话使孟子心服口服，深感惭愧，打消了休妻的念头，并向妻子赔礼道歉。

　　初读这个故事，多数人觉得孟母说得对，所以孟子无法辩驳。实际上，孟母是以一种"礼"否定另一种"礼"，用孟子的"无礼"掩盖孟妻的"无礼"。按照《礼》的解释，依儒教的精神，不管有人在否，都应该保持一致，这样的礼才是真实的。这也是儒家特别强调的"慎独"。

　　《中庸》里说："君子戒慎乎其所不睹，恐惧乎其所不闻。莫见乎隐，莫显乎微，故君子慎其独也。"意思是："君子会因为担心有自己看不到的地方而更加严谨，会因为担心有自己听不到的地方而更加小心。没有比在那些不易察觉的地方更能表现出君子人格的，也没有比细微之处更能显示君子风范的。所以，君子是要严肃地面对自己的。"

　　孟子能看到妻子的错误，可见他是"慎独"的，他在独处的时候坐姿肯定是端庄的，因为他不知道什么时候会有人进来或者在窗外看到。别人不敲门进来或者在窗外偷窥固然是别人失礼，但至少别人看到你坐姿不正礼仪不雅时，对你来说，就是不可推卸的失礼。

　　孟妻在人前应该是注重礼仪的，否则孟子也不会把她娶进门，但她一个人在家里的时候放松了对自己的要求，是不符合儒家礼教的，并不会因为孟子的失礼而消失。孟母的错在于将孟子"入户不有声"的错误扩大并掩盖了孟妻的错，本来是两个错误，在她的说法里却变成了一个。

那么，为什么孟母说得理直气壮而孟子也心服口服呢？这可能有三个原因：其一，孟母和孟子都忘了"慎独"这回事，娘俩儿的思维钻进了同一个胡同；其二，孟母没想起"慎独"，或者她是出于维护家庭和睦才故意这么说的，孟子从小受到母亲的严训，在母亲面前失去了辩论的才能，导致思维卡壳一时没想起君子要做到"慎独"这一理论；其三，他们母子都觉得，或者至少孟子觉得，所谓的"礼"有一定的适用范围，有些内容并不适合私人场所，特别是夫妻间的亲密关系，也没有必要"慎独"。如果严格按照礼教行事，夫妻之间全无乐趣，甚至连繁衍后代都有些为难了。

这当中，前两个原因基本可以排除，因为孟子作为儒学的集大成者，对"慎独"这个概念不太可能忘记，即使脑袋一时卡壳，事后一定也能想起来。所以，最有可能的就是孟子由这件事认识到了"礼"不能僵化，不可时时处处"慎独"。所以，他听从了母亲的劝阻，没有像孔子、伯鱼、子思、曾子他们那样休妻。这是孟子"权变"思想的体现。

与儒家的前人相比，孟子具有不限时空的辩证逻辑思维，他倡导"权变"，要求人们知法度而不拘泥于法度，明事理而不淤滞于事理；知进退，善变通；允中厥，不极端；动静相宜，行止有度。

这里有一个与"休妻"相似的例子：

有人问孟子，依礼制，男女之间连亲手递接东西都不可以；如果这样，假如一个人的嫂子掉进水里，他可以用手去拉她吗？

孟子说，嫂子掉进水里，不去拉她，那简直就是豺狼。男女之间不亲手递接东西，这是礼制；但礼制也可以根据实际情况加以变通，嫂子落水伸手去援救，这就是一种变通。

孟子的"权变"思想，是人生道路上不可或缺的。人生于世、行于世，本来就充满变数，世间万物纷然而庞杂，难以一概而论，因而在具体实践中，应遵循"权变"的原则，不应执于一端。

◎ 道家思想就是道教吗

"道家"与"道教"二词，常被不加区别地使用。从历史来看，这两个词指称过很多不同的内容，也曾混为一谈；现在仍然有人主张将二者等同起来。

实际上，先秦道家，是以老庄为代表的一个哲学派别，而道教是东汉形成的一种宗教，二者并不是一回事。

道家作为一个哲学思想流派，是一个学术派别，而不是宗教。道家典籍《老子》《庄子》等都是学术著作，而不是神学经典。

道家比道教的历史更悠久内涵更丰富。道家思想的起源很早，传说中，轩辕黄帝就有"天人合一"的思想。一般来说，公认第一个确立道家学说的是春秋时期的老子。老子在他所著的《老子》(《道德经》)中做了详细的阐述。道家思想的其他代表人物还有战国时期的庄周、列御寇、惠施等人。道家倡导自然的世界观和方法论，尊黄帝、老子为创始人，并称"黄老"。

道家思想的核心是"道"，认为"道"是宇宙的本源，也是统治宇宙中一切运动的法则。老子曾在他的著作中说："有物混成，先天地生。萧兮寥兮，独立而不改，可以为天地母。吾未知其名，强名之曰道。"(《老

子》第 25 章）

西汉初年，汉文帝、汉景帝以道家思想治国，使人民从秦朝苛政中暂时解脱，得以休养生息。历史称之为"文景之治"。其后，儒家学者董仲舒向汉武帝提倡"罢黜百家，独尊儒术"的政策，并被后世帝王采纳。道家从此成为非主流思想。虽然道家并未被官方采纳，但继续在中国古代思想的发展中扮演重要角色。宋明理学更是糅合了道学的思想发展而成。

道家思想后来被张道陵的"五斗米道"等宗教吸收，并演变成中国的重要宗教之一——道教。道教是以长生不老之道为最高信仰的中国本土固有的宗教，它用神仙不死之道教化信仰者，劝人通过养生修炼和道德品行的修养而长生成仙，最终解脱死亡，求得永恒。

道教是将老子及《道德经》加以宗教化，称老子为教主，尊为神明；奉《道德经》为主要经典，并作宗教性的阐释。道教的一些基本概念和主要范畴，是从老庄学派和黄老之学继承来的，但其主张与老子、庄子的思想有很大区别，确切地说，道教是道家黄老之学的宗教化和方术化，奉《道德经》、尊老子是道教的一种权术。从语言符号上看，道教哲学的许多范畴和命题的符号形式虽取于道家，然而其内容却不尽相同，道教从宗教神学的角度改造发展了道家哲学思想，将其神秘化和宗教化了。

刘增惠在《道家文化面面观》中说，道家与道教在本质上的不同表现为：从严格意义上来说，道家仅仅是一种思想文化流派，而道教是一个宗教团体，两者在文化形态上具有完全不同的性质。

作为一种宗教，道教有其神仙崇拜与信仰，有教徒与组织，有一系列的宗教仪式与活动，寻求一种通过巫术，并由道起中介作用的超自然和超人的力量。道教所谓长生不老、成仙通神，老、庄并未言及，也不能视为老、庄思想合理的引申，甚至可以说，与自然之道亦不无悖逆。

◎ 少林僧人为何习武

少林武功是中国传统武术的一个重要组成部分，是正宗的中国功夫。"中国功夫惊天下，天下功夫出少林"。少林武功，名扬四海，在我国武术史上占据了重要的一页。

少林武功，起源于古代嵩山少林寺，并因此而得名。佛门以清净为本，僧人以慈悲为怀。作为禅宗祖庭的嵩山少林寺，为什么却以武功为人敬仰，流传千古，闻名于世呢？这还得从头谈起。

佛教传入中国后，部分皇室及贵族子弟开始信奉。特别是两汉时期，皇帝信奉黄老之学及神仙方术，而佛教教理也被视为"清静无为"，故与黄老之学相提并论，佛像往往与老子像、神仙像一同供奉，以祈求多福长寿。此一时期的佛教尚未普及民间，到了魏晋南北朝，佛教始得到极大的发展。

两晋时，西域高僧佛图澄、鸠摩罗什等来中原讲学、译经，弘扬佛法，深得五湖君主之崇信。中国本土亦出了不少高僧，如道安、慧远、法显等。道安组织翻译，建立僧团，慧远则勒定僧律、制定仪轨，二人均培养不少著名子弟，弘法南北，广为传教。至于法显，因有感中国的佛经残缺、戒律未备，于是历尽艰辛，西行到天竺求法，带回大量佛经，充实了中土佛教的内容。

到了南北朝，佛教已由翻译（经文）时代而进入研究时代。当时的佛教得到统治阶级的大力扶植，尤其是北魏与南梁。北魏的统治阶级除了大肆建寺、度僧，还不惜付出浩大的代价，开凿石窟，他们的目的是所谓"修福""行善"，却没想到这些石窟成为后世震惊世界的伟大石窟艺术。

北魏孝文帝太和十九年（495 年），西域来了一个僧人跋陀，获得佞佛的孝文帝所敬信，便在嵩山少室山北麓丛林中兴建一座寺院，施给跋陀。因寺庙建于少室山密林深处，遂命名为"少林寺"。跋陀是为少林寺的第一位住持。他在寺内翻经台翻译了《华严》《涅槃》《维摩》《十地》等经，并度化了慧光、僧稠等人。年老后跋陀迁居少林寺外，直到圆寂。数十年后，少林寺成为大乘教的基地。

北魏孝昌三年，印度高僧达摩祖师从海上经广州、南京，然后"一苇渡江"来到嵩山，在少林寺广招信徒，弘扬佛法禅宗，从此确立了少林寺作为禅宗祖庭的地位。终日面壁静坐，不免筋骨困倦，加上在深山老林，野兽不断侵扰，而且嵩山地区处于北朝阶级矛盾的中心地带，为了驱倦防兽、健身护寺，达摩等人仿效我国古代劳动人民按照身体的各种动作编成健身活动的"活身法"。达摩在空暇时，练习了几手用链、棍、杖、剑等防盗护身的动作，后人称之为"达摩链""达摩杖""达摩剑"。此后他又吸取鸟兽、虫鱼飞翔腾跃之姿，创造了一套动静结合的"罗汉手"。

这套健身术经历长期演练、综合、充实、提高，逐步形成了一套拳术，共达百余种，武术上总称"少林拳"。南北朝以后，随着社会的进步和形势的需要，要求少林武功向精湛的技击方面发展，开始实行了有组织的、严格的僧兵训练。每日晨光曦微，师僧们同起而习之，冬练三九，夏练三伏，四季不断，苦练武艺。

隋唐之际，少林武功已享盛名。隋朝为巩固土朝统治，大力提倡佛教。开皇年间，隋文帝杨坚赐少林寺柏谷坞屯田一万亩，使少林寺成了拥有一定经济实力的佛家庄园。隋炀帝大业年间，天下大乱，各地农民纷纷起义，当时的少林寺财产丰富，便成为起义农民的攻击对象。寺内有僧徒数百，亦有许多练武的僧人，和起义军对抗。

到了唐王朝第一代皇帝李渊的时候，李渊儿子李世民以太尉、尚书令、秦王等身份，率兵进攻洛阳的王世充。李世民曾写信给少林寺的僧人，要他们助战，以昙宗为首的 13 个僧人，率领僧人下山，先解救了被王世充围困的李世民，然后逼降王世充，生擒王世充侄儿王仁则，为唐太宗立下了汗马功劳。昙宗被封为大将军，赐紫罗袈裟、大量银两、田地 40 顷、水碾一具。李世民还准许少林寺设有"僧兵"，准许和尚习武，而且还认为练武则不能缺少营养，御准少林和尚食肉。少林寺因此名声大振。唐太宗时代，是少林寺的一个全盛时期，全寺占地一万余亩，大殿十四座，房舍五十余间，寺僧千余，还有五百僧兵。

随着"天下功夫出少林"的名声日益显赫，天下武术精英从各地慕名而来，在少林寺交流武技，共研武道，少林寺因而汇集了五湖四海的武师于一炉。五代十国时，高僧福居邀集 18 家武术名手来少林寺学习演练三年，各取所长，汇集成少林拳谱。到了宋代，又将少林武功推进了一大步，那时已允许少林寺收容俗家弟子，传说宋太祖赵匡胤和岳飞，都得到少林真传。到了金末元初之际，少林拳有了较大发展。少林派拳术大师白玉峰、觉远、李叟等人，精心研究少林拳法，并注意拳法的整理和传授。他们将少林拳中的"罗汉十八手"发展为七十二手，以后又发展到一百七十三手。元代的少林寺仍维持它的鼎盛，元世祖忽必烈钦命福裕法师住持少林寺。明代抗倭名将俞大猷，也曾到少林寺传授棍术。少林寺僧通过博采百家精华，发展少林武功。今日能保有中国武术精神千余年不坠者，只有少林及渊源于少林的武当二派。

身属佛教的少林武术，并非用来争强斗狠，而是一种慈悲、智能、勇敢的表现。佛教经典上记载，佛陀在此地修行时，有一个强盗要危害五百个商人，佛陀宁可犯杀生的罪业，也要救五百个商人，这是一种"我不入地狱，谁入地狱"的精神，因此真正的慈悲并非没有力量，并非消极退让。如果是为私仇或为私人利益而杀生，这是佛教所禁止的；如果杀一能够救万，在佛法里是不禁止的。也就是说，学佛固然要有菩萨的心肠，也要有武力的保障，如此才能捍卫公理，伸张正义。千百年来，少林的这种佛教思想影响了中国武术界，而且升华了武术的精神，使中国武术大放异彩。

◎ 擅长音乐的阴阳家邹衍

先秦的诸子百家群星璀璨，其中有一家被称为阴阳家。阴阳家的代表人物是邹衍，他的核心思想是阴阳五行学说。

阴阳五行学说，是中国古代朴素的唯物论和自发的辩证法思想，它认为世界是物质的，物质世界是在阴阳二气作用的推动下滋生、发展和变化；并认为木、火、土、金、水五种最基本的物质是构成世界不可缺少的元素。这五种物质相互滋生、相互制约，处于不断的运动变化之中。这种学说对后来古代唯物主义哲学的发展有着深远的影响，也构成了中国古代的科学基础，如古代的天文学、气象学、化学、算学、音乐和医学，都是在阴阳五行学说的协助下发展起来的。

比如，我国古代医学家在长期医疗实践的基础上，将阴阳五行学说广泛地运用于医学领域，用以说明人类生命起源、生理现象、病理变化，指导临床的诊断和防治，成为中医理论的重要组成部分，对中医学理论体系的形成和发展有着极为深刻的影响。

邹衍是战国时期的齐国人，与亚圣孟子是老乡，生在孟子之后。据推算邹衍大约生于公元前 324 年，死于公元前 250 年，活了七十余岁。那时候，诸国争霸，战争频繁，民不聊生。齐宣王时，邹衍就学于稷下学宫，先学儒术，后改攻阴阳五行学说。

学儒术也好，攻阴阳也罢，邹衍的目的是在寻求经世致用之学，充分体现了他有志于匡世济民的入世精神。邹衍的一套学说，正是为新的统治设计出了政治方案，因此他本人及其学说都受到了齐宣王和齐闵王的高度重视。

当时齐国的邹衍，名气很大，游走各诸侯国时都得到极高规格的礼遇。史记《孟子荀卿列传第十四》载，邹衍去梁国时，梁惠王到郊外迎接，执宾主之礼。到了赵国，平原君总是走在邹衍的侧后并用自己衣袖为邹衍掸扫坐席。邹衍去燕国，"昭王拥彗先驱"，也就是亲自执帚扫地，扫地时怕有尘埃黏及邹衍，就边扫边用自己的衣袂遮蔽扬尘，以示恭敬。燕王还把自己的所有门人都找来听邹衍讲学，后来又为邹衍在幽州蓟县西三十里宁台之东筑造了碣石宫，并经常请教治国之道。

邹衍不但精通儒学和阴阳学，而且擅长音乐，这与齐国历代国君喜欢听音乐不无关系（成语"滥竽充数"说的正是齐国的故事）。《列子·汤问第五》有师襄夸赞其徒师文奏琴精妙的一段话："微矣，子之弹也！虽师旷之清角，邹衍之吹律，亡以加之。被将挟琴执管而从子之后耳。"此语虽是以师旷、邹衍映衬师文演奏水平之高，但也说明了邹衍有音乐才能。

据汉刘向《别录》载，邹衍羁旅燕国时，见此地依然还是冬天，寒气太盛，草木不长，百姓生活很苦。他就上了郡城南边不远的一座小山，吹起了律管，演奏春之曲，一连吹了三天三夜。之后，邹衍就让农民赶紧耕地下种。令人惊奇的是，当地不久就阳光明媚，冰消雪化，树叶绿了、花儿开了。这年庄稼长势喜人，五谷丰登。后来，邹衍又从全国弄来了许多当地缺少的良种，教给农民识别、耕作。从此，渔阳百姓的日子渐渐好了起来。

邹衍离开渔阳之后，百姓为了怀念他，便把他吹律管的小山定名为黍谷山；在山上建了祠，叫邹夫子祠；立了碑，碑上写"邹衍吹律旧地"。"衍"字下面迭刻了一个"子"字，表示敬意；又将邹夫子教农民识别良种的地方建了一个小院，叫"别谷院"；在祠前栽了两棵名贵的银杏树，至今有两千多年，依然枝繁叶茂。此地后来成为密云一景，叫"黍谷先春"。

邹衍吹律而冰消雪化向来被认为是无稽之谈，其实不然。"律"在我国古代不仅是一种乐器，而且是一种测气仪器，以律测气而形成的律吕学是我国古代特有的一门学科。其方法是用十二根竹管或铜管（按照一定尺寸比例制成）定出十二律，作为占验节气变化的仪器。邹衍从燕国纬度较高、气候寒凉的特殊条件出发，吹律测出该地的温度和湿度，进而确定播种期和无霜期，指导当地人民进行农业生产，从而使不毛之地长出"黍谷"，并非丝毫没有根据。只是后世越传越神，把冰消雪化说成是邹衍吹律吹出来的效果，当然让人难以相信。

除了刘向的《别录》之外，邹衍吹律的故事在汉朝赵晔撰《吴越春秋》中也有记载。唐朝时，李白曾写过一首《邹衍谷》的诗称赞邹衍的精神："燕谷无暖气，穷岩闭严阴，邹子一吹律管，能回天地心。"苏拯的《邹律咏》也有"邹律暖燕谷，青史徒编录"的诗句。到了明朝洪武十年（1378 年），密云城建成，知县听取百姓建议，在东门外重修了邹夫子祠，重新立碑，碑文仍是"邹衍吹律旧地"。百年以后，祠庙又毁，碑也不知去向。明万历年间密云新城建成后，经过官民的努力在原处又建祠立碑。这个碑一直保存到现在。

◎ 韩非被杀是因为李斯嫉妒吗

据《史记·老子韩非列传》记载，韩非出身于韩国贵族世家，曾与后来在秦国飞黄腾达的李斯同为荀况的学生。他不善言谈，但很会写文章，连李斯也自认不如他。韩非曾上书韩王实行变法，但他的建议未被采纳，只得退而著书立说，以阐明其思想。他的著作传到秦国，秦王读后大为钦佩。为完成统一大业，秦王下令出兵进攻韩国，韩王派韩非出使秦国。秦王得到韩非后很高兴，这让李斯非常嫉妒，害怕自己的地位被韩非所取代，于是伙同大臣姚贾，在秦王面前说韩非的坏话，伺机将他置于死地。韩非因而被关进监狱，不久在狱中服毒自杀，而送给他毒药的就是李斯。等秦王政后悔，想释放韩非时，韩非已经死了。

李斯勾结姚贾陷害韩非的故事，伴随《史记》流传了两千多年；在故事的尾声，司马迁还意犹未尽地强调"秦王后悔之，使人赦之，非已死矣"。如此突出韩非一案和秦王无涉，让后人解读出李斯由嫉生恨毒死了韩非。

然而，李斯熟知秦国刑律，也有反侦查的足够经验和能力，甚至有销毁证据的便利条件，为什么作案手段如此之差？这么容易就让人知道呢？

李斯一生谨慎，侍奉君王一向如履薄冰。如若背着秦王毒杀韩非，之前不可能不评估"欺君"带来的极大风险。虽说韩非是法、术、势的鼓吹者，但在现实操作中，李斯之明"势"要远甚于韩非，在消灭韩非肉体的前夜，李斯必然要揣度秦王的心思。

秦王为人"少思而虎狼心"，他对韩非学说的钦佩，并不能消除他对韩非的不信任。韩非出使秦国是为了保存韩国，因而处处站在韩国的立场上考虑问题，并千方百计阻碍秦国的统一大业，具体表现为：第一，游说秦王进攻赵国，从而达到"存韩"的目的；第二，破坏秦国的君臣关系。这一点西汉刘向在《战国策·秦策》中有所提及：楚、燕、赵等国想联合起来对付秦国，秦王招大臣商议，姚贾自愿出使四国，姚贾的出使制止了四国的联合行动，回秦后得到重赏。然而韩非攻击姚贾用秦国财宝贿赂四国君王，秦王召姚贾质问，姚贾对答如流。于是秦王把韩非打入大牢。

韩非的外交主张与秦国的外交主张是相悖的，这使他不能赢得秦国的信任，甚至被视为"敌人"。《史记》虽然记载了韩非死后秦王很后悔，但是他既没有为韩非平反，也没有追究李斯、姚贾二人的责任，这足以说明秦王本来就有杀韩非之心。

还有一个重要因素常被人忽视了，就是韩非把书写得太明白了，以至于从秦王到秦国的大臣们都想除掉他。

韩非在一些文章中宣称，按照某某标准或某某法令这个应该杀头，那个应该斥退，其实只是书生意气，挥斥方遒，并没有针对具体的人。但是言者无意，听者有心，韩非这样说难免不会被某些人理解成采取某些行动的先兆。在人们尤其是既得利益者的习惯性思维方式中，言语就是行动的前奏。韩非的那些公开的言论已经等于是把自己的公众形象定义为：贪官污吏、庸碌无能之辈、靠裙带关系与阿谀奉承来博取富贵之徒的嫌恶者与铲除者，这让韩非无意间滑向了危险的境地。

韩非写的书，把法、术的妙用阐述与发挥到了最高境界。比如《韩非子》中的《内储说上七术》和《内储说下六微》两篇，是事关君主掌握臣子的秘籍，兼有监控大臣性质的"特务行动指南"。我们先看"七术"，也就是君王控制臣子的七种策略：

一是"众端参照"，这是一种考察机制，有兼听则明的意思，也就是通过各种方面的观察、参照，验证臣下的言行。

二是"必罚明威"，就是运用惩处机制，一定要惩罚那些犯错误的人来树立君主的权威。

三是"信赏尽能"，即建立激励机制，在奖励方面要守信用，鼓励那些有才能和取得成果的人。

四是"一听责下"，有点类似民主议政，就是——听取臣下的意见然后再进行分析评判。

五是"疑诏诡使"，这是非常厉害的一条，它让君主表面上和一些人亲近，让他们长期在自己身边工作，但是不给他们任务，别人感觉这些人是受了秘密指令，所以做坏事的人就会害怕，心里疑心，不敢胆大妄为。

六是"挟知而问"，一个考察臣子忠诚度的致命"杀招"，就是用已经知道的情形来询问臣子，看看他怎么说，以此核查臣子的态度，虚虚实实之间，借以了解各种隐情。

七是"倒言反事"，就是采取正事反说的策略，以获得臣子的真实态度。

"六微"是提醒君主必须明察和防范的六种微妙隐情：

一是"权借在下"，即臣子掌握大权。

二是"利异外借"，因为君臣利益不同而臣下借用外力谋私。

三是"托于似类"，臣下以类似的事情蒙骗君主。

四是"利害相反"，即君臣的利害关系彼此不同。

五是"参疑内争"，臣权超越本分引发内部争权夺利。

六是"乱国废置"，由敌对国家插手本国大臣任免。

一个讷于言谈的贵族公子，心机如此之深，目光如此犀利，内心世界竟然充盈如此丰富的诡诈之术——这会使所有的臣下不寒而栗；对于秦王来说，一方面他有几分忐忑和恐惧，另一方面韩非把书写得太明白，把道理讲得太透彻，以至于"韩非"这个人的重要性已经被《韩非子》这本书取代了。

从以上分析可以看出，韩非被杀并非因为李斯嫉妒，至少并非仅仅因为李斯嫉妒。想杀他的人，除了李斯和姚贾之外，更有秦王和秦国上下大大小小的官吏。当一个国家的整个统治阶层都想除掉一个人的时候，这个人的死就是必然的了。李斯只不过是一个不光彩的执行者。

◎ 解开墨家神秘消失的谜团

墨家是先秦时期重要的学术流派，和儒家并称"显学"，恰如韩非子所说："世之显学，儒、墨也。"墨家而与道家，也成分庭抗礼之势。可是，先秦时期如此重要的一个学术流派，在秦始皇统一六国后，墨家集团不见了踪影，墨学无人传承，在战国二百年期间轰轰烈烈展开的一门大众学说突然消失得无影无踪。至汉初，司马迁写史记时，对墨家的记载中只有 24 个字："盖墨翟，宋之大夫，善守御，为节用，或曰并孔子时，或曰在其后。"这与其他诸子百家连篇累牍的记载比起来，真是让人难以理解。这是司马迁有意冷落墨子，还是手头确实没有墨子的记载材料？这两方面的原因应该都有。

司马迁的观点是倾向于儒家的，而儒家与墨家是死对头。因此，司马迁有可能在写《史记》时特意将其省略。而且，汉武帝的专制比秦始皇差不了多少，在当时"独尊儒术"造成的社会思想"白色恐怖"下，司马迁也有可能碍于当时的政治气氛，不敢记录封建专制统治者不喜欢的学说。

墨子一生著述甚多，战国时期墨学兴盛时，据说有书籍三车。《墨子》"天志"篇里说："今天下之士君子之书，不可胜载，言语不可尽计，上说诸侯，下说列士，其于仁义则大相远也。"梁启超在研究私人藏书的起源时说："苏秦发书，陈箧数十；墨子南游，载书甚多。可见书籍已经流行，私人藏储，颇便且当。"

从这些记述中可以猜测出墨家著作在当年的数量，如此多的墨家著作到了今天，只残留了《墨子》53篇。这种局面不能说不是被专制文化绞杀的结果。

墨子以"非儒"起家，反叛不平等的现有秩序和各种侵略行径，成为贯穿他的整个学术思想和社会活动的一条主线。他总是无保留地站在弱小者的一方，成为社会既得利益集团最大的思想障碍和行为障碍。他主张"非攻"，反对以武力胁迫对方，殃及广大无辜百姓，这只能为被强大的诸侯国打得溃不成军的弱小国家拥护，而四处扩张的强势国家显然是非常反感他的。不除掉墨家这一障碍，秦始皇就不能统一中国，中央集权专制的大帝国也难以建立。因此，消灭墨家，便成了秦始皇统一六国过程中的一个重要任务。

由于历史资料的湮灭，墨家与秦兵搏斗的经过只能靠后人想象得知。前几年的一部叫《墨攻》的电影，向人们展示了墨家的命运。在"非攻"思想的主导下，墨家成了当时社会反对战争的中坚力量。开始是阻止关东六国之间的相互征伐，后来主要是反对秦国对六国的兼并。

墨家是一个有领袖、有学说、有组织的学派，他们有崇高的社会理想与强烈的社会实践精神。正是这种对理想的坚持与执着，墨家的信奉者具有一种勇敢的精神，为了公理与道义，他们可以义无反顾地献出自己的生命。西汉初年的陆贾说：墨门多勇士。《淮南子》则说，墨家中人，"皆可使赴火蹈刃，死不旋踵"。这些都是对墨家弟子献身精神的真实记载。据《吕氏春秋》记载，墨家巨子孟胜为楚国阳城君守封，他与弟子一百八十三人无一后退，全部战死！再看著名的墨子止楚攻宋。墨子反对战争而止楚攻宋，是做了两手准备的，一方面，他千里迢迢只身赴楚以劝止楚王，另一方面，则派禽滑厘等三百弟子助宋国守城以防不测。好在墨子成功劝住了楚王，若楚王不听呢？以楚国之强而宋国之弱，一旦楚王加兵于宋国，不仅宋国难保，墨子与三百弟子的命运也很难说了。以墨家宁死不屈、义无反顾的精神，他们很少有人会退却。然而墨家有多少弟子呢？

正是这种献身精神，使墨家在对抗秦国兼并六国的过程中，耗竭了元气，人员死伤大半。随着秦王朝的胜利和围剿，墨家的有形力量已经难以隐藏，少量的墨家残余逃亡海外。可以说，在秦始皇统一六国的战争中，墨家学派是最早被彻底打垮和消灭的用思想武装的团体，随后是儒家和方士群体。

秦始皇"焚书坑儒"，为什么没有"焚书坑墨"？因为当时墨家已经不存在了，至少已经不能公开存在了。当然，在焚书的过程中，墨家之书肯定是主要销毁的对象。

墨家确实是横亘在封建集权专制统治道路上的一座巨大障碍。这不仅是因为其价值观为王公大臣所不容，更重要的是，墨家的"选天子"等一系列民主政治思想，是封建专制统治最忌讳、最惧怕的威胁。

《墨子·尚同上》里这样说："夫天下之所以乱者，生于无政长，是故选天下之贤可者，立以为天子。天子立，以其力为未足，又选择天下之贤可者，置立之以为三公。天子、三公既以立，以天下为博大，远国异土之民、是非利害之辩，不可一二而明知，故画分万国，立诸侯国君。诸侯国君既已立，以其力为未足，又选择其国之贤可者，置立之以为正长。"

不仅如此，墨子还提出了一套系统的选各级政府官员的思想。虽然墨子书里未说明天子和地方长官应该怎样选，但一个"选"字表现出墨家的基本思想，那就是反对世袭，反对血缘家族统治。

这种思想与法家形成了鲜明的对比，法家是千方百计地加强和巩固帝王的权力，墨家则是提出制约和约束帝王的权力。墨家与儒家也是不同的，儒家把王公贵族等级制视作固定的、不可逾越和不可改变的，而在墨家眼里，一切权威和权力都可改变，社会是可以变的。平民百姓可以进入上层，王公贵族可以沦为平民，这是对封建等级特权制的巨大挑战。如果听任墨家这种思想在社会上传播和普及，那么一旦被社会大众所认识和拥护，封建统治者的权力地位便岌岌可危，民主共和政治制度便可能在中国古代封建社会中产生。

在这种致命的威胁之下，封建君主怎能容忍墨家的兴盛呢！因此，墨家成为封建君主的眼中钉，必欲灭之而后快。于是，封建君主对墨家集团进行了一场彻底的围剿。墨家最终退出了历史舞台，消失得无影无踪。

直到两千年后，清人在整理《道藏》时，才发现被误收入其中的《墨子》一书，这才有了乾、嘉以来墨学研究的兴起。

◎ 培养旷世奇才的鬼谷子

中华五千多年来人才济济，历史上的杰出人才大都师出名门。那么，谁是历史上培养奇才最厉害的教师呢？是孔子吗？不是。孔子号称弟子三千，但姓名可考者只有七十二位，这些学生除子贡可勉强称为奇才外，大部分是贤德之士，知识多、品行端而已，在历史上并无大的作为。

什么是奇才？奇才就是能将知识最大限度地用于社会实践之中并使之产生巨大威力的人。所谓武可安邦、文能治国之才。这样的人才，一生能培养出一个，这个教师就足以骄傲一辈子。

有一个人共培养出两个惊天动地的旷世奇才，毫无疑问他就是史上培养奇才最厉害的教师，他就是鬼谷子先生。苏秦与张仪为其最杰出的两个弟子（见《战国策》）；另有孙膑与庞涓据说亦为其弟子。剩下的商鞅、毛遂、徐福、甘茂、司马错、乐毅、范雎、蔡泽、邹忌、郦食其、蒯通、黄石、李牧、魏僚等都是奇才，奈何没有确切而权威的文献记载，其真实性有待考证。

鬼谷子姓王名诩（或利），又名王禅，号玄微子，春秋时卫国朝歌人。常入云梦山采药修道。因隐居周阳城清溪之鬼谷，故自称鬼谷先生。"王禅老祖"是后人对鬼谷子的称呼。他通天彻地，兼顾数家学问，人不能及。一是神学，日星象纬，占卜八卦，预算世故，十分精确；二是兵学，六韬三略，变化无穷，布阵行军，鬼神莫测；三是游学，广记多闻，明理审势，出口成章，万人难当；四是出世学，修身养性，祛病延寿，学究精深。

鬼谷子虽然学问极大，但招收徒弟从不挑剔，只要是来了，不管你哪国的，不管你是什么出身，一律照收。真正做到了孔子所说的"有教无类"。

鬼谷子的学生中，苏秦、张仪是最为耀眼的两颗明星。苏秦配六国之相印到处游说，联合六国共抗强秦。一人同时任六个国家的宰相，在世界史上也再无第二人。张仪凭借着高超的智谋和辩术成为秦国宰相，瓦解了苏秦生前所创的六国合纵，使秦国最终统一天下。苏秦主张的是合纵策略，张仪主张的是连横策略，可以说两个人的策略是背道而驰的（可见鬼谷先生教育观之先进，因材施教，主张学生个性化发展），但都一前一后达到了各自的目的，功成名就，将战国后期各诸侯及天下形势掌握于股掌之中。太史公司马迁曾经高度评价他们二人："此两人真倾危之士！"

孙膑与庞涓一同在鬼谷子门下学习兵法，他俩后来都成了战国时期的大军事家。著名战例"围魏救赵"就是在这对师兄弟间展开的。孙膑毕业后被庞涓陷害致残，后来得到齐威王的赏识，一跃成为叱咤风云、旋乾转坤的英雄人物，名扬天下。他不仅打仗厉害，而且在军事理论研究上也有自己的独到见解，写出了流芳百世的《孙膑兵法》。孙膑和《孙膑兵法》，在历史上久负盛名，一向与兵圣孙武和《孙子兵法》并称"孙子"，至今犹以"兵圣两孙子"的美称载誉中外。在《汉书·艺文志》中则更为明确，把《孙子兵法》列为所有兵书之首，而《孙膑兵法》位居第二，在吴起兵法、范蠡兵法以及其他所有兵法之上。

庞涓由于总是败给孙膑，加上心胸狭窄陷害过孙膑，所以历史上对他的评价不高。其实当时除孙膑外，庞涓的军事才能可说是天下无敌。史载，庞涓在鬼谷子那里快毕业时，正逢魏国招聘人才，他一去应试，就被魏王任命他为军师兼元帅，执掌魏国兵权。庞涓上任不久，便攻打魏国周围的诸侯小国，每战必胜，每攻必克。魏国因拥有庞涓而威震天下，宋、鲁、卫、郑的国君纷纷去到魏国朝贺，表示归附。不仅如此，庞涓还率领魏国军队打败了当时非常强大的齐国军队。

鬼谷子与学生的故事，历史多有记载，生动地反映出鬼谷子教学的深度、广度和灵活性。

鬼谷子的徒弟们非常出众，除了鬼谷子知识渊博之外，与他的教学方法有很大关系。鬼谷子教学方法灵活实用，不像现在的老师，不管三七二十一，动不动就发给学生一套卷子。他在教学过程中实行讲练结合，注重培养学生的实际能力。

有一天，鬼谷子想测试一下徒弟的机智与应变能力，他坐在屋里，对徒弟庞涓、孙膑说：“谁把我从屋里动员到屋外，谁的成绩就及格。”

庞涓装作惊慌失措的样子跑进屋，说：“启禀师父，元始天尊到，请您接驾。”鬼谷子无动于衷。庞涓第二次跑来，连鞋都掉了一只，上气不接下气地说：“师父，九天玄女来了，正在外面等您。”鬼谷子身子动了动，并没起来。庞涓不死心，第三次进来，跑得太急，一跤摔倒地下，磕断了两颗门牙，结结巴巴地说：“不好啦，苏师弟跟张师弟打架，张师弟把苏师弟打死了！”鬼谷子站起来，看了看他，还是没出去。

轮到孙膑，孙膑一进来就说：“师父，我不行。”鬼谷子感觉有些奇怪，孙膑说："您老人家能知过去的五百年、未来的五百年，我怎么骗得了您？"鬼谷子听罢，有些飘飘然。孙膑接着说："要是您老人家在屋外，我倒有办法把您骗进来。因为外面的事是有天数的，您可以算出来；而屋里的事，是没有天数的，您出去了就算不出来了。"鬼谷子不信邪，让人把自己连人带椅子抬到外面。孙膑见师父出来，大笑说："我已把师父叫出来了，及格！"通过上述简单的测试，鬼谷子明白，孙膑的才华在庞涓之上。

还有一道数学题也很有意思。

有一天，鬼谷子对孙膑和庞涓说道："为师今日出一个题目，来考考你们，看看你们有没有长进。"

孙膑和庞涓皆躬身向鬼谷子言道："弟子们准备好了，请师父出题。"

鬼谷子抚髯一笑道："为师从 2 到 99 之间选两个整数。为师把这两个数的和告诉庞涓，把这两个数之积告诉孙膑。你们两个不能互相告诉对方这两个数的和与积分别是多少，看你们有没有办法算出这两个整数分别是几？"

鬼谷子说完，就把庞涓招手叫到跟前，在他耳边轻声说出两个数之和；然后又招手把孙膑招到跟前，在他耳边低声说出两个数之积。然后笑道："徒儿，为师的题目出完了，现在看你们的了。"

孙膑和庞涓都想了很久，庞涓首先开口道："师弟，虽然我不能确定这两个数是什么，但是我可以肯定，你也不知道这两个整数是什么。"

听庞涓这么一说，孙膑笑了，他说道："师兄，我本来确实不知道这两个数是什么。听你这么一说，我倒是知道这两个数是什么了。"

庞涓一愣，随后也仰天大笑道："师弟，你这么一说，我也知道这两个数是什么了。"

说完，两个人一同把心中所想的两个数默写在手掌上，然后伸出手掌让师父鬼谷子观看。鬼谷子一看，是 4 和 13，连声说道："正是这两个数。"

这是一个很复杂的推理题，限于篇幅，这里不列出具体的推理过程，有兴趣的读者可以试试。

从以上例子可以看出，鬼谷子是一位奇才，难怪他能培养出那么多奇才！

第十章
在悠悠岁月的缝隙里，
掩藏着这些历史碎片

历史是一面镜子，镜子中看到的，是大动荡、大人物、大结局。而真实的历史要丰富得多、细腻得多。历史的镜子破碎了，掩藏在背后的历史碎片，也许更生动、更有人间烟火气。

◎ 中国的翻译官出现于何时

在人类漫长的发展过程中，翻译作为一种特殊的交流媒介，在民族融合、国家统一中起着十分重要的作用。中国是一个多民族国家，自古以来又与其他国家保持外交关系和友好往来。民族相异，国家不同，语言和文字就千差万别，两个操着不同语言的民族，只要进行交往，就离不开翻译。

在中国，最早记载翻译的书籍是《周礼》和《礼记》。这两本书都记载了周王朝设有"寄""像""译"等翻译官职，其具体任务就是负责接待四方民族和国家的使节与宾客及通译事宜。秦始皇统一中国之后，设"九译令""译官令""译官丞"等官职；两汉、魏、晋、南北朝和隋代大体上沿袭了秦朝的这种做法。辽、金朝占据了中国北方的广大地区，以少数统治着汉族和其他民族的多数，为了语言沟通，需要大量的译员，于是在州以上官署置译史，从事笔译。同时，还首置通事，从事口笔译工作。在元朝，有蒙古译史和回回译史之分。明朝永乐五年设四夷馆，原为八馆，后又增添两馆，学习蒙古、西藏、印度、暹罗等地的语言。毕业的学生分发各部，充当译员。清朝更加重视翻译。清军入关前，就建立文馆，以"翻译汉字书籍"和"记注本朝政事"。清军入关后，设立"笔贴式"，以沟通满汉两族语言。清朝的科举考试，还特设翻译一科，在中央一级设立多种翻译机构，这些机构负责满汉蒙藏诸语言之间的翻译。鸦片战争以后，有识之士和政府组织的西学翻译，其规模之大、范围之广，达到了前所未有的程度。

东汉以前，我国的翻译活动主要是各民族为沟通交流所需要的口译。佛教传入中国后，才出现了大规模的书面翻译。这种佛经的翻译肇始于东汉，发展于魏晋南北朝。"翻译"作为一个词出现，就是在南朝的梁慧皎《高僧传》中："先沙门法显于师子国得弥沙塞律梵本，未被翻译，而法显迁化。"翻译佛经到唐代臻于极盛，至宋代逐渐式微，入元代已近尾声。在这一千多年的时间里，出现了很多优秀的翻译家，如东晋时期的释道安、唐代的玄奘等。他们不但有大量的翻译实践，还提出了自己对于翻译标准和方法等方面的见解。

比如释道安提出了"五失本，三不易"的翻译理论。"五失本"是指有五种情况可以允许译文不同于原文。"三不易"指翻译工作中的三种难事：难得恰当，难得契合，难得正确。"五失本"与"三不易"从理论上解决了"质"与"文"的关系，即既要正确表达原著的内容和义旨，又要力求译文简洁易懂。开创佛典意译新风的是鸠摩罗什（344—413 年），主张只要能存本旨，就不妨"依实出华"。后人称道他的译品"善披文意，妙显径心，会达言方，风骨流便"。到了唐代，佛典的翻译到了一个相当的水平。玄奘不但提出了"既须求真，又须喻俗"的翻译原则，而且还是理论和实践相结合的典范。诸如增补、省略、变位、分合、替代等一些在现代翻译教科书中常讲常练的翻译技巧，在玄奘的译经中已经运用得十分熟稔了。

明清时期的徐光启、李之藻、杨廷筠被耶稣教会人士称为"中国圣教三柱石"。但是，他们的主要和有影响的译著，是西方科技类著作，开凿了引进外国先进科学技术的先河。清末，马建忠在其《马氏文通》中提出

"善译"的标准，要求翻译时力求与原文在意思上无一毫出入，而且使读者读了译文后能达到与原文读者相同的感受。这一提法已与现代等值翻译理论非常接近。

中国近代翻译事业的开拓者严复以翻译西方政治经济和科技著作为主，他更为言简意赅地提出了"信、达、雅"三原则，被不少人奉为圭臬，历久不衰。除了这三字理论外，严复在翻译主导思想方面的论述也是我国近代译论的精华。他在1894年写的《论世变之亟》中，指出世人所注意的西方"汽机兵械之伦，皆其形下之粗迹"，即使所谓"天算格致之最精"者，"亦其能事之见端，而非命脉之所在"。可见，他提倡翻译西方社会科学，是自觉地抓了根本，是为了直探资本主义"命脉之所在"。如果说我国的民族资产阶级早在明末清初就得以萌芽，那么当时的翻译家们积极译介西方的先进思想、先进技术所从事的艰辛劳动则是功不可没的。

严复之后，又有许多文学家、翻译家，如林纾、鲁迅、茅盾、郭沫若、钱钟书、傅雷、陈西滢等，他们都提出了自己关于翻译标准的观点，对翻译事业做出了较大贡献。此外，还有林语堂、朱生豪、艾思奇、贺麟、陈康、朱光潜、金岳霖等，他们在翻译理论上都有各自独到的见解。

中国改革开放之后，伴随着全球信息时代的降临，翻译事业得到前所未有的发展，涉猎的领域之广，从事的人数之众，译著的数量之多，都是前所未有的，为国家的繁荣昌盛做出了重要贡献。

◎ 中国古代独具特色的胎教

　　说到胎教，很多人认为这是现代医学发展的产物。其实，胎教在中国具有非常悠久的历史，很多的史学著作和医学书上都有对胎教的实践和理论的记载，形成了独具特色的胎教思想体系。

　　在我国古代的典籍中，有关胎教的论述颇多。2000 年以前的医学著作《黄帝内经》中就有胎病的记述。《千金要方》中多次提出了养胎、护胎的知识。《韩诗外传》中记载了孟母怀着孟子时行胎教："吾怀妊是子，席不正不坐，割不正不食，胎教之谓也。"

　　"胎教"一词正式出现是在汉朝，那时胎教的基本含义是孕妇必须遵守的道德、行为规范。古人认为，胎儿在母体中能够感受孕妇情绪、言行的感化，所以孕妇必需谨守礼仪，给胎儿以良好的影响，名为胎教。

　　西汉有名的政治家贾谊在《新书》中写道："周妃后妊成王于身，立而不跛，坐而不差，笑而不渲，独处不踞，虽怒不骂，胎教之谓也。"周文王没有辜负母亲的良苦用心，他从小就受到母亲高尚情操的影响和熏陶，对人慈善为本，处事宽大为怀，终于成长为一名兴国安邦、励精图治、万民称颂的开明君王。有诗道：太任重胎教，端庄育腹子。教子成贤良，不愧人之母。

　　刘向所著的《烈女卷》中也记载了太任怀周文王时讲究胎教的事例，并提出了孕期有关行为、摄养、起居各方面之注意事项。如除烦恼、禁房劳、戒生冷、慎寒温、服药饵、宜静养等节养方法，以达到保证孕妇身体健康、预防胎儿发育不良，以及防止堕胎、小产、难产等目的。可见，西汉时已基本形成了胎教学说。

东汉杰出思想家王充对胎教颇有见解，他认为人之性之所以有贤愚善恶，并非天意，而是人在受胎时所禀受的天性有厚有薄，"故性有善恶也"。南北朝著名教育家颜之推在《颜氏家训》中有"教子篇"，他认为家庭教育越早越好。早到何时？他主张从胎儿开始，要求孕妇安居闲静、谨守礼法，使胎儿受到良好的影响。

古人十分重视知识涵养及形象的感化对胎儿的影响。隋人巢元方的《从诸病源候论》中提出了外象内感的胎教理论。"妊娠三月……形象始化，未有定仪，因感而变……欲子美好，宜佩白玉；欲子贤能，宜看诗书；是谓外象而内感也。"

唐代大医学家孙思邈在《备急千金要方》中强调，孕妇要调心神，和情性，节嗜欲，庶事清静，并阐明了逐月养胎法。

宋代名医陈自明认为："立胎教，能令人生良善、长寿、忠效、仁义、聪明、无疾，盍须十月好景象，欲子美好，玩白璧，观孔雀。"陈自明在他所著的《妇人良方大全》中还专立"胎教"一门，进行详细论述，并特意编写了《孕妇药忌歌》。

明代医师万金认为："自妊娠之后，则需行坐端严、性情和悦、常处静室、多听美言，令人诵读诗书，陈说礼乐，耳不能闻非言，目不能视恶气……如此生子容貌端庄、德才过人。"

清代，康有为总结了古代的胎教理论，并在他的《大同书》中提出设立"胎教院"的创见，选择适当地点、条件对孕妇进行胎教的培训，并且强调孕妇内在思想感情与外在言行对胎儿的影响。民国初年著名的教育家蔡元培在《蔡元培选集》中也提出了胎教院的建议。

综观以上所述可知，我国很早就注意到优生、优育、优教的重要性。一些有识之士早就有关于胎儿生活在母腹中时能够接受母亲言行感化的朴素认识，已经认识到人的情感活动可以影响脏腑气血功能，并通过母体传递给胎儿。我国古代胎教学说的内容十分丰富，从选择配偶、到择时受孕、再到优境养胎，都有系统的论述，奠定了现代胎教理论的基础。虽然其中不免含有机械的、迷信的成分，但其宝贵的经验仍有着极大的借鉴意义，其大部分内容与现代胎教不谋而合，并且有其独特之处。可惜到了近代未被重视，直到一些西方国家出现有关报道后才逐渐引起人们关注。

西方的胎教之说是亚里士多德最早提出的，以后也有一些零散的资料记载。到了 20 世纪 70 年代，科学的发展使人们可以对胎儿在子宫内的活动和反应等进行直接的观察，为胎教奠定了理论基础，胎教得到了发展，受到国内外的普遍重视。

◎ 西市：盛唐时代的"经济特区"

唐朝是中国历史上最辉煌的封建王朝，也是当时整个东亚乃至世界的中心。尤其是贞观元年至安史之乱爆发（627—754 年）的 100 多年间，是中国古代历史上国力强盛、经济繁荣、政治清明、文化包容、民族和谐的重要历史阶段之一。

唐代的长安城布局严整，"百千家如围棋局，十二街是种菜畦"，就是真实的写照。在街市布局中，设有两个商业区，称东市和西市。东市位于皇城东南方向，兴庆宫西南方向，位置大约在现在的安东街以东、乐居厂以西一带，占有两坊的面积，南北长 1000 米，东西宽 924 米，约 1 平方公里。西市位于皇城西南方向，南北长 1031 米，东西宽 927 米，位置大约在现在的西北工业大学一带。两市设有围墙，两市内各开井字型街道，每条街宽达 16 米，被井字型街道划开的九个区四边临街，两市各有 220 个行业，"四方珍奇，皆所积集"，各行业店铺均临街而设，铺面一般有 6 米宽。

两市的商业活动十分繁荣，所有中外货物都在这里集散。唐代不少长安人以此为据点，"求珠驾沧海，采玉上荆衡……北买党项马，西擒吐蕃鹦"，十分活跃。据目前所知，两市内有大衣行、杂货店、花店、王会师店、酒肆、秋罗行、药行、蜡烛店、秤行、柜坊、帛店、绢行、麸店、衣肆、寄附铺等。

相较于东市，西市更是一个国际化的大市场。东市主要服务于达官贵人等少数人群，西市则是大众化、平民化，有大量外国商人。

西市距离唐长安丝绸之路起点开远门较近，周围坊里居住有不少外商，是一个国际性的贸易市场。这里有来自中亚、南亚、东南亚及高丽、百济、新罗、日本等各国各地区的商人，其中尤以中亚与波斯（今伊朗）、大食（今阿拉伯）的"胡商"最多，他们多侨居于西市或西市附近一些坊里。这些外国的客商把带来的香料、药物卖给中国官僚，再从中国买回珠宝、丝织品和瓷器等。因此，西市中有许多外国商人开设的店铺，如波斯邸、珠宝店、货栈、酒肆等。当时西市占地 1600 多亩，建筑面积 100 万平方米，有 220 多个行业，固定商铺 4 万多家，被誉为"金市"，是当时世界上最大的商贸中心。在这里曾发生了大量的历史趣闻轶事，留下了大量文人骚客的墨宝。如李白的《少年行》，杜甫的"李白斗酒诗百篇，长安市上酒家眠"，其中都提到或涉及西市。

长安大唐西市不仅是 1000 多年前中国社会发展、经济繁荣、文化发达的港口，是丝绸之路的起点和国际贸易中心，而且也是古代历史上第一个具有特区性质的城区。

当时在西市及周边地区，居住着大量来自中亚、西亚的外国人，唐朝廷对他们采取了开明、开放和包容的政策，不仅给予礼遇和保护，而且通过设立蓬宝府（管理袄教事务）和"藩坊"（管理伊斯兰教事务），让他们自己管理自己的事务，使大唐西市具有典型的"文化特区"性质。

在经济方面，在当时的西市中，具有典当性质的寄附铺已经出现，还有类似于早期银行性质的柜坊。另外，具有中介和物流性质的波斯邸和常平仓等也出现了。

在政策方面，朝廷采取了一系列的保护、鼓励和优惠政策，促进丝绸之路的商贸往来和大唐西市的繁荣与发展。如：沿途派兵驻守，保护商旅的安全，"使公私往来，道路无雍"；对外商执行非常优惠的税收政策，如唐朝廷规定，外商进入唐境，只在第　道关口接受检查，其余各关卡一律不再重复检查；对于海路商船，应"接以恩仁，使其感悦"，除收取必要的入境税费外，"任其往来流通，自为交易，不得重加率税"；营业商税一般也只维持在 2%—3% 的低水平；有时为了鼓励中外贸易，还对外商给予一些特别的照顾，如在冬季，规定给外商供应三个月的燃料取暖，致使不少外商"安居不欲归"，在长安居留长达数十年，甚至落籍当地成为大唐子民。

朝廷对外国人移居大唐一直采取支持和宽容的态度，并曾提出过专门的优惠政策，规定对移居大唐的外国人，所在州镇应给衣食并于宽乡安置，同时免去他们十年的赋税，以致迁居大唐的西域各国人往往数以万计。有史学家认为，当时长安的外国人应在 5 万人以上，甚至可能超过 10 万人，大多以经商为主，在西市内大量聚居。

可想而知，唐朝廷对经过"丝绸之路"来华经商的外商在经济及商贸方面是非常照顾的，也制定了许多优惠政策，而作为唐代中外交流及国际贸易的重要窗口之一的西市及其周边外国人聚居区，在一定程度上具有"经济特区"的特征。这也是中国古代历史上第一个具有经济、文化特区性质的城区。

◎ 中国古代无良宰相的不雅绰号

在封建社会，宰相位极人臣，"一人之下，万人之上"，是辅助君主掌管国事的最高执政官。翻开历史典籍，那些清正廉洁、尽职尽责的宰相留下了"雅号"。而另一些宰相，或尸位素餐，无所建树；或行为猥琐，为时人不齿，人们就其表现，给他们起了些或令人发笑或令人不齿的"绰号"。这些"绰号"穿越历史的烟云，成为典籍中的笑柄，读来令人深思。现择其要者，辑录如下：

"模棱宰相"。唐代武则天时的苏味道，曾两次拜相，虽然对朝中旧事了如指掌，却无治国才能，并且从不得罪人。史书上说"前后居相位数载，竟不能有所发明，但脂韦其间，苟度取容而已"。他曾对臣僚说："处事不必决断明白，倘若出现差错，就要遭到谴责，甚至获罪，那就很麻烦。只要模棱两可就行了。"因此，时人就称他为"模棱手""模棱宰相"。后用"模棱宰相"讽刺挖苦那些遇事优柔寡断，生怕引火烧身，无所作为的官僚。

"驱驴宰相"。唐代武则天时的宰相王及善，原本无才无德，全靠死后被封侯的父亲的功名起家（其父王君愕曾为大将军）。在任期间，虽然无所建树，但却自立了一条不成文的规定，就是不允许令史（低级事务官员）骑驴进入宰相府。可是令吏们竟不理睬他的规定，经常骑驴而来，王及善则整日驱赶，成为朝野笑柄，于是时人就称其为"驱驴宰相"。后就用"驱驴宰相"比喻那些纨绔子弟出身又不学无术的官员。

"伴食宰相"。唐玄宗开元年间，卢怀慎与姚崇同为宰相。他自觉品行、能力不及姚崇，遇事从不出头，都推给姚崇。时人称之为"伴食宰相"。

"丹青宰相"。唐朝画家阎立本，工于写真，朝野驰名，大受高宗赏识，于公元 669 年拜为右相。但他终是个艺术家，"无宰相器"，缺乏政治才干。当时，大臣姜恪因作战有功被升为左相，时人评论说："左相宣威沙漠，右相驰誉丹青。"于是，阎立本被称为"丹青宰相"。

"曲子宰相"。和凝是后晋时的宰相。此人拜相前十分爱写文章，尤其擅长写曲子词，并广为流传。和凝当了宰相后，生怕自己写的短歌艳曲有损宰相名德，于是派人到处收取而焚之。契丹知道此事后，就称和凝为"曲子宰相"。和凝著作甚多，想传于世可又怕惹人议论，遂假唐末人韩偓所作。现在所能见到的韩偓的《香奁集》，就是和凝之作。

"三不开宰相"。五代后唐马胤孙，身居相位却从不敢决断政事，朝政任人摆布，自己不置可否，入朝印不开（不理政务），见客口不开（不谈国事），归宅门不开（不接见士大夫及下属官员）。因此，时人称他为"三不开宰相"。

"浪子宰相"。宋徽宗时，宰相李邦彦，"游纵无检"，行为放荡，好作淫词艳曲，自号李流子。他位居宰辅，不理政事，只知享乐，自称"赏尽天下花，踢尽天下球，做尽天下官"。于是，人们称他为"浪子宰相"。

"三旨相公"。宋神宗时，有个人名叫王圭。他当宰相16年，尸位素餐，从无建树。上殿面君，曰"取圣旨"；听取皇帝指示后，曰"领圣旨"；回到衙门后，对秉事者曰"已得圣旨"。时人谓之"三旨相公"，以讥刺其失职。

"蟋蟀宰相"。南宋宰相贾似道是一个著名的蟋蟀迷。据《宋史》载："襄阳围已急，似道日坐葛岭，起楼台亭榭，取宫人娼尼有美色者为妾，日淫乐其中。唯故博徒日至纵博，人无敢窥其第者。其妾有兄来，立府门，若将入者。似道见之，缚投火中。尝与群妾踞地斗蟋蟀，所狎客入，戏之曰：此军国大事耶？"当时蒙古帝国派兵进攻中原，形势十分危急，但贾似道却置国事于不顾，仍然还在陪着群妾斗蟋蟀玩乐，后人戏称之为"蟋蟀宰相"。自此之后，斗蟋蟀之戏也因他而成了"玩物丧志"的代名词。

"棉花宰相"。明代成化至弘治年间，刘吉官至内阁大学士（相当于宰相）。由于此人不但善于乔装打扮，而且还会不择手段锐意钻营，所以，刘吉就常遭到有正义感的大臣的弹劾。弘治初年做了十八年大学士，是少见的"不倒翁"，此人尸位素餐，无所作为，奉承皇帝、营谋私利则很有手段。尽管屡屡受朝官弹劾，却毫发无损，始终不倒。故时人就称刘吉为"棉花宰相""刘棉花"。意思是耐弹，久弹无损。

"青词宰相"。明正德十年，嘉靖皇帝承继大统。他信奉道教，古代道士斋醮，必念上奉天神的表章。表章用朱笔写在一种青藤纸上，称为"青词"。严嵩为了邀宠，不仅自己用尽心思，大写青词，而且令其子严世藩也投其所好，后来终于以青词赢得天子的青睐。严嵩因而又称"青词宰相"。

"清客宰相"。明代崇祯年间，担任户部尚书兼文渊阁大学士的来宗道，虽然身居相位，但却很少过问政事，整天只知道喝茶饮酒。一个叫倪云璐的编修（翰林院史官）曾多次上书力主革除弊政，来宗道知道此事后嘲笑说："你何必多言，按翰林院的习惯，好好喝你的香茶吧！"因此，时人就称来宗道为"清客宰相"。

"蟋蟀相公"。1644年春，李自成进北京，崇祯皇帝吊死在煤山。不久，福王朱由崧在南京称帝，以来年为弘光元年。次年，清兵临近长江，形势十分危急。执掌大权的大学士马士英当此危难之际，每日犹以斗蟋蟀为戏，和南宋时的"蟋蟀宰相"贾似道有一拼。为了区别二人，时人称马士英为"蟋蟀相公"。无独有偶，皇帝朱由崧也不以国事为重。大敌当前，宫中犹须房中药，令乞丐捕虾蟆以供，灯笼上大书"奉旨捕蟾"，时称"虾蟆天子"。有君臣若此，弘光政权的垮台实在是意料之中的事。

这些绰号都是来自民间，出自百姓之口。寥寥数字，便活灵活现地勾画出一个个无良宰相的人品与作为。

◎ 哪个朝代的官员薪水最高

升官发财，这是古人几千年的梦想。在清代小说《儒林外史》中，范进考到五十多岁还要考，中举后竟然高兴得发疯了。

我国古代官员的俸禄，一般是和秩级联系在一起的，同时也和当时的工资政策有关系。根据史籍的记载计算，在中国两千多年的封建王朝，宋朝的官员们薪水是最高的。

宋朝官员的工资内容之丰富，令人叹为观止。他们有正俸、禄粟、职钱、春冬服、从人衣粮、茶酒、厨料、薪炭以及牲畜饲料等，衣食住行、甚至家眷从人的开销，全部由国家买单。他们不但每月有固定工资，还有一份减免赋税的职田。其职田按官品高下给田 40 顷至 1 顷不等，且大都是良田。在税费的缴纳上，国家已经给了很多优惠政策，但他们大都偷税漏税。

宋朝的这种分配制度是"薪给制"和"供给制"相结合。"供给制"有很多弊端，宋朝以前早已废除，宋太祖赵匡胤在杯酒释兵权之后，为了安抚助他篡位的将领们，许他们以高爵厚禄。臣下给予皇帝对皇位的安全感，皇帝给予手下荣华富贵。到了后代皇帝，这也便成为一种制度顺利延续下去了。

宋朝的官员从没有下岗分流一说，相反，只要你进入公务人员的序列，只要不犯大错，这个铁饭碗就可以带进坟墓里了。而且，这个铁饭碗的含金量会越来越高，很有可能会变成金饭碗。宋朝朝廷对文职官员三年一"磨勘"，武职官员四年一"磨勘"，按现在的说法，叫考核。考核过后，只要无大错就可升迁。升迁后，各种待遇也水涨船高。

在宋代，做官就意味着发财。比如宰相吕蒙正和范仲淹，出身贫寒，为官期间也都算廉洁，吕蒙正退休后，在洛阳建有"园亭花木，日与亲旧宴会"，范仲淹能用自己的钱在家乡修建"义庄"，赡养族人。

如果大家觉得他们还不够清廉，不妨看看被万民敬仰的大清官包拯的薪资水平。

包拯"倒坐南衙开封府"时，头上戴有三顶帽子，即龙图阁直学士、权知开封府事、尚书省右司郎中。按宋仁宗嘉祐年间颁布的官员薪水法规《嘉祐禄令》，包拯作为龙图阁直学士，每年有 1656 贯的货币收入，还有 10 匹绫、34 匹绢、2 匹罗和 100 两绵的实物收入。

按《宋史·职官志》，包拯在开封府做第一把手，每月有 30 石月粮，其中包括 15 石米、15 石麦。此外每月还有 20 捆（每捆 13 斤）柴禾、40 捆干草、1500 贯"公使钱"。再查《嘉祐禄令》，权知开封府事每月还有 100 贯的添支，每年冬天又发给 15 秤（每秤 15 斤）的木炭。

另外，作为外任藩府的高级官员，朝廷划拨给包拯 20 顷职田，也就是 2000 亩耕地，允许他每年收租，并且基本无须纳粮。这 2000 亩耕地按每亩租米一石估算，每年也有 2000 石米的进项。

总计包拯一年的各项收入：20856 贯铜钱、2180 石大米、180 石小麦、10 匹绫、34 匹绢、2 匹罗、100 两绵、15 秤木炭、240 捆柴禾、480 捆干草。

宋真宗熙宁二年，开封米价 400 文一石，麦价 300 文一石。宋仁宗嘉祐四年，官定绫价 1600 文一匹。宋真宗咸平年间，开封每匹绢最低 1200

文。宋徽宗宣和年间，每匹罗定价 4000 文。宋仁宗天圣七年，官府规定每两绵不得超过 85 文。宋真宗时某年冬天，官府出售木炭，每秤售价 100 文。宋仁宗后期，官府收购柴禾，每捆定价 50 文。宋仁宗宝元二年，开封干草最低 19 文一捆。

以上是史料中出现的距包拯任职开封府时间较近的物价数据。利用这组物价数据，可以把包拯每年的各项实物收入都换成钱，加起来大致是 1022 贯，加上 20856 贯货币收入，总共是 21878 贯。据宋徽宗时淮南转运使张根说，他掌管淮南 20 个州，每年上缴朝廷的财税有 30 万贯，平均一个州缴税才 1.5 万贯。包拯两万贯以上的年薪，比人家一个州每年上缴的税收还要多。

宋朝官员不仅工资高，而且工作轻松。宋朝的官僚制度有"官""职""差遣"的区分。"官"只是一种等级待遇，作为叙级、分等、定薪的依据。"职"并不是职务，而是加官，是一种虚衔。所谓"差遣"，也称职事官，是官僚担任的实际职务。例如名义上宰相是中书令、门下侍中，但那仅仅是"官"，掌握相权的却是同中书门下平章事、参知政事等这些"差遣"。这样，宋朝的官员大多没有具体的工作，却又拿着高工资，生活得相当惬意。

宋朝为让官员们安心工作，不为家事分心，每个官员都可按规定配有仆人，最低的官员配给一名仆人，宰相可配给一百人，费用都由朝廷提供。同时还允许高级官员直系、旁系亲属，甚至门人到政府工作，当时这叫"荫补"。"荫补"一般都是在皇帝生日、官员退休、死亡的时候。

宋朝公务员的门槛很低。宋朝科举取士，每次科举录取的人数越来越多，从宋初的几十人到宋太宗时的二百多人。到宋末，一次录取进士就达六七百人。进士及第就授予官职。宋开宝二年还规定，凡举人参加过十五场科举考试而未及第者，一律特赐"本科出身"。真宗时，又把标准降低了，应试五场而未及第者即可获得这样的称号。所以，只要你身体好、有耐心，基本上最终都能实现升官发财的梦想。

北宋"为与士大夫治天下，非为百姓治天下也"，加上宋给辽、金的岁币，给西夏的岁赐，导致宋朝廷出现了巨大的财政赤字，人民的生活也更加困苦。

◎ 中国古代的房地产和"房奴"

"房奴"如今越来越成为众人共同关注的热点。"房奴"一词顾名思义就是房子的"奴隶"，即选择贷款买房后，终日为还贷而奔波劳碌。"房奴"一词虽然出现的时间较短。但它在中国古代社会就有了。

土地和房屋的买卖，在三千年前就存在。根据考古实物和历史文献证明，西周时就出现了土地交易，战国时就有房屋买卖。不过，那时候一套住房的第一代业主，一般都是自主建房，房子盖好后，因为种种原因，这套房子被卖掉，卖给第二代业主，然后再卖给第三代、第四代业主。总的来说，从战国到明清，中国房地产市场上卖来卖去的主要是二手房，也不存在产权年限一说。

到隋唐时，出现了"开发商"，专门开发商铺，在盖好之后出租或出卖。有个叫窦义的商人，就是其中的佼佼者。古代的开发商还有一些是官员，甚至官府就是开发商。比如在北宋，朝廷下设专门搞开发的机构，叫作"修完京城所"。这个机构本来是修筑城墙和宫殿的，后来城墙修得差不多了，宫殿也盖得够豪华了，开始转型给"中央财政"搞创收。怎么搞创收呢？"修完京城所"向朝廷请示，划拨出大片地皮，他们在上面盖住宅建店铺，然后有的卖给百姓，有的租赁给商人，给国库做了很大贡献。

当然，在古代，这些"开发商"不是专门从事房地产开发，没有谁只靠卖房子吃饭。因为中国一贯重农抑商，单靠造房子赚钱会被大伙瞧不起，钱庄也不肯借钱给人搞这种"低贱"的事情。在中国古代，最不利于职业开发商生存的，还是政策因素。具体来说，就是古代政府一般不允许商人购置大量土地。以唐朝为例，唐玄宗在位时，政府给老百姓划拨宅基地，大小取决于家庭等级和家庭人口。如果是平民家庭，每三口人给一亩宅基；如果是贱民家庭，每五口人给一亩宅基。"诸占田过限者，一亩笞十。"意思是买地超过指标的，得挨板子，每超出一亩指标，挨十大板。商人属于贱民，再有钱的商人也是贱民，所以根本买不到多少地，无法进行大规模开发。

古代的房价也有高有低。就说唐朝，都城长安的房价就不是普通人能承受得起的，连很多名人都买不起房子。比如白居易就是租房子上班。他28岁考中举人，29岁考中进士，32岁参加工作，干的是"校书郎"，类似于是在中央办公厅负责校对红头文件的工作人员。级别是正九品，工资是每月一万六千钱。白居易在长安东郊常乐里租了四间茅屋，因为离上班的地方远，又养了一匹马代步，此外还雇了两个保姆，这样每月的开销是七千五百钱，剩下八千五百钱存起来。但是存了十年，他也没能在长安买下一套房子。后来白居易觉得这样长期租房不是办法，就跑到陕西渭南县，也就是长安城的卫星城，买下一处宅子，平时住在单位，逢假期和休息日就回渭南的家。有点和现在的大都市白领差不多，在郊区买房不住，而在城里租房上班。

宋朝的房价也不低。苏东坡一生也没能在开封买到房子，只是在其他小地方买了几套。他儿子在开封结婚，没有新房，苏东坡很着急，最后还是借了一个朋友的房子，总算把婚事办了。苏东坡的弟弟苏辙也为房子发过愁。苏辙参加工作几十年，到七十岁那年才买上房子，而且不是在首都开封买的，是在开封西南的一个城市许昌买的。在买房之前，苏辙写过一首诗，说"我生发半白，四海无尺椽"；又说"我老未有宅，诸子以为言"。意思是，我活了大半生，头发都花白了，还没弄上一套房子，搞得自己在儿子们面前抬不起头来，他们还老是抱怨我。

那么，在这种情况下，古代是否也有"房奴"一说呢？

宋朝江浙一带出现过"房奴"。有个叫张仲文的宋朝人写了一本名叫《白獭髓》的书。书中描写了"房奴"生活："妻孥皆衣蔽跣足……夜则赁被而居。"存款和借来的钱都砸到房子上了，只能节衣缩食还债，不但老婆孩子身上没一件好衣服，就连被子也是租人家的。

明朝的江南第一才子唐伯虎也是个"房奴"。唐伯虎看上了一处大宅院儿，据记载，他先向北京一位当官的朋友借了一大笔钱买了这处房产，而这笔钱是用自己一部分藏书来作"抵押贷款"的，后来，又经过两年多的努力作画、卖画，才筹足购房款。他这也属于"按揭"，算是典型的"房奴"了。

清朝以前，人们居住和买卖的房屋多以自建为主。从清朝康熙帝执政开始，大量建造官房。在这些官房中，一部分给贫苦的旗人免费居住，更多的则是被喜欢"奢侈"的旗人"按揭"购买。到了雍正十一年，朝廷专门颁布了"指扣俸饷认买官房"的具体办法，"俟价值照数扣完之日，听其拆修"。言下之意很明确，只有当你用俸饷如数还完所欠房款之后，才取得房屋的所有权。乾隆、嘉庆时，对于"按揭"买房有了更为科学详尽的规定。乾隆三十五年规定，如价银在千两以上，先交一半现银，其余银限八年完结。至千两以下，合计俸银可以五年完结者，仍按年坐扣；如五年不能完结，亦先交一半，其余银即于五年俸内坐扣。嘉庆元年进一步规定，八旗官兵认买房地俸饷坐扣者，其房价在一百两以下，定限四年坐扣；一百两以上，定限五年坐扣；三百两以上，定限六年坐扣；五百两以上，定限七年坐扣。如果俸饷不敷坐扣，先行交纳一半，其余仍按年限坐扣。价银一千两以上者，先行交纳一半，其余定限八年坐扣完结。于是乎，数量较多的"房奴"伴随着清廷主持的建房热潮应运而生了。

不过，上面的规定主要是针对高档房产，普通住房则用不了当那么长时间的"房奴"，甚至不用做"房奴"。有人统计过，清朝普通人用一年的收入就能买一套普通住房。如果把收入的三分之一存起来，三年时间就可以全款购房了。例如，在乾隆十三年，北京内城新帘子胡同（长安街南，新华门与和平门之间），四间瓦房的价格是七十两白银。当时一个仆人的月工资是 6 两白银，年工资即七十二两。仆人一年的工资足可以将其买下。

到了民国时期，外国银行纷纷到中国开展业务，开发商能贷到大笔的贷款，中国的职业开发商因此诞生了。受外国银行的影响，上海、广州等一些城市的钱庄开始经营以房产为抵押的贷款业务，与现在的银行按揭类似，"房奴"数量也越来越多了。

◎ 中国历史上最雷人的圣旨

看过金庸武侠小说《鹿鼎记》的人，也许对这样的一段情节有印象：韦小宝一行人流落在钓鱼岛上，康熙派人去找他，还颁给他一道圣旨。圣旨的内容如下：

"奉天承运皇上诏曰：'小桂子，你个小混混。你到哪里去了，我想念你得紧。你这臭家伙无情无义，你忘了老子了吗？你不听我的话，不肯去杀你师父，又拐带了建宁公主逃走。忘恩负义的东西。你这不是叫我做你便宜的大舅子吗！不过你功劳很大，对我又忠心，什么罪我都饶了你。我就要大婚啦，你不来喝喜酒，老子实在不快活。我跟你说，你乖乖地来投降，立刻回京来，我已经给你另外建了一座伯爵府，比以前的大多了。咱们话说在前头。从今以后你若再不听话，我非砍了你的脑袋不可。你可别说我骗你回京来，又要杀你。你那个师父陈近南已经死了，天地会跟你再没什么干系，你得出点力气把天地会给我好好灭了。我再派你去打吴三桂，建宁公主就给你做老婆。日后封公封王，升官发财，有得你乐的了，小玄子是你的好朋友，又是你师父，鸟生鱼汤说过的话死马难追，你还是快快给我滚回来吧！'钦此。"

这段文字写得很生动，读起来非常有趣，金庸自己把这段情节也视为得意之作，认为这道自己虚拟的圣旨堪称空前绝后。

金庸虽然才高，这段情节也确实体现了丰富想象力，但可惜，这道圣旨仅仅是在文辞上比较夸张随意，就实际内容而言，和历史上曾经出现的真人真事相比，还算不得"雷人"。历史本身的离奇荒诞，远远超过人的想象力。明末农民军首领张献忠，就曾经发出过更加"雷人"的圣旨。

《蜀碧》记载，张献忠当皇帝后，各地知县纷纷来朝贡。夹江县知县送来新鲜荔枝，张献忠与爱妃李丽华、许若琼一同品尝，吃了一个后发现是咸的，马上下令贴身护卫王珂将知县抓来，让他尝下这咸荔枝。爱妃李丽华说："臣妾细细想来，夹江知县恐非出于本意愚弄陛下，臣妾听父亲说过，荔枝用盐水浸泡是保险的妙法，那王知县定是浸泡过浓了，罪不至死。"

张献忠说："那就饶了这驴养的知县吧。"于是下了一道圣旨，圣旨写道："奉天承运，皇帝诏曰：'王珂，你回来，饶了夹江县那驴知县罢'。钦此。"这道圣旨曾保存在资阳某人手中。

张献忠下旨，有什么讲什么，还怕代写的人不照他的意思写。于是口述一遍，还要人写完再复诵一遍。之乎者也的，他听不懂，非得要人一字一句地照他的口语来写，"如差一字，便杀代书者"。张献忠本来就没多少文化，说话又"出口成脏"，所以下的圣旨也粗俗不堪。

丙戌年，北方李自成垮了，清军占据汉中，准备南下。张献忠怕清军势大，吩咐守军坚守不攻。守军将领刘进忠觉得对方领兵的马科，原来是李自成的人，不过是一名降清的"狗头"，何足道哉，于是私下领兵进击。结果是屡战屡败。张献忠知道了，下旨严责，这圣旨是怎么说的呢？只听使者高声念道：

"奉天承运，皇帝诏曰：咱老子叫你不要往汉中去，你强要往汉中去，如今果然折了许多兵马。驴毬子！钦此。"

这道圣旨更是"雷人"！连脏话都出来了。跪在地上的遂宁文武士民听得目瞪口呆。他们强忍着笑，听完这令人喷饭的圣旨后，都叩着头谢恩退了。刘进忠笑不出来，方寸大乱，生怕张献忠又搞出什么"雷人"的举动来，让他吃不了兜着走，索性一不做二不休，连夜跑到汉中投靠清军去了。

刘进忠的担心并不是没有根据的，张献忠的"雷人"举动让人防不胜防，自己说不定什么时候就掉了脑袋。

张献忠建立大西政权后，开科取士，得进士一百二十名。状元名叫张大受，还不到三十岁，生得一表人才，气宇轩昂，又善弓马，可谓文武双全、青年才俊。群臣都上表进贺，说天降大贤，大西不久便可一统宇内等。张献忠一听大喜，急忙召见张大受。一见果然大悦，群臣见此更加交口赞誉，一致认为张大受乃古今未有之奇士。张献忠喜不自禁，又是赏金，又是赐宴，又是召画工为其画像，最后还赏美女四人、甲第一座和家丁二十人，着实地为得奇才而高兴了一回。

张状元当然是感激涕零的，于是，在收下美女豪宅第二天的一大早就跑去谢恩，准备表一下为张皇帝、为大西政权肝脑涂地、赴汤蹈火在所不惜的忠心。张献忠在龙椅上一听状元来了，突然不知哪根神经被触动了，说道："这驴养的，老子爱得他紧，一见他心上就更是爱得不得了。咱老子有些怕看见他，你们快些给我把他收拾了，不可叫他再来见咱老子！"于是，张状元一家老小连同赏赐的美人、家丁尽被斩杀，一人没留。可怜张状元在短短数日内就经历了从富贵荣华到身首异处的大起大落、大喜大悲。他可能到死都不明白是怎么回事。

张献忠讨厌礼法，说话粗俗。《蜀碧》说他厌苦朝会，"掷所御冠，举足践其中，索大帽著之，乃快。"计六奇《明季南略·张献忠乱蜀始末》

说，1645 年，张献忠准备娶陈演之女为皇后，礼部送来册封皇后诸多礼仪。献忠见礼节十分烦琐，开口骂道："皇后何必仪注？只要咱老子毡头硬，养得她快活，便是一块皇后矣，要许多仪注何用？"

由于张献忠治国无方，又乱杀无辜，反对大西政权的人很多。在清军和四川地方豪绅武装的威胁下，张献忠放弃成都北上，驻兵川北西充山中。面对日益窘迫的状况，他对几名心腹说："皇帝极是难做，咱老子断做不来。今老子金银甚多，想来做皇帝不如做绒货客人快活。我今藏有金银数万两，绒货数十挑，好驴马百十头，将此众人杀尽，我等心腹数十人，搬驮金银绒货，前往南京做绒货客人，享受富贵，图下半世快活，有何不可？"面对这让人啼笑皆非的奇想，几个心腹都无奈地摇了摇头，暗中准备另做打算。正当张献忠踌躇满志地加紧步伐要完成他惊世骇俗的壮举时，那个被他骂跑的刘进忠带着清兵突然来袭，张献忠猝不及防，倒在了清军的箭矢下，带着他的异想永远地闭上了双眼。

◎ 纳外国公主为妾的晚清富商

晚清时代，积贫积弱的旧中国遭遇了前所未有的时代变局。然而就在这风云激荡的历史大变革时期，涌现出了一大批奇才，陈芳就是其中之一。

陈芳，字国芬，1825 年出生于香山（今珠海市前山镇）梅溪村。金榜题名几乎是那时候所有人梦寐以求的事，他的青少年时代是在背诵《三字经》《论语》《中庸》等古籍经典中度过的。19 岁去京城参加科举考试后，命运发生了转变。

在京城几场考试下来，陈芳精疲力竭，便踏上回乡的路。为了散心，他去了澳门，到在澳门开杂货店的伯父陈仁杰家小住。伯父见陈芳对人恭敬，很有灵性，便给他指点做生意的迷津。看到满腮胡须的洋人出入巨大的轮船，陈芳萌生了将来到轮船上做事的念头，到外国赚大钱。伯父极力支持，让陈芳先学好英语："别说到国外闯荡，就是在香港和澳门做生意，不会英文也不行。"

于是陈芳就开始学英语，一连十多天旁听夜读班。回到梅溪家中后，他开始帮助父亲打理生意，常出入香港、澳门，坚持苦学英语，要为将来到海外闯荡做好准备。

19世纪初，清朝国同夏威夷王国已通商。当时的夏威夷生产力低下，交通不便，是一块有待开垦的新地。陈芳的伯父也想把一船中国货物运到夏威夷的檀香山去卖，要陈芳同行。1849年，24岁的陈芳告别父母妻儿，向夏威夷出发。

伯父陈仁杰不久便回国了，陈芳则留了下来，开店经营伯父留下的中国货物。在檀香山贝塞尔大街，华人已开了一间餐馆、一间洗衣店和一间面包店，陈芳则开起杂货店，经商生涯从此起步。早期华人小商贩所售的货物，多由白人从北大西洋运来，陈芳见当地人喜爱中国货，就以卖陶瓷器皿、梳子手镯、丝绸衣物等中国货为主。陈芳头脑灵活，首创了现代超市模式——"开架售货，自由选购"，生意火爆，据说连穿在身上的中式衣服都被人买走了。后来在店铺失火、店伙计卷走3万美元潜逃的情况下，陈芳也未曾放弃，毅然借高利贷重新开业。掘得第一桶金后，他转向经营种植园和制糖业，采用当时最先进的榨糖机器。美国南北战争爆发时，美国北方蔗糖稀缺，他目光敏锐，大量倾销到美国北方。凭着勤劳智慧和打拼精神，他很快致富，成为当地华人中第一位百万富翁，被誉为商业王子，名扬夏威夷。

以当时华人在海外的低下地位，经商成功已属不易，陈芳的皇室之恋更为传奇，他纳夏威夷王室公主朱丽亚为妾（由于陈芳已经有结发妻子李杏，所以公主的身份只能是妾），在那个华人被称为猪猡的年代，为当时社会地位极低的海外华人挣足了面子。

陈芳在国外逐渐意识到，要在这个岛上扎下根，就要和当地人打成一片，尤其要接触上流社会。为此，他展开了广泛的社交活动，学习英语、当地语言和社交舞蹈，出入西人的教堂及公共场所，与当地贵胄、官宦、企业家、金融家、律师、传教士均有来往。

陈芳快三十岁的时候，在一次社交活动中结识了一位蕙质兰心、混合着美、英、夏威夷血统的王室公主朱丽亚·费叶韦撒。陈芳既钟情于这位美丽的少女，又对她的家庭背景深感兴趣。陈芳知道，与朱丽亚联姻，不仅有助于提高他的社会地位，更能为他拓展事业提供坚强的后盾。

按照当时的习俗，陈芳要得到朱丽亚，首先得征得监护人扎德博士的同意。扎德博士对中国瓷器颇感兴趣，而且对中国古代经典颇有研究，陈芳于是以送景德镇的瓷茶具为由打开婚姻的门锁。

陈芳决意建造一幢夏威夷王国里还没有的豪华别墅和花园，用这个特别的"巢"来迎娶朱丽亚小姐这只凤凰，同时用更大气的社交活动来展现能力。1856年，获知夏威夷国王卡美哈将要举办婚礼的消息，他决定筹资为国王庆贺，为步入上流社会创造条件。陈芳采用中国工艺品将舞会大厅装扮得富丽堂皇，国王伉俪及社会各界名流均参加了舞会。舞会大获成功，成为"压倒当时所发生的一系列事件的盛事"，充分体现了华商的形象和实力。

1857 年陈芳加入夏威夷国籍，成为夏威夷上朝枢密院议员，同年 6 月与朱丽亚完婚。和公主联姻后，陈芳跻身于夏威夷上流社会，又凭借雄厚财力助公主的义兄卡瓦卡努登上国王宝座，自己也以皇亲国戚的身份成为枢密院（立法院）议员。1871 年，檀香山商会成立，陈芳当选第一任会长。1879 年，他成为夏威夷王国贵族中的第一位华人。

陈芳在夏威夷政界和商界的影响，引起清政府的关注。1879 年清政府在夏威夷设立商董，任命声望卓著的陈芳为清政府驻夏威夷首任商董，其府邸成为华商董事会驻地。1880 年 3 月，大清帝国的龙旗第一次在夏威夷升起。1881 年华商董事会改为领事馆，陈芳被任命为首任总领事。夏威夷华人从此可以享受领事保护权。借此种种政治势力，陈芳促使夏威夷王国通过了多项保障华人权益的法案，成为著名的华人领袖。

1890 年，整个北美大陆的反华浪潮传到檀香山，65 岁的陈芳深感夏威夷已不再是华人的天堂，他急流勇退，决定落叶归根返回家乡。回乡后，他兴办公益事业，扶助乡民。看到澳门某酒店"华人与狗不得入内"的招牌时，愤怒的陈芳当众宣布以 5000 美元的价格买下酒店，改名为"四海芳园"，对所有人开放，"四海芳园"遂成为澳门市民最喜欢光顾的地方。在家乡，陈芳花费巨资整理村容，率领村民开凿了 7.2 公里长的水渠。为了让村民能够方便快捷地了解外面的世界，他和儿子修了一条 10 公里长直通拱北关闸的石路。他还多次救济灾民，一出手就是几千两银子。清光绪帝赐其"乐善好施"旌碑。1906 年，陈芳逝于澳门，葬于故乡梅溪村。

1909 年，美国著名作家杰克·伦敦在他的《夏威夷故事》中讲述了夏威夷华人富商陈芳的故事。时隔数年，另一位在美国文学史上地位崇高的作家马克·吐温也用几乎如出一辙的尊敬语气把陈芳记入了他的 7 篇报道之中，后来结集成《发自夏威夷的信札》发行。1964 年美国百老汇上演了一出名为《13 个女儿》的歌舞剧，讲述在一个庞大的华商富豪家庭中，父亲是如何为自己 13 个华洋混血的女儿一一找到如意郎君的故事。因为情节独特生动，此剧直到 1993 年还在百老汇上演。这出歌舞剧的主人公就是陈芳。1976 年，美国纪念建国 200 周年评选百位对美国最有影响的外籍人士，陈芳和基辛格等人并列其中。

时至今日，如果一个珠海人在夏威夷著名的"饥饿之狮"饭店吃饭时声明是陈芳的同乡，很可能得到一份印有"百万富翁陈芳创业简史"的菜单，并受到热情的老板的免费招待，因为这个饭店就盖在陈芳居住了 20 年之久的豪华住宅——努阿努别墅原址之上。足见人们对他的景仰一直未曾消减。

参考文献

［1］刘兴雨.追问历史［M］.天津：天津古籍出版社，2003.

［2］李崇智.中国历代年号考［M］.北京：中华书局，2004.

［3］朱耀廷.中国传统文化通论［M］.北京：北京大学出版社，2005.

［4］王宇.读史有心机［M］.北京：中国三峡出版社，2006.

［5］傅国涌.历史深处的误会［M］.北京：东方出版社，2006.

［6］王重旭.读史质疑［M］.北京：中国传媒大学出版社，2006.

［7］柏杨.柏杨曰：读通鉴·论历史［M］.海口：海南出版社，2006.

［8］郑海峰.中国古代官制研究［M］.天津：天津人民出版社，2007.

［9］唐忠民.读历史有心得［M］.北京：海潮出版社，2007.

［10］彭信威.中国货币史［M］.上海：上海人民出版社，2007.

［11］陈天璇.历史可以这样读［M］.北京：新华出版社，2008.

［12］诸葛文.中国历代秘闻轶事［M］.北京：京华出版社，2009.

［13］许倬云.历史大脉络［M］.桂林：广西师范大学出版社，2009.